나도 상처 없는
인간관계를 하고 싶다

나도 상처 없는
인간관계를 하고 싶다

상쾌한 마음 아침, 하루 한 편 처방전

초 판 1쇄 2025년 03월 06일

지은이 오정섭
펴낸이 류종렬

펴낸곳 미다스북스
본부장 임종익
편집장 이다경, 김가영
디자인 윤가희, 임인영
책임진행 김요섭, 이예나, 안채원, 김은진, 장민주

등록 2001년 3월 21일 제2001-000040호
주소 서울시 마포구 양화로 133 서교타워 711호
전화 02) 322-7802~3
팩스 02) 6007-1845
블로그 http://blog.naver.com/midasbooks
전자주소 midasbooks@hanmail.net
페이스북 https://www.facebook.com/midasbooks425
인스타그램 https://www.instagram.com/midasbooks

ⓒ 오정섭, 미다스북스 2025, *Printed in Korea.*

ISBN 979-11-7355-102-4 03190

값 22,000원

미다스북스는 다음세대에게 필요한 지혜와 교양을 생각합니다.

나도 상처 없는
인간관계를 하고 싶다

상쾌한 마음 아침,
하루 한 편 처방전

오정섭 지음

미다스북스

올해 나는 _____을(를) 내 인생에 선물할 것이다.

여러분은 여러분의 생각보다 더 훌륭합니다.

여러분의 인생은 여러분의 생각보다 더 소중합니다.

가장 중요한 인생 과제는 내가 나로 살아가는 것이에요.

지금, 이 순간까지 살아낸 나라는 존재의 힘을 믿고,

용기 있게 오늘을 살아가세요. 오늘만이 내 인생이에요.

관계는 날씨와 닮아 있다. 맑은 날도 있지만, 어느 날은 바람이 불고, 또 어느 날은 폭우가 쏟아진다. 우리는 그 변덕스러움 속에서 때론 지치고, 때론 상처받는다. 하지만 관계의 날씨를 바꿀 순 없어도, 그 날씨 속에서 나를 지키고 따뜻한 자리를 마련하는 법은 배울 수 있다. 이 책은 하루 한 편, 마음에 빛나는 아침 햇살을 선물하는 글들로 가득하다. 관계에 지쳤을 때, 스스로를 돌보는 법을 잊었을 때, 이 책을 펼쳐보라. 어느 날은 잊고 지낸 감정을 마주하게 하고, 또 어느 날은 관계 속에서 놓치고 있던 작은 온기를 되찾아준다. 특히 글의 끝에 담긴 질문들은 지나온 관계를 돌아보고, 다가올 관계를 다르게 맞이할 수 있도록 돕는다. 이 책을 따라 한 걸음씩 걸어가다 보면, 어느새 우리는 덜 상처받고, 더 단단한 내가 되어 있을 것이다. 그리고 깨닫게 된다. 관계는 내게 상처를 주는 것이 아니라, 나를 성장하게 하는 과정이었음을. 이 책이 당신의 하루에, 그리고 당신의 마음에, 상쾌한 아침을 선물해 주리라 확신한다.

박상미 교수
『마음 근육 튼튼한 내가 되는 법』 저자, 한국의미치료학회 부학회장

나는 왜 이렇게 인간관계에 서툰가 싶었어요. 사는 것도 고달픈데 인간관계마저 꼬일 대로 꼬여 버거움이 더했죠. 아닌가, 인간관계가 엉망이라 사는 게 더 힘에 부쳤던 걸지도…. 어느 정도 거리를 둬야 서로에게 안전하고 관계의 균형이 깨지지 않는지, 상대가 이상한 건지 내 마음이 병든 건지 정말 모르겠더라고요. 거절은 어렵고, 거절당하는 건 두려웠죠. 멀리하자니 안쓰럽고, 가까이하자니 끓어오르고…. 세상 모든 인간관계의 딜레마가 내 인생에 '몰빵'된 건 아닌가 싶더라니까요. 가족, 양가감정의 대환장 파티였죠. 고맙지만 미웠고, 미안하면서도 화가 났어요. 이번엔 그러지 말자 하지만, 막상 마주하면 짜증이 솟구쳤죠.

나만 그런가 싶었거든요? 별 인생 없더라고요. 사람마다 고통의 시기와 종류만 다를 뿐 고통의 총량은 같다더니, 인간관계의 꽃길만 걷는 이는 없더라고요. 상담자가 되어 만난 내담자들은 한결같이 인간관계 스트레스에 마음이 멍든 이들이었고요. 마음의 뼈가 부러져 애달픈 인생사를 망연히 반복하는 이도 있었죠. 돕고 싶은 마음이 왜 아니 들겠어요? 과부 사정은 홀아비가 알고, 길을 가 본 사람이 길을 안다고 하잖아요. 얼마나 아팠을지, 그 아픔에 짓눌려 얼마나 많은 오늘을 잃어버렸을지…. 악연에는 지독히 중독되어 집착했으면서도, 정작 다시없을 소중한 인연에는 말 같지 않은 이유로 모질게 등을 돌리고 또 후회했을지 아니까요. 너무 잘 아니까요. 단 한 번 사는 인생인데 그렇게 굴러가서는 안 되는 거잖아요. 그리 애석하게 떠나보내는 날들이 너무 비통하고, 허망하잖아요.

이 책은 이런 애달픈 마음이 켜켜이 쌓여 쓰인 책이에요. 이 책을 통해 마음이 회복의 길에 들어설 거예요. 사람 볼 줄 아는 눈이 길러지고, 인간관계도 매끄럽게 풀리는 계기가 마련될 거예요. 아픈 과거에 발목 잡혀 오늘을 잃어버리지 않고, 매 순간, 나다운 나로서 씩씩하게 살아갈 용기를 얻게 될 거예요. 길지도, 짧지도 않아요. 뭐 대단히 학문적이거나 어렵지도 않고요. 출퇴근길 버스나 지하철에서, 집안일하다가 잠시 소파에서, 친구를 기다리는 카페에서, 잠이 안 와 뒤척이는 침대에서 휙 한 번 보고도 '나, 인간관계, 그리고 인생'을 되비춰볼 수 있는 멈춤이 되도록, 정성껏 고른 약재료를 달이고 달였어요.

간단히 구성을 설명하자면 이래요.

- 첫째, 각 월은 한 가지 주제를 가지고 여러분의 마음 건강과 인간관계, 인생을 돌아볼 수 있도록 정리했고요.
- 둘째, 보셔서 아시겠지만, 하루 한 편씩 365개의 글을 담았어요. 읽은 날을 표시해 둘 수 있는 조그마한 박스도 있어요. 활용해 보세요.
- 셋째, 각 월의 주제를 담은 제목을 시작으로 명언 한 줄, 그리고 여러분 마음에 긍정적 정서가 싹트는 데 영양분이 될 만한 '긍정 확언'을 넣었고요. '긍정 확언'은 매일 하루를 시작할 때 또는 잠들기 전에 여러분 자신을 타자화해 놓고, 그 또는 그녀에게 여러분의 따뜻한 목소리로 낭독해 주세요. 처음엔 쑥스러워해도 계속 들려주다 보면 좋아할 거예요. 안 해 주는 날은 내심 서운해할 거고요.
- 넷째, 하루 한 편의 글 끝에는 질문이 하나씩 있는데, 정답은 없어요. 그날의 주제와 관련하여 생각해 볼 만한 포인트를 드린 거고요. 실천할 일을 써

보자고 하는 것도 있는데요. 어떤 깨달음이 있었으면 삶에 적용해 봐야 그게 또 살이 되고, 피가 되는 것 아니겠어요.

- 다섯째, 마지막으로 각 월의 끝자락에는 〈○월의 내 인생에 보내는 작별 인사〉라는 환승역이 있어요. 다시 오지 않을, 여러분의 그달 인생에 작별 인사를 보내는 것인데요. '1월' 환승역에 제가 예를 달아 드렸으니 보시면 이해되실 거예요. 신선해요. 그냥 넘어가지 마시고, 꼭 해 보세요. 어렵지 않아요.

앞으로도 제 삶에서 길어 올린 약재료들을 정성껏 달여서 여러분 마음에 상쾌한 아침을 선물해 드릴게요.

"Thanks to"는 기본값이니깐. 저를 낳아 주시고 길러 주신 부모님, 아내를 낳아 주시고 길러 주신 장인어른 장모님, 깊은 감사의 마음을 드립니다. 아버지를 대신해 가장이 되어 준 형, 고마워, 너무 고생 많았어요. 아름다운 아내 성혜, 나같이 연약하고 부족한 사람과 살아 줘서 고마워요. 사랑하는 딸 하린, 하나님이 아빠에게 주신 최고의 선물! 잘 커 줘서 고마워요. 〈한국의미치료학회〉의 정신적 버팀목, 높은 어른, 한국 의미치료의 선구자이신 학회장 이시형 박사님, 그리고 저의 매니저를 자처하시면서 늘 이끌어 주시는 참다운 위로자 부학회장 박상미 교수님, 감사드려요. 동료 상담사님들, 늘 고맙고요. 유튜브 〈마음아침〉 구독자 여러분, 항상 응원해 주셔서 감사하고요. 소망교도소 김영식 소장님과 식구들에게도 감사 인사 전합니다.

"당신의 마음에 아침을 선물하겠습니다."

마음아침 의미치료심리상담소

오정섭

목차

1월 │ Mindset   뒤를 돌아보며 똑바로 걸을 순 없다   0 1 3

2월 │ Self-esteem   나는 내가 좋았던 적이 있었나?   0 4 7

3월 │ Mindfulness   내 마음의 건강에서 시작된다   0 7 9

4월 │ Sharp Eye   결론은 사람 볼 줄 몰라서!   1 1 3

5월 │ Balance   출발은 사랑이었으나 가족 되니 괴롭다   1 4 7

6월 │ Insight   그 인간, 그래서 그랬던 거야?!   1 8 1

7월 │ Distance   허물없는 사이라서 다친다   2 1 5

8월 │ Upgrade   나만 못하나? 나만 그런가?   2 4 9

9월 │ Unbreakable   나도 상처 안 받고 싶다   2 8 3

10월 │ Freedom   지금, 이 순간 가해자는 누구일까?   3 1 7

11월 │ Meaning   내 삶의 의미는 무엇일까?   3 5 1

12월 │ Blessing   오늘은 선물, 인생은 축복이다   3 8 5

뒤를 돌아보며
똑바로 걸을 순 없다

"99번 시도하고 실패했으나
100번째에 성공이 찾아왔다."

아인슈타인 Albert Einstein

1월을 시작하는 긍정 확언

"나는 내 삶의 주도권을 가지고 있습니다."

나는 내 삶을

개선하기 위한 선택을

미루거나 주저하지 않습니다.

나는 내 삶의 개척자이자

내 삶의 책임자입니다.

부모님을 탓하는 일도 없습니다.

타인을 원망하는 일도 없습니다.

처지를 비관하는 일도 없습니다.

환경을 핑계 삼는 일도 없습니다.

나는 나 자신에게

부끄럽지 않은 삶을 살아낼 것입니다.

죽었다 깨어나도 바꿀 수 없는 것

#주체성 #영향력 #변화

바꿀 수 없는 것들에 집착하면서 오늘이라는 소중한 시간을 잃어버리는 것만큼 불행한 일도 없죠. 그렇다면 우리가 죽었다 깨어나도 바꿀 수 없는 것은 무엇일까요?

- 첫째, 과거예요. 과거는 과거예요. 좋았던 나빴던, 행복했던 불행했던 절대로 바꿀 수 없죠. "그때 … 했더라면 지금 … 됐을 텐데." 하는 생각, 가장 부질없는 생각이죠. 대신 "지금 … 한다면 앞으로 … 될 것이다."라고 현재에 초점을 맞춰 생각하는 게 훨씬 낫습니다.
- 둘째, 타인이에요. 타인을 내 마음대로 절대 바꿀 수 없어요. 타인의 마음은 타인의 것이죠. 내 마음대로 어떻게 할 수 없어요. 타인은 내 기대에 부응하기 위해 존재하지 않아요.

과거의 일에 얽매이지 않고, 타인의 반응에 집착하지 않는 것이 내 마음 건강을 유지하는 비결이에요. 가장 중요한 시간은 지금이고 내가 변화시킬 수 있는 사람은 오직 나 자신뿐이라는 것, 잊지 마세요.

바꿀 수 없다는 것을 알면서도 미련을 버리지 못하고 있는 것이 있다면 무엇인가요?

___

새로움이 시작되는 곳

#지금 #여기서 #못하면안되는거

일상에 지치고, 마음이 복잡할 때 여러분은 어떻게 해결하나요? 특히 '리프레시'도 좀 해서 새롭게 시작하고 싶을 때 그 계기를 어떻게 마련하나요? 저는 여행을 떠나는 편이에요. 주로 제주도에 갔어요. 그래도 제주도는 큰마음을 먹어야 가니까, '정동진 가서 일출 보고 마음을 다지자!' 하며 가끔은 동해로 떠나기도 했고요. 그런데 문득 깨달았어요. 사람이 새로워지려면 꼭 어디를 가서 며칠 쉬고 와야 하는 게 아니더라고요. 중요한 건 나에게 주어진 일상, 반복되는 일상, 그 피곤한 일상을 살아가는 가운데에서 이전과는 다른 선택을 해내는 것이었어요. 일상에서 새로운 선택을 해낼 때만이 내 마음도 달라지고, 결국 내 삶에도 변화가 찾아오더라는 그 말이죠. 그러니까 새로운 시작을 위해 필요한 건 여행이 아니라 일상에서 결단력 있게 이전과는 다른 선택을 해내는 것이에요. 만약 일상에서 변화를 위한 다른 선택을 지속적으로 해내지 못한다면 하와이가 아니라 천국을 다녀와도 삶은 달라지지 않아요.

"해야지, 해야지…" 입버릇처럼 되뇌면서도 실천에 옮기지 못하고 있는 일이 있다면 무엇인가요?

심리를 알면 쉽다!

#내가싫으면남도싫고 #내가서운하면남도서운하고 #인간관계황금률

물질 속에는 물리가, 언어 속에는 논리가, 사람 속에는 심리가 있죠. 그래서 인간관계를 잘하려면 사람 심리를 알아야 하죠. 그러나 심리 파악이란 게 어렵지 않아요. 사람 심리가 다 거기서 거기거든요.

- 첫째, 내가 하기 싫은 건 남도 하기 싫어요. 그러니까 내가 하기 싫은 걸 남에게 강요하면 안 돼요.
- 둘째, 내가 누군가를 위해 고생했는데 몰라주면 서운하잖아요. 다른 사람도 마찬가지예요. 자신이 희생한 것, 도와준 것, 배려한 것을 몰라주면 서운해요.
- 셋째, 나도 나한테 잘해 주는 사람을 잘해 주고 싶잖아요? 마찬가지예요. 다른 사람도 자기에게 잘해 주는 사람을 잘해 주고 싶은 거예요.

사람 심리라는 게 각자 유별나게 다른 게 아니에요. 결국 이심전심이죠. 그러니까 역지사지할 줄 알아야 하죠. 대접받고 싶다면 내가 먼저 대접해야 해요. 나는 그 사람을 푸대접하는데, 그 사람은 나를 VIP로 모시겠어요?

원만한 인간관계를 유지하기 위해 상대에게 배려해야 할 점은 무엇인가요?

진짜 사랑을 할래요

#사랑 #기대 #상처

진짜 사랑을 원하세요? 그렇다면 여러분부터 이런 사랑에 도전해 보세요.

- 첫째, 상대의 부족함에 실망이나 비난만 하지 말고, 상대가 부족하기 때문에 사랑해 보세요.
- 둘째, 나에게 돌아올 혜택을 기대하지 말고 사랑해 보세요.
- 셋째, 한 번도 상처받은 적 없는 것처럼 사랑해 보세요.

여러분이 생각하는 진짜 사랑은 무엇인가요? 여러분은 그런 사랑을 하고 있나요?

사람이 변할까요? 안 변할까요?

#변화   #인내   #포용

사람, 안 변해요. 그러니까 안 변하는 사람과 부대끼며 살아내려면 필요한 게 인내와 포용이에요. 그런데 진짜, 사람 안 변해요? 변해요. 그러니까 그 사람이 변하기까지 필요한 게 인내와 포용이에요. 결국 사람이 변하든 안 변하든, 나에게 필요한 건 인내와 포용인 거죠.

사람이 변하지 않는다고 생각한다면 언제부터, 어떤 이유였나요?

사람, 언제 변해요?

#사랑이열쇠 #공감은변화촉매제 #존재의무게

사람, 변할까요? 물론 변할 수 있죠. 그런데 가르쳐서는 안 변해요. 또는 잘 못한 일을 호되게 비판하면 변할까요? 다른 사람과 비교하면 변할까요? 사 람을 변화시키는 것은 감동이에요. 사람은 감동받을 때 변하죠. 그러면 사람 은 언제 감동받을까요?

- 첫째, 사랑받는다고 느낄 때
- 둘째, 이해받는다고 느낄 때
- 셋째, 존중받는다고 느낄 때 감동받아요.

누군가를 변화시키고 싶나요? 지적이나 훈계가 아닌 그에 대한 사랑, 이해, 존중이 먼저 있어야 합니다.

여러분이 누군가의 말과 행동으로 인해 달라지고 싶은 마음이 들었던 적이 있었다 면 그의 어떤 말과 행동이었나요?

우울증에 취약한 사람은?

#억압   #반추   #단절

우울증에 걸리기 쉬운 사람들의 특징이 있습니다.

- 첫째, 억압입니다. 타인의 시선이나 판단이 두려워 자기 생각, 의견, 감정을 억압한 채 내면에 켜켜이 쌓아두는 것이죠.
- 둘째, 반추입니다. 과거에 받았던 상처, 불쾌했던 사건들을 강박적으로 계속 되뇌어 생각하고 또 생각하는 것입니다.
- 셋째, 단절입니다. 주위 사람들과 관계 맺기를 포기하거나 단절한 채 소통이 없는 생활을 하는 것입니다.

요즘 들어 인간관계에 소극적이 되어 가고 있지는 않나요? 이유가 뭘까요?

요즘 왜 이러지!

#위생귀차니즘 #식사량 #수면양상

우울증 초기라면 다음과 같은 생활 방식의 변화가 나타나는데요.

- 첫째, 위생에 신경 쓰지 않게 됩니다. 피곤하다며 씻지 않고 자는 날이 많아지죠.
- 둘째, 식사량의 변화가 생깁니다. 입맛이 없다며 식사를 건너뛰거나 폭식하는 날이 잦아집니다.
- 셋째, 수면 양상의 변화가 찾아옵니다. 불면증에 잠을 아예 못 이루거나 지나치게 잠을 많이 잡니다.

이런 변화가 있다면 우울증 초기를 의심해 볼 수 있어요. 혼자 힘들어하지 말고, 꼭 전문가의 도움을 꼭 받아보세요.

심리 상담은 꼭 심리적 문제가 생길 때만이 아니라, 자기 내면과 삶을 객관적으로 돌아보는 데 큰 도움이 됩니다. 만약 전문가에게조차 속마음을 털어놓는 게 불편한 이유가 있다면 무엇일까요?

오늘의 행복을 위해 버려야 할 것들

#비교 #불안 #수용

인생의 최대 과제가 무엇일까요? 바로 오늘을 사는 것이죠. 다시 말하면 오늘에 집중하고, 오늘 누릴 수 있는 행복을 최대한 만끽하는 것이죠. 그러나 오늘의 행복을 갉아 먹는 것들이 있어요.

- 첫째, 과거에 대한 후회와 집착이에요. 과거는 과거에요. 죽었다 깨어나도 바꿀 수 없어요. 어떤 아픔과 슬픔, 반대로 어떤 영광과 성공이 있었다 하더라도 과거는 과거일 뿐이에요. 뒤를 돌아보며 똑바로 걸을 수 있는 사람은 없어요.
- 둘째, 미래에 대한 염려와 불안이에요. 걱정한다고 내일이 달라지고, 불안해한다고 내일이 오는 것을 막을 수 없어요. 우리 염려의 95%는 일어나지 않을 일에 대한 일이라고 하잖아요. 나머지 5% 가운데 어떤 일들은 만약에 일어나도 달리 손쓸 도리가 없는 그런 일이고요.
- 셋째, 남들과 비교하는 거예요. 남들과 비교하는 것은 불행의 지름길이에요. 설령 나보다 못 나가는 사람과 비교해 위안을 얻어도, 나보다 잘 나가는 사람은 꼭 있어서 결국 우울해지기 마련이죠.

염려하고 불안해했던 일들이 현실이 되었던 적이 얼마나 있었나요?

만나면 기분 좋은 사람의 특징

#미소 #기분좋은말 #경청

여러분은 사람들이 두 번 다시 만나고 싶어 하지 않은 쪽에 속하나요? 아니면 다시 만나고 싶어 하는 쪽에 속하나요? 사람들은 어떤 사람을 다시 만나고 싶어 할까요?

- 첫째, 늘 미소 띤 얼굴로 맞아 줍니다. '소문만복래'라는 말이 괜히 있는 게 아니죠. 언제나 웃는 얼굴로 맞아 주는 사람, 볼 때마다 기분이 좋죠.
- 둘째, 긍정적인 말과 기분 좋은 말로 대화를 시작합니다. 시작부터 깎아내리는 말, 비꼬는 말로 대화를 시작하는 사람이 있는데요. 그러면 만나는 내내 기분이 상하죠. 그러나 긍정적인 말과 기분 좋은 말로 대화를 시작하는 사람, 시작부터 마음이 열립니다.
- 셋째, 헤어지는 게 아쉬울 만큼 내 얘기에 진심으로 귀 기울여 줍니다. 이야기하면서 자꾸 카톡을 확인한다든지, "방금 뭐라고 했지?" 하면서 이야기의 맥을 끊지 않고 처음부터 끝까지 경청해 주는 사람, 늘 다시 만나고 싶은 고마운 사람입니다.

대화할 때 딴생각하거나 상대방이 이야기할 때 여러분이 할 말을 생각하지는 않나요? 만약 상대가 그와 같은 모습을 보인다면 여러분의 기분은 어떨까요?

낮은 자존감의 부작용

#피해의식   #지나친의심   #욕심쟁이

자존감이 낮은 사람은 좋은 인간관계를 맺기가 어려워요. 왜 그럴까요?

- 첫째, 피해의식이 강하기 때문입니다. 자존감이 낮은 사람은 모든 상황에서 자신을 피해자로 만들죠. 역으로 이 말은 주위 사람들이 가해자라고 느끼게 만드는 불편함을 준다는 뜻이죠.
- 둘째, 의심이 많기 때문입니다. 즉 편집증적인 면이 있어서 '혹시 나를 미워하거나 우습게 생각해서 저러는 것은 아닐까?' 하는 생각에 사로잡혀 있죠. 불순한 의도나 자신이 모르는 저의가 있다고 늘 꼬아보고요.
- 셋째, 양보할 줄 모르기 때문입니다. 자존감이 낮을수록 경쟁의식이 지나치고, 맥락 없는 승부욕을 보여 관계를 갈등으로 몰고 갑니다.

지기 싫어하는 게 단지 승부욕이 강해서만은 아니에요. 다른 사람의 시선을 의식하고 패배를 두려워하는 연약한 마음 그릇을 가지고 있어서 그런 것이죠.

여러분이 남들보다 뒤처진다고 생각될 때 어떤 감정을 느끼고, 어떤 선택을 하나요?

부정적인 생각을 떨쳐내는 방법

#하나의생각　#믿지않기　#자기신뢰

원치 않는 부정적인 생각들 때문에 피곤하고, 떨쳐 버리고 싶어도 뜻대로 되지 않아 괴로울 때 있죠? 그럴 때 어떻게 하면 좋을까요?

- 첫째, 그 부정적인 생각들, 생각일 뿐 예언이 아닙니다. 마음속에 떠오르는 하나의 생각일 뿐입니다. 예언이 아닙니다.
- 둘째, 그 생각을 믿지 않는 게 중요합니다. 부정적인 생각이 떠오를 때 생각하는 그 일이 그대로 일어나거나 그 생각이 맞는다는 믿음을 가지면, 그 생각에서 벗어날 수 없습니다.
- 셋째, 자신을 믿어 주어야 합니다. 자신에 대한 불신이 부정적인 생각을 불러옵니다. 즉 자존감이 낮을수록 부정적인 생각을 많이 합니다. 하늘은 스스로 돕는 자를 돕는다고 했습니다. 내가 나의 돕는 자가 되어 자신을 많이 격려해 주세요. 기분도 한결 나아지고, 부정적인 생각도 줄어들 거예요.

인간관계가 꼬일 때 여러분 마음에 자동으로 떠오르는 생각은 무엇인가요?

사람의 행복감을 좌우하는 것

#행복 #지혜 #인생관

상담하면서 많은 사람을 만나 보니까 사람이 행복감을 느끼는 조건은 그를 둘러싼 환경이나 형편, 처지에 있지 않더라고요. 사람의 행복감을 좌우하는 것은?

• 첫째, 초점
• 둘째, 시각
• 셋째, 무게더라고요.

자신의 인생을 평가하거나 어떤 사건을 해석할 때 "자신이 가지고 있는 것, 누리고 있는 것에 초점을 맞추느냐!" 아니면 "자신이 잃은 것, 없는 것에 초점을 맞추느냐!" 또 "긍정적이고 미래지향적인 시각에서 바라볼 것인가!" 아니면 "부정적이고 과거지향적인 시각에서 바라볼 것인가!" 마지막으로 "본질에 무게를 둘 것인가!" 아니면 "비본질에 무게를 둘 것인가!"에 따라 결정되더라고요. 여기서 본질은 나라는 존재 그 자체이고, 비본질은 소유나 평판이죠.

여러분이 가장 첫 번째로 여기는 행복의 조건은 무엇인가요?

의욕을 마비시키는 독침

#내가세운계획에압도 #완벽완벽완벽결국포기 #인생은마라톤

겉으로는 에너지가 넘치는 듯 보이지만, 결국 마음의 의욕을 마비시키는 역
효과를 낳는 세 가지가 있는데요.

- 첫째, '장기 대계획'이에요. 장기 대계획은 도중에 지키지 못하면, 아예 의
  욕을 잃어버리는 경우가 많죠. '단기 소계획'을 반복해서 성취해 나가는 것
  이 의욕을 유지하는 데 훨씬 도움이 돼요.
- 둘째, 완벽주의에요. 완벽하지 않으면 안 된다는 생각은 오히려 마음의 불
  안을 불러일으키죠. 그래서 할 일을 계속 미루다가 결국 의욕의 불씨가 사
  그라들고 말죠.
- 셋째, 쉬지 않고 너무 무리하는 거예요. 우리 몸과 마음은 그날그날 컨디션
  이 다르고, 에너지의 한계와 한도가 있어요. 쉬지 않고 너무 무리하면 번아
  웃(burnout)이 와서 의욕을 아예 잃을 수 있어요.

거창한 계획을 세우고, 성취하기 위해 쉼 없이 전력 질주하는 것이 과연 의욕을 유
지하는 데 도움이 될까요? 거기에 완벽주의까지 장착한다면 어떻게 될까요?

술, 담배, 마약보다 끊기 어렵다는 세 가지

#왜그랬지   #어떡하지   #나는뭐지

정말 그만하고 싶은데 마음처럼 쉽게 끊을 수 없는 게 있죠?

- 첫째, 후회
- 둘째, 걱정
- 셋째, 비교죠.

이 '후회, 걱정, 비교'만 안 하고 살 수 있다면 마음이 정말 편할 텐데요. 그러나 사람은 평생 '후회, 걱정, 비교'에서 자유로울 수 없어요. 그럴 수 있는 사람도 존재하지 않고요. 그러니 차라리 후회를 개선의 계기로, 걱정을 준비의 발판으로, 비교를 자극의 기회로 삼아서 활용해 보는 게 낫겠죠?

후회되는 일을 반복하지 않기 위해 개선의 노력을 했던 적이 있나요? 결과는 어땠나요?

나는 바보 멍청이에요!

#GiftedHands   #벤카슨   #세계최초샴쌍둥이분리수술

미국 디트로이트에서 태어난 벤 카슨이라는 흑인 소년이 있었어요. 막장 아버지와 이혼한 엄마는 가정부 일을 하며 그와 그의 형을 길렀죠. 형편은 늘 어려웠고, 엄마는 문맹이었기에 아이들에게 책 한 줄 읽어 줄 수도 없었어요. 초등학생이 된 소년은 시험을 보면 허구한 날 0점인 거예요. 그래서 엄마에게 "엄마, 저는 바보 멍청이에요."라고 늘 말했어요. 그때마다 엄마는 "아니까 다행이다." 이런 게 아니라 "아니야. 너도 노력하면 남들처럼 얼마든지 원하는 것을 얻을 수 있어." 항상 이 말을 해 줬어요. 소년은 엄마의 반복된 그 말에 희망을 걸었죠. 그러자 성적이 점점 좋아지고, 학업에도 자신감이 붙었죠. 훗날 소년은 33살이 되던 해 존스홉킨스병원 최연소 소아신경외과 과장이 되었어요. 세계 최초로 샴쌍둥이 분리 수술에 성공하는 기록의 주인공이 되기도 했고요. 문맹에, 가난에 찌든 '싱글맘'이 아들에게 해 준 건, "너도 노력하면 남들처럼 얼마든지 원하는 것을 얻을 수 있어!"라는 말밖에 없었는데 말이죠.

만약 초등학생인 자녀가 학교 또는 학원 시험에서 연달아 '0점'을 받아 온다면, 여러분은 어떤 말을 해 주고 싶나요?

말을 잘하고 싶어요

#밥 #옷 #꿈

말을 잘하는 사람이 되고 싶나요? 말 잘하기 위해서는 화려한 수사를 익혀야만 하는 게 아니에요. 이 세 가지를 기억하고 말해 보세요.

- 첫째, 말은 밥입니다. 밥은 영양가가 있어야 하죠. 영양가가 있다는 것은 바로 지혜가 담겨 있다는 것인데요. 고전에 보면 지혜란 선택의 기술을 말합니다. 따라서 누군가 결정할 때 도움이 될 수 있는 말이 바로 영양가 있는 말이죠.
- 둘째, 말은 옷입니다. 상대방의 계절에 맞아야 합니다. 실패로 낙심한 사람이 있다면? 정신 차리라고 찬물 끼얹으면 되게 환영받겠죠? 따뜻한 위로의 말로 마음을 감싸 주어야겠죠. 상대의 인생 계절, 마음 계절을 고려하지 않은 말은 아무리 바른말도 잘하는 말이 될 수는 없죠.
- 셋째, 말은 꿈입니다. 상대방의 인생에 대한 새로운 시각을 열어 주고, 그가 가진 장점을 격려해 희망을 품도록 돕는 말을 해야 하죠. 나의 꿈과 미래를 응원해 주는 사람, 그 사람의 말은 언제나 힘이 됩니다.

여러분이 대화를 나누면서 상대의 눈이 번쩍 떠지게 할 만큼 긍정적 통찰을 주었던 말이 있었다면 어떤 말이었나요?

의심도 병!

#설명도 #증거도 #효과없음

'편집성 성격 장애'는 100명 중 한두 명 정도가 가지고 있어요. 여성보다 남성에게 더 많이 나타나고요. 그 특징은 무엇일까요?

- 첫째, 타인의 말을 그대로 듣는 법이 없습니다. 분명 숨겨진 악의가 있을 것이고, 자신을 속이고 있다고 생각합니다.
- 둘째, 타인의 행동에는 자신에게 해를 끼칠 불순한 의도가 있다고 확신합니다. 그래서 친구나 동료, 심지어 가족이 보이는 선의마저도 끊임없이 의심합니다.
- 셋째, 친밀감을 거부하고 감정이란 게 없어 보입니다. 자신에 대해 알면 분명 그 정보를 악용할 거로 생각하기 때문이죠. 누군가 자신에 대해 말하는 것도 꺼리고, 조금만 공격당했다고 느끼면 불같이 화를 내기도 합니다. 대표적으로 의처증, 의부증을 들 수 있습니다.

연애할 때는 편집성 성격 장애를 숨길 수 있어요. 그러나 결혼하고 나면 얼마 못 가 그 의심병의 실체를 가감 없이 드러내죠. 따라서 상대가 '의심이 지나치게 많은 것 아닌가?' 싶은 생각이 든다면, 그와 오랜 기간 알고 지낸 사람의 이야기를 들어 보는 것이 꼭 필요해요.

주위에 편집성 성격 장애의 경향을 보이는 사람이 있나요?

나의 초점에 따라 달라지는 삶의 풍경

#초점   #감사   #만족

하루는 장미가 하나님에게 퉁명스럽게 물었어요. "하나님! 왜 저에게 가시를 주셨나요?" 그랬더니 하나님은 이렇게 대답했어요.

"장미야, 너는 원래 가시나무인데 꽃을 선물로 준 거란다!"

사람이 어디에 초점을 맞추느냐에 따라 인생의 풍경이 달라지는 법이죠. 지난날의 가시 같은 아픔과 상처에 초점을 맞추고 살면, 오늘 내 삶에 피어 있는 아름다운 꽃과 같은 순간이 시야에 안 들어오기 마련이죠.

의식하지 못한 채 지냈지만, 오늘 여러분의 삶에 아름답게 꽃피어 있는 행복은 무엇이 있을까요?

직장 생활, 원래 힘든 건가요?

#인간관계 #번아웃 #혼자만의시간

직장 생활이 마냥 즐겁기만 하고, 출근이 기다려지는 사람이 있을까요? 직장 생활은 왜 이렇게 힘든 것일까요?

- 첫째, 인간관계 때문이죠. 우리 고민의 8할은 인간관계라잖아요. 특히 상사와의 관계가 힘들다면 먼저 원가족에서 나의 주된 양육자와의 관계를 살펴볼 필요가 있어요.
- 둘째, 평소에는 아무렇지 않게 처리하던 일이 귀찮고 힘들다고 느껴진다면 '번아웃'이 온 것은 아닌지 살펴볼 필요가 있어요. 그런 상태가 2주 이상 지속되고 있다면 우울증도 염두에 둘 필요가 있고요.
- 셋째, 힘들기만 한 인간관계, 지쳐 버린 나를 위로해 줄 수 있는 방법은 혼자만의 시간을 가져 보는 것이에요. 단 하루라도 자기 자신과의 시간을 가져 보세요. 도움이 될 거예요.

여러분은 자신의 휴식을 위해 무엇을 해 주고 있나요?

혼자만의 시간을 갖는 법

#미디어금식 #호흡 #거짓말

성향에 따라 사람들과 어울릴 때 에너지를 얻는 사람이 있고, 혼자 있을 때 에너지를 얻는 사람도 있죠. 그러나 혼자만의 시간을 갖는 것은 성향과 상관없이 분주한 삶을 살아가야 하는 현대인에게 꼭 필요해요. 혼자만의 시간을 가지려면?

- 첫째, 스마트폰을 꺼 두세요. 스마트폰을 손에서 놓으면 불안해지는 사람들이 많죠. 혼자만의 시간을 갖기 위해 스마트폰을 꺼 두세요. 최악의 방해꾼이니깐요.
- 둘째, 신체 감각에 집중해 보세요. 무엇보다 호흡에 집중해 보는 것이 좋습니다. 들숨과 날숨을 느껴보세요. 마음이 한층 안정될 거예요.
- 셋째, 자신과 대화하되 거짓말을 하지 마세요. 사람은 하루에 200번 거짓말을 한다는 연구 결과가 있어요. 8분꼴로 한 번씩 하는 셈이죠. 특히 사회적 접촉이 많은 사람일수록 거짓말을 많이 한다고 합니다. 그러나 자신과의 대화는 솔직하게, 진실하게 자신의 내면을 정면으로 마주하고 대화를 나누세요.

위와 같이 혼자만의 시간을 가진 후 여러분의 마음이 여러분에게 하는 말을 적어 보세요.

꼰대는 모르는 참 어른의 3초

#꼰대 #성숙 #성품

꼰대에게는 없지만 진짜 어른은 이 '3초'를 갖추고 있죠.

- 1초, 초연이에요. 사람들에게 억울하게 비난받아도, 갑자기 찾아온 시련에도 전전긍긍하거나 쉽게 흔들리지 않는 의젓함이 있죠.
- 2초, 초월이에요. 나이를 먹을 만큼 먹었는데도 자기 안에 갇혀 자기밖에 모르고 선입견과 편견에 사로잡힌 사람이 있죠. 그러나 참 어른이라면 자기를 확장해 타인의 삶이 개선되는 데 기여하고, 자기를 초월해 타인의 유익을 위해 자신을 희생할 줄 알죠.
- 3초, 초심이에요. 타성에 젖거나 매너리즘에 빠져 있지 않고, 자신의 전문성에 대한 첫 열정을 늘 품고 있죠.

여러분에게는 '초연, 초월, 초심'이 있나요?

정이 뚝뚝 떨어지는 말씨

#원래 #내가말이야 #되겠냐

이야기를 나누다 보면 정이 뚝뚝 떨어지는 말씨를 쓰는 사람들이 있죠. 어떤 말씨일까요?

- 첫째, '원래'라는 말을 자주 씁니다. "나 원래 그래!"라는 식으로 말이죠.
- 둘째, 모든 대화가 기승전 '자기 자랑'으로 끝납니다. 이야기를 듣다 보면 꼭 그 끝에는 늘 "내가 말이야.", "내가 있잖아."라고 자기 자랑을 합니다.
- 셋째, 결론이 늘 부정적입니다. "안 돼.", "하지 마", "되겠냐?"라고 말이죠. 실컷 얘기했는데 기가 쭉쭉 빠집니다.

여러분이 오늘 하루 가장 많이 사용한 단어나 말이 무엇인지 적어 보세요.

_____

인간관계, 이젠 지쳤어요

#마음에너지고갈 #보조배터리마저방전 #디어서쉬고싶음

요즘 들어 누구도 만나고 싶지 않나요? 만나는 건 고사하고 아예 사람 자체가 싫은 느낌인가요? 만약 그렇다면?

- 첫째, 심리적 에너지가 바닥이라는 증거에요. 단지 내향적인 성격 때문이 아니라 근래 부쩍 그런 기분이 든다면 심리적으로 굉장히 지쳐 있다는 의미죠.
- 둘째, 삶의 보조배터리가 될 만한 일이 없다는 증거에요. 사람이 일만 하고 살 수는 없잖아요. 하다못해 맛집 탐방같이 아무 생각 없이 즐길 수 있는 취미 같은 게 필요하거든요. 만약 이런 이벤트가 없다면? 일상은 지루한데 일에는 늘 치이니까, 그냥 숨 쉬고 사는 것만으로도 힘든 거죠. 그러면 인간관계만큼 피곤한 것도 없으니까 안 하고 싶은 거죠.
- 셋째, 인간관계에서 굉장히 위축되거나 상처받는 일이 있었다는 증거에요. 사람은 자신을 보호하려는 본능이 있잖아요. 그런 트라우마가 된 사건이 있었다면 당연히 인간관계를 피하고 싶고, 사람도 꼴 보기 싫죠.

어떤 취미 생활이 일상의 피로감을 덜어 줄 수 있을까요?

분통 터지고 사람에게 환멸을 느껴요

#디폴트값수정   #어떻게어떻게!   #그럴수있으니그런일이벌어진것

좋은 사람이라고 생각했고, 특히 개인적으로 신뢰하고 믿었던 사람에게 깊이 실망하거나 크게 배신당하게 된다면? 이런 말이 쏟아져 나올 수밖에 없는데요.

- 첫째, "와, 사람의 탈을 쓰고 어떻게 그럴 수 있어?!" 그런데 사람의 탈을 쓰고, 어떻게 그럴 수 있어요.
- 둘째, "내가 얼마나 잘해 줬는데 어떻게 나한테 이럴 수 있어?!" 그런데 나를 갈아 넣어 도와준 사람이라도, 어떻게 나한테 그럴 수 있어요.
- 셋째, "다른 사람은 몰라도 정말 너까지 그럴 줄 몰랐다." 한 번도 의심해 본 적은 없는 너까지, 정말 그럴 수 있어요.

인간관계에서 일어날 수 없는 일은 존재하지 않더라고요. 타인의 속은 알 수 없으니까요. 따라서 누군가가 나에게 큰 실망과 배신을 안겨 줬을 때 "어떻게 그럴 수가!" 하며 너무 괴로워하지 마세요. '그래, 인간이니까 그럴 수 있다.' 라고 생각하는 편이 내 마음 건강에 더 나아요.

여러분 마음에 앙금이 남아 있는 사람이 있나요? 어떻게 그 앙금을 해소하는 게 좋을까요?

내 몸속의 A.I.

#A.I.   #자동적사고   #장기기억

뇌는 요즘 핫한 A.I.와 닮았어요. 뇌는 A.I.처럼 여러분이 학습하고 입력한 정보를 저장했다가 여러분이 묻는 말에 답하는 거죠. 특히 뇌는 동일한 정보에 계속 노출되면 "어? 자꾸 입력되네! 중요한 정보고만!" 하면서 장기기억으로 넘겨요. 따라서 뇌는 반복해 입력된 정보들을 기반으로 우리에게 자료를 제공하죠. 그래서 처음 뇌를 만드는 건 여러분이지만, 어느 시점 이후로는 뇌가 여러분을 만드는 거예요. 보세요.

- 첫째, 가만히 있는데 어떤 생각이 떠오르죠? 전혀 의식하거나 의도하지 않았는데, 그냥 떠오르잖아요. 대부분 부정적이죠. 그래서 부정적인 자동적 사고라고 하죠.
- 둘째, 아무 일도 없는데 갑자기 그냥 슬프고, 우울할 때 있죠? 그냥 짜증 날 때 있죠? 아무 일도 없는데? 말이 돼요? 그 감정, 누가 제공했을까요?
- 셋째, 그러니까 우울한 것도 여러분의 형편, 처지, 인간관계, 통장 잔액이 우울해서가 아니에요. 뇌가 우울함에 길들어 모든 상황을 우울하게 바라보는 거죠.

어려움이 생겼을 때 긍정적으로 생각하는 편인가요? 아니라면 그 이유는 무엇인가요?

함께 일하고 싶은 직장 상사 유형

#충분한설명 #I-message #겸손한감사

이런 상사만 있으면 좋겠다 싶은 그런 좋은 상사가 있죠? 어떤 상사일까요?

- 첫째, 무턱대고 명령하기보다 충분한 설명을 먼저 합니다. 어떤 지시를 할 때 무조건 "해 와!"라고 하지 않고, 어떤 식으로 보고서를 작성하고 P.T.를 준비할지를 최대한 설명해 줍니다.
- 둘째, 'I' 메시지를 활용합니다. 자기 생각과 감정을 '나' 주어로 말하는 것이 죠. 예를 들어 일이 마음에 안 들면 "내가 생각한 것과 방향이 좀 다르다." 이렇게 말하지, "너는 일을 이렇게밖에 못하니?"라고 말하지 않습니다.
- 셋째, 사소한 일에도 고마움을 표현합니다. 자신이 지위가 높다고 해서 부하직원이 막 부리려고 하지 않고, 부하직원의 노력과 성과에 늘 고마움을 표현합니다. 멋진 상사죠.

충분한 설명 없이 지시한 후 결과물을 보고받는 자리에서 '왜 이렇게 일을 네 마음 대로 해!'라고 말하는 상사를 보면 어떤 기분이 드나요? 혹시 여러분이 그러지는 않 나요?

함께 일하기 싫은 직장 상사 유형

#독설 #단점지적 #비난조

상사라고 해서 다 같은 상사가 아니죠. 동기부여가 되고 따르고 싶은 상사가 있지만, 정말 같이 일하기 싫은 상사가 있죠.

- 첫째, 칭찬과 격려를 찾아볼 수 없습니다. 독설이 리더십을 발휘하는 것이라고 착각하고, 또 그게 권리라고 생각합니다. 심지어 그래야 아랫사람이 말을 듣는다고 생각하죠. 정반대인데 말이죠.
- 둘째, 장점을 볼 줄 모르고 단점만 찾아 지적합니다. 팀 스피릿이라는 게 있잖아요. 그게 군기만 잡아서 생기는 게 아니거든요. 사기가 꺾이면 팀 스피릿은 없는 거죠. 그런데도 늘 단점만 지적해서 사기를 꺾어요.
- 셋째, 항상 비난조로 말합니다. 자기 생각과 느낌을 말하기보다는 "너는 왜 그러냐?", "너는 그게 문제야!", "왜 그거밖에 안 돼!"라고 말합니다. 정말 같이 일하는 것 자체가 스트레스죠.

여러분이 어떤 협업을 주도할 때 구성원들에게 어떤 방식으로 동기부여를 하나요?

타인의 잘못을 물고 늘어지는 심리는?

#그릇된안정감 #오만한착각 #경쟁적사고

주위에 보면 집요하게 타인의 실수를 물고 늘어지는 사람이 꼭 한두 명은 있습니다. 그런 사람의 심리는 무엇일까요?

- 첫째, 타인의 실수에서 심리적 위안을 얻는 사람이죠. 자신의 성취가 부족하니 타인의 실수에서 위안을 얻는 것이죠.
- 둘째, 자신이 우위에 있다는 착각에 빠진 사람이죠. 실수한 사람보다 자신이 우위에 있다는 착각에 빠져 있거나, 또는 그런 착각에 빠져 있고 싶어서 타인의 실수를 계속 지적합니다.
- 셋째, 인간관계를 경쟁으로만 생각하는 사람이죠. 인간관계에 있어서 협력이란 개념을 모르는 거죠. 무조건 경쟁으로만 생각하기 때문에 타인을 깎아내리기 바쁜 것입니다.

직장 동료(학생이면 학교 친구)를 경쟁 상대로만 생각하고, 그의 성공이나 성취를 여러분의 패배로 생각하지는 않나요?

삶을 위태롭게 하는 세 가지 신드롬

#햄릿 #살리에리 #리플리

삶이 정상적 궤도를 벗어나 혼돈에 빠지게 만드는 것은 외부에만 존재하지 않습니다. 내 내면의 역기능이 삶을 위태롭게 만들 수도 있는데요.

- 첫째, 햄릿 증후군입니다. 죽은 아버지의 복수를 두고 갈등하는 햄릿에게 빗대어 생긴 용어인데요. 흔히들 결정장애라고 부르기도 하죠. 삶의 주체성을 잃어버린 채 살아가는 모습을 단적으로 보여주는 것이죠.
- 둘째, 살리에리 증후군입니다. 모차르트에게 심한 열등감을 느꼈던 작곡가 살리에리의 이름에서 유래했습니다. 누군가를 시기 질투하는 마음에 갇혀 자기 능력을 발휘하지 못하는 것이죠.
- 셋째, 리플리 증후군입니다. '리플리'라는 말 자체는 『재능 있는 리플리 씨』라는 소설에서 유래했는데요. 자신이 한 거짓말을 스스로 믿어 버리게 된 상태를 말하죠. 정신의학에서 질병으로 규정하진 않지만, 현실을 회피하고 자신이 만들어 놓은 가공의 세계에서 살고 싶은 심리를 엿볼 수 있습니다.

여러분 본연의 모습을 잃어버렸다고 느끼는 순간은 언제인가요?

오늘을 살기

#한다면　#할수있다　#영향력

인생에서 가장 중요한 시간은 바로 지금, 오늘이죠? 과거에 대한 후회, 미래에 대한 불안을 떨쳐 버리고 오늘을 충실하게 살려면?

- 첫째, "과거에 … 했다면"이라고 생각하지 말고, "지금 … 한다면"이라고 생각하는 습관을 기르세요.
- 둘째, 할 일이 있을 때는 "… 해야 한다."라고 자신을 옥죄지 말고, "… 할 수 있다."라고 자신을 격려하는 습관을 기르세요.
- 셋째, 여기저기 '관심'을 두기보다는 내가 실제로 '영향력'을 끼칠 수 있는 일에 집중하는 습관을 기르세요.

최근 관심사 5가지를 고른 후 그 가운데 긍정적인 결과를 얻도록 여러분이 영향력을 끼칠 수 있는 관심사를 한 가지만 골라 보세요. 그리고 그 방법이 무엇인지 적어 보세요.

1월의 내 인생에 건네는 작별 인사

다음 글을 나지막한 목소리로 읽어 보세요. 여러분의 차분한 목소리가 귓가에 크게 울리고, 한 단어 한 단어가 겨울밤 첫눈처럼 여러분 마음에 소복이 내려 쌓이는 느낌이 들 때까지 여러 번 읽어 보세요.

"똑같은 물을 두 번 마실 수 없듯, 똑같은 날을 두 번 살 수 없습니다.
어제가 아닌 오늘을, 어제의 내가 아닌 오늘의 내가
새롭게, 힘차게, 용기 있게 살아낼 것입니다."

1. 단 한 번뿐인, 다시없을 올해 1월의 인생에

– 미안한 점 한 가지를 적어 보세요.

예: 퇴근 후 습관적으로 유튜브를 보는 데 너무 많은 시간을 낭비해 버린 게 미안하다.

– 고마운 점 한 가지를 적어 보세요.

예: 사소한 오해로 불편한 관계가 되어서 한동안 멀어졌던 친구를 우연히 만나 이야기를 나눌 수 있는 시간이 있었던 게 고맙다.

2. 단 한 번뿐인, 다시없을 올해 1월의 인생에 찾아왔던 일들이 여러분에게 무엇을 원하였는지 한 문장에 담아 보세요.

예: 올해 1월은 나에게 사람들 앞에서 좀 더 자신 있게 말하기를 원했다.

3. 단 한 번뿐인, 다시없을 올해 2월의 인생이 여러분에게 무엇을 기대하는지 한 문장에 담아 보세요.

예: 올해 2월은 나에게 아내의 마음을 좀 더 헤아려 주기를 기대하고 있다. or 야! 돈 좀 아껴 써!

나는 내가
좋았던 적이 있었나?

"살아야 할 이유를 아는 사람은
어떤 시련도 이겨낼 수 있다."

니체 Friedrich Nietzsche

2월을 시작하는 긍정 확언

"나는 내 자신이 마음에 듭니다."

나는 내 삶을 긍정적으로
변화시킬 준비가 되어 있습니다.

나는 내 삶을 풍요롭게 만들
충분한 에너지가 있습니다.

오늘 내 생각과 말, 그리고 행동은
내 삶을 풍요롭게 하도록 준비되어 있습니다.

내 내면은 풍요롭기에
타인의 삶에 긍정적인 변화를 이끌어 낼 수 있습니다.

나는 타인의 삶에 긍정적으로 기여하는
나 자신이 마음에 듭니다.

자존감이 올라가고 있는 증거

#해볼만한대?   #남들이뭐라건!   #가장현명한투자

자존감은 고정적이지 않아요. 어떤 마음 자세로 삶을 바라보고, 삶이 던져 준 과제를 대하느냐에 따라 얼마든지 달라질 수 있죠. 만약 최근 자존감이 올라가고 있다면?

- 첫째, 자기 능력에 대한 의심이 줄고 뭐든 해 볼 만하다는 생각이 듭니다.
- 둘째, 다른 사람의 말이 신경 쓰이거나 시선이 의식되는 일이 줄어들어 인간관계에 대한 스트레스가 감소합니다.
- 셋째, 무엇보다 중요한 것은 내 행복과 건강이라는 생각이 들어 자기 자신에 투자하는 시간이 늘어납니다.

최근에 여러분 자신의 행복감과 신체적, 심리적 건강을 위해 어떤 투자를 했나요?

자존감이 떨어지고 있는 증거

#안만나고싶어 #나들으라고하는얘기?! #두고보자

만약 최근 자존감이 떨어지고 있다면?

- 첫째, 가까운 사람조차 만나는 게 부담스럽고
- 둘째, 부정적인 얘기가 나오면 마치 나를 겨냥한 것처럼 느껴져 불안하고, 불쾌하고
- 셋째, 기분 나빴던 지난 일이 자꾸 생각나면서 화가 납니다. 앙갚음하는 상상에 빠져 있는 시간이 늘어나고요.

자존감은 마음의 기초 체력, 심리적 방화벽, 내적 자산이라고 할 수 있어요. 자존감이 떨어져 나타나는 증상에 집중하지 말고, 자존감 자체를 정상 궤도에 올려놓는 노력이 필요해요.

자존감을 올리기 위해 여러분이 지금 바로 실천할 만한 방법에는 무엇이 있을까요?

수용성이 높은 사람의 비결

#칭찬 #사과 #비판

자존감이 높은 사람은 수용성이 좋아요. 자기 자신에 대한 신뢰가 바탕에 깔려 있으니 굳이 센 척을 할 필요도, 지나치게 방어적일 이유도 없죠. 특히 자존감이 높은 사람은 이 세 가지를 잘 받아들일 줄 아는데요.

- 첫째, 칭찬입니다. 자존감이 높은 사람은 칭찬을 기분 좋게 받아들이지만, 자존감이 낮은 사람은 칭찬이 불편하고 빈말이라고 생각합니다.
- 둘째, 사과입니다. 자존감이 높은 사람은 상처를 딛고 일어서는 회복탄력성이 높아서 그만큼 사과도 잘 받아들입니다.
- 셋째, 비판입니다. 자존감이 높은 사람은 기본적으로 자신에 대한 신뢰가 크기 때문에 비판을 두려워하지 않고, 그 비판에서 자신이 개선할 점을 찾습니다.

윗사람이 빈말이 아닌 진심 어린 칭찬을 해 줄 때 여러분의 입에서 가장 먼저 나오는 말은 무엇인가요? "아니에요. 제가 한 것도 없는데요.", "그렇게 말씀해 주시고 인정해 주셔서 감사합니다." 어느 편에 가까운가요?

나에 대한 불만이 크다면?

#억압 #합리화 #투사

자존감이 낮은 사람은 자신에 대한 불만이 크죠. 당연히 자기 모습을 있는 그대로 드러낼 용기도 부족하고요. 그래서 다음과 같은 방식으로 자신을 감추기에 급급합니다.

- 첫째, 억압입니다. 자존감이 낮아 자기 생각, 감정, 선택을 자신 있게 표현하지 못하고 늘 마음속에 꾹꾹 눌러 담습니다. 동시에 그런 자신을 보며 괴로워하고요.
- 둘째, 합리화입니다. 자존감이 낮아 도전을 감행하거나 변화를 받아들이지 못하고, 늘 제자리걸음을 합니다. 그런 자신을 합리화하기 위해 부정적으로 생각하고 남 탓, 환경 탓을 합니다.
- 셋째, 투사입니다. 자존감이 낮아 자신의 단점을 받아들이지 못하는 대신 엉뚱한 사람에게 자신의 단점을 덮어씌워 그 사람을 비난하고, 비판합니다.

'억압, 합리화, 투사' 가운데 여러분이 가지고 있는 방어기제가 있나요? 어떤 상황에서 주로 그런 방어기제를 사용하나요?

아이의 미래를 결정짓는 부모의 말버릇

#자기긍정성   #자기유능감   #자기신뢰

부모들은 흔히 부모의 재력이나 학력이 아이의 미래에 가장 큰 영향을 끼친 다고 생각하죠. 그러나 정말 중요한 것은 부모의 말버릇입니다. 부모의 말은 아이의 인생을 결정짓는 자존감에 직접적인 영향을 끼치기 때문이죠. 비싼 과외를 받고, 명문대를 진학해도 자존감이 낮으면 원만한 인간관계를 맺을 수 없어요. 인간관계에 실패하면 아이의 인생은 늘 그늘질 수밖에 없고요. 그 러니까 자녀가 어릴수록 이 세 가지 말을 잊지 마세요.

- 첫째, "자랑스러워."
- 둘째, "도움이 많이 됐어. 도와줘서 고마워."
- 셋째, "잘 커 줘서 고마워."

아이가 작은 성취라도 거뒀을 때 자랑스러움을, 아이가 부모의 부탁을 들어 줬을 때 도움이 됐다는 점을, 아이의 생일과 같은 날이 됐을 때 잘 커 준 것에 대한 고마움을 조건 없이 표현해 보세요. 아이가 사회의 건강한 구성원으로 자라는 데 든든한 버팀목이 됩니다.

자녀(사랑하는 사람)와 대화할 때 여러분의 말씨를 의식하며 말하고 있나요?

남보다 못났다는 생각에 늘 힘들어요

#비교쓸모없음 #나를잘알아 #나만그런거아님

나보다 잘난 사람과 비교하든 못난 사람과 비교하든, 비교가 내 마음 건강에 긍정적인 영향을 주기는 어렵죠. 비교는 안 하면 안 할수록 좋은 거예요. 그러나 꼭 이래저래 컨디션이 안 좋을 때는 남들과 비교가 되죠. 비교하다 보면 남들보다 못나 보이는 내가 밉고요.

왜 내가 남보다 낫다는 생각보다 못났다는 생각이 많이 들까요? 그 이유는 바로, 타인의 단점보다 자신의 단점을 더 많이 알고 있기 때문입니다. 사람이 남에 대해 알면 얼마나 알겠어요? 그러나 자기 자신에 대해서는 너무 잘 알고 있죠. 내 단점, 콤플렉스, 내가 저지른 실수와 잘못에 대해서 말이죠. 단지 그 이유예요. 그러니 남들과 비교하지 말고, 자기 자신을 좀 너그럽게 봐주세요. 누구에게나 흉과 허물이 있고, 그림자가 있기 마련입니다.

여러분이 자신의 장점이라고 생각하는 세 가지를 적어 보세요.

자존감을 높이는 비결

#의식하기 #거짓말줄이기 #기여하기

어떻게 하면 자존감을 높일 수 있을까요?

- 첫째, 의식 수준을 높이세요. 즉 무의식적인 말과 행동을 줄이세요. 의식하지 않고 하는 말과 행동으로 인한 실수, 갈등이 자존감을 떨어뜨립니다.
- 둘째, 거짓말을 줄이세요. 다시 말해 가짜 나를 만들지 마세요. 괜스레 있는 척, 아는 척, 센 척하지도 말고요. 내 생각, 감정, 의지를 솔직하게 표현하세요.
- 셋째, 타인의 삶에 기여하세요. 타인의 삶에 기여할 때 '아! 나도 쓸모 있는 인간이구나!'라는 생각에 자존감이 올라갑니다.

만약 의식 수준을 높이고 싶다면 이렇게 해 보세요.

1. 여러분을 타인이라고 생각하고 하는 말과 행동을 관찰하세요.
2. 그 말과 행동에 대해 자신만이 들을 만한 목소리로 내레이션을 해 보세요. 예를 들면 "출출하지도 않은데 습관적으로 배달앱을 보고 있습니다." 이런 식으로요.
3. 이러한 내레이션 작업을 통해 여러분이 하는 말과 행동을 평가해 보세요.

하루 동안 내레이션 작업을 해 보세요. 이전과 비교해 언행을 얼마나 더 의식하게 됐나요?

나를 미워하는구나?!

#나를왜? #그건네마음 #사랑밖에난몰라

자존감이 높은 사람은 누군가 자신을 미워할 때 이렇게 해석하고 반응합니다.

- 첫째, "나같이 좋은 사람을 미워하는 사람은 너는 참 불행한 사람이다."
- 둘째, "나를 좋아하건 미워하건, 그건 네 마음이니까 내가 어떻게 할 수 없는 일이지."
- 셋째, "나를 사랑해 주는 사람들에게 마음 쓰고 그들과 행복하게 살기도 바쁜데, 나를 미워하는 너를 신경 쓰고 힘들어하느라 소중한 내 인생을 소비해야 할 이유가 뭐겠니?"

여러분을 미워하는 사람이 있나요? 부디 배우자는 아니길 바랍니다. 여러분을 향한 그 미움을 높은 자존감이라는 볼록렌즈에 투과시키세요. 그리고 소중한 사람들을 더 사랑하는 데에 초점을 모아 내 사랑의 집중력을 발휘하는 거예요.

여러분의 사랑을 더 많이 필요로 하고, 여러분이 더 많이 사랑하고 싶은 세 사람의 이름을 적어 보세요.

연애를 망치는 스타일

#사랑해반복러   #프로섭섭러   #집착의심끝판왕

자존감이 낮다는 것은 자기 자신에 대한 믿음이 부족하다는 것이죠. 반면 불만은 많고요. 그러니 연애할 때도 낮은 자존감은 항상 걸림돌이 되고 말죠. 만약 내 연애 스타일이 다음과 같다면 연애가 아니라 자존감부터 회복하는 게 먼저인데요.

- 첫째, 끊임없이 사랑을 확인하려고 해 상대를 지치게 합니다.
- 둘째, "어떻게 나한테 이럴 수 있어?!"라는 말을 달고 삽니다. 자존감이 낮으니 별것 아닌 일에도 상처를 받고, 거절감을 느끼기 때문이죠.
- 셋째, 집착과 의심이 심하고, 다른 커플과 자꾸 비교하며 상대를 못살게 굽니다.

연애할 때나 결혼생활에서 상대가 여러분에게 쩔쩔매거나, 여러분 앞에서 안절부절 못하지는 않나요? 다시 말해 여러분은 타인에게 심리적 피로감을 주는 사람인가요?

낮은 자존감과 1+3

#보고싶지않아   #샘이나못참겠어   #이생망

자신이 마음에 안 들고, 못마땅한가요? 자신의 모습을 떠올리면 미간에 주름이 지고, 두통이 오고요? 자존감이 높다고 할 수 없겠죠? 낮은 자존감이 기관차라면 객차처럼 따라오는 것들이 있어요.

- 첫째, 자기혐오에요. 자신이 마음에 들지 않으니 사사건건 지나친 자기 검열로 늘 자신을 미워하고 깎아내리죠.
- 둘째, 시기 질투에요. 자존감이 낮으니 자신의 사회적 성취를 위해 도전하지 못하고, 잘나가는 사람과 자신을 비교하며 시기 질투하죠.
- 셋째, 부정적인 자동적 사고에요. 자동적 사고란 의도하지 않아도 떠오르는 생각을 말하는데요. 자존감이 낮은 사람은 '난 할 수 없어….', '비참해, 망했어….', '나 같은 게 살아서 뭐 해!'와 같은 부정적인 자동적 사고가 떠나질 않죠.

스마트폰을 열어 전면 카메라로 여러분의 얼굴을 비추세요. 1분 정도 가만히 바라보세요. 그사이 들려오는 마음의 소리를 적어 보세요.

자신이 좋은 아이들의 말하기

#자신감 #건강한자기애 #꿈과희망

미술치료를 하다 보면 자존감이 높은 아이들이 흔하게 쓰는 표현들이 있어
요. 그런 말들이 우리 아이 입에서 나온다면 자존감이 높다고 볼 수 있는데요.

- 첫째, "할 수 있어요." 자존감이 낮은 아이들은 "못해요.", "어려워요."를 반
복합니다. 그러나 자존감이 높은 아이는 밝은 표정으로 "해 볼게요.", "할
수 있을 것 같아요."라는 말을 써요.
- 둘째, "나는 내가 좋아요." 자존감이 높은 아이들은 자신을 그려 놓고는, 자
신이 마음에 든다고 말해요. 그러나 자존감이 낮은 아이들은 자신을 그린
그림을 보고 "싫어요.", "마음에 안 들어요."라고 말하죠.
- 셋째, "제 꿈은요!" 자존감이 높은 아이들은 자신의 꿈에 관해 이야기하는
것을 주저하지 않죠. 그러나 자존감이 낮은 아이들은 꿈을 말해 보자고 하
면, "모르겠어요."라는 말을 주로 합니다.

자녀(사랑하는 사람)의 마음을 풍요롭고, 따뜻하고, 긍정적으로 만들어 줄 말들에
는 어떤 말들이 있을까요?

언제까지 가면 쓰고 살 수는 없죠

#빈말 #거짓약속 #이미지관리

모든 사람이 나를 좋아할 수는 없잖아요? 내가 어떻게 한데도 나를 싫어할 사람은 싫어하게 되어 있고요. 심지어 내가 잘못한 게 없는 데도 이유 없이 나를 공격하고, 비난하고, 못살게 구는 인간도 내 주변에 꼭 한두 명은 서식하고 있잖아요? 그런데도!

• 첫째, 만나는 사람마다 좋게 보이려고 마음에도 없는 빈말을 해대고
• 둘째, 괜히 호감 사려고 지키지도 못할 약속을 남발하고
• 셋째, 그러다 자기 이미지 관리하려고 그랬다는 걸 사람들이 알고서 비난하고 떠나면, 자기는 그런 사람 아니라고 억울해하죠. 자초한 걸 인정하지 않고 오히려 상처받았다며 "역시, 사람 믿을 게 못 돼!"라고 한탄을 하고요.

좋게 보이려고 노력하지 말고, 실제로 좋은 사람이 되려고 노력하는 게 내 인생에 더 도움이 되지 않을까요? 언제까지 사람들 반응에 집착하며 가면 쓰고 살 수는 없잖아요?

좋은 사람으로 보이고 싶은 마음에 여러분 자신과 어울리지 않는 가면을 쓰고 있다면 어떤 말과 행동의 가면일까요?

나를 잃어버리게 만드는 콤플렉스

#착한아이 #피에로 #슈퍼맨

인생을 살면서 나 자신으로 살아가는 것은 무엇보다 중요하죠. 나 자신으로 살아갈 수 있다는 것이 얼마나 큰 축복인지 말로 다 표현할 수 없고요. 그러나 이 세 가지 콤플렉스는 나를 잃어버린 채 살아가게 만들죠.

- 첫째, '착한 아이 콤플렉스'에요. 거절도 못하고, 정당한 대가도 요구하지 못하죠. 사람들에게 버림받을까 봐 다른 사람의 기분과 감정에 맞춰 사는 것이죠.
- 둘째, '피에로 콤플렉스'에요. 내 기분과 감정은 억누른 채 다른 사람의 기분을 'up'시키기 위해 애쓰죠. 때로는 불필요한 농담, 과장된 행동으로 소위 광대 노릇을 합니다.
- 셋째, '슈퍼맨 콤플렉스'에요. '메시아 콤플렉스'라고도 불리는데요. 회사에서는 자기 업무도 아닌 일에 책임감을 느껴 그 업무를 떠안고, 가정에서는 모든 문제를 자신이 책임지려는 모습을 보입니다.

여러분에게 해당하는 콤플렉스가 있나요? 어떻게 그 콤플렉스를 갖게 된 것 같나요?

스마일 마스크 증후군이란?

#억압 #우울증 #읽어주기

늘 밝은 모습만을 보여 줘야 한다는 강박이 있나요? 슬픔, 분노, 짜증과 같은 감정을 발산할 기회가 없이 늘 억누르고 있나요? 그래서 그런지 마음이 늘 불안하고, 불편하지 않나요? 고통스럽거나 불편한 감정을 억누르는 것만이 능사가 아닙니다. 그러다 보면 종종 우울증이나 불안장애로 발전할 수 있어요. 고통스럽거나 불편한 감정에서 달아나려 할수록 그런 감정은 곧잘 커지곤 합니다. 사람의 감정은 그것을 있는 그대로 느끼고, 충분히 받아들일 때만 해소되는 법이죠. 그러니 부정적이고 힘들고 불편한 감정을 들면 '아, 지금 내가 그렇구나!' 하며 그 감정들을 읽어 주세요. 그렇게만 해도 적잖이 해소됩니다.

부정적인 감정이 마음에 가득할 때 그 감정들을 해소하는 방법은 무엇인가요?

요즘 나 왜 이러는 걸까!

#남눈치 #말수 #처지비관

자존감은 그 사람의 성격, 그리고 말과 행동에 걸쳐 영향력을 발휘합니다. 만약 최근 들어 자존감이 떨어지고 있다면?

- 첫째, 남의 눈치를 많이 보게 되고, 남의 말에 예민해집니다.
- 둘째, 말수가 갑자기 줄거나 극도로 많아집니다. 말수가 줄어든 것은 의기소침해진 탓이고, 말수가 많아진 것은 낮아진 자존감을 들키지 않으려는 몸부림이죠.
- 셋째, 그러지 않으려고 해도 남들과 자꾸 비교하게 됩니다. 그래서 자신의 처지를 비관하게 되죠.

자존감은 여러분 자신만이 올릴 수 있어요. 자존감을 올리는 방법을 책 내용을 참조해 적어 보세요. 그것을 바탕으로 한 구체적인 실천 계획도 세워 보세요.

연애가 안 되는 데는 다 이유가!

#연애 #자존감 #의심

자존감이 낮다는 것은 나 자신이 마음에 들지 않는다는 것이에요. 내가 나를 마음에 들어 하지 않는데 누구의 사랑인들 받아들일 수 있겠어요? '왜 나를 좋아한다고 하지?' 하면서 의심이 들고, 끊임없이 상대의 사랑을 확인하려고 하죠. 조금이라도 서운한 일이 생기면 낮은 자존감 때문에 상대의 행동을 지나치게 의도적인 일로 해석하죠. 자신이 무시당했다고 생각하고요. 한편으로는 연인이 못난 자신을 떠날까 두려워 상대에게 모든 걸 맞춰 주며 전전긍긍하기도 하죠. 그러다 다시 상대에게 상처받는 일이 생기면 "어떻게 나한테 이럴 수 있어!" 이 말을 달고 살죠. 그러니까 누군가의 사랑을 받고 싶다면, 누군가와 건강한 사랑을 나누고 싶다면 먼저 내 자존감부터 올려야 해요.

그간의 연애 끝이 안 좋고, 과정도 그리 순탄하지 않았다면 이유가 무엇이었나요?

달라지고 싶다면

#변화 #성장 #통찰

달라지고 싶나요? 고치고 싶은 면이 있나요? 그러나 정말 쉽지 않죠? 이를 악물고 다짐의 다짐을 억만 번 거듭한대도 이 3단계가 없으면 사람이 변하는 건 불가능해요.

- 1단계, 자기 객관화예요. 자신을 타자화해서 타인을 보듯, 자신을 평가할 줄 알아야 해요.
- 2단계, 각성이에요. 자기 객관화를 통해 자기 민낯을 확인한 다음에는 각성이 일어나야 하죠. 쉬운 말로 정신이 번쩍 들어야 해요. '나 정말 쓰레기처럼 살았구나!', '나는 정말 겉과 속이 다른 사람이었구나!'와 같은 깨달음에서 나오는 탄식과 함께 온몸에 전기가 와야 해요.
- 3단계, 코페르니쿠스적 전환이 일어나야 해요. 이미 굳어진 사고방식이나 이전에 고집하던 삶의 방식 자체가 180도 바뀌는 사건이 일어나야 하죠. 과오를 연발하던 옛 모습에서 완전히 돌아서야 하죠. 천동설을 신봉하던 사람들이 지동설로 완전히 돌아선 것처럼요.

여러분을 다른 사람이라고 생각하고 여러분의 성격을 평가했을 때 장점 한 가지와 단점 한 가지를 적어 보세요.

_____

나만 왜 이렇게 '예민 보스'일까요?

#자책은금물 #피로감풍년 #둔감보스는절대몰라

다른 사람들은 아무렇지도 않은데 나만 왜 이렇게 예민할까 싶을 때는요.

- 첫째, 너무 자책하지 마세요. 타고난 민감성으로 남들보다 더 많은 것을 느끼는 것뿐이에요.
- 둘째, 그래서 쉽게 지칠 수 있어요. 게으르거나 끈기가 부족한 것이 아니에요.
- 셋째, 그러나 둔감한 사람들은 이해하지 못해요. 둔감한 사람들은 예민한 사람들의 그 느낌 자체를 짐작도 못하죠. 그러니 너무 서운해하거나 답답해하지 마세요.

대체로 사람들은 예민한 사람에 대한 편견을 가지고 있죠. 예민한 사람에 대해 여러분이 가진 편견에는 어떤 것이 있나요?

예민한 사람의 장점

#심사숙고   #바른생활   #피해안줌

예민한 성격이 사람들 사이에서, 심지어 가족 안에서도 환영받는다고 말하기는 어려운 게 사실이에요. 단점으로 봤으면 봤지, 장점으로 여길 리 없고요. 그러나 예민한 사람에게는 그 나름의 탁월한 장점이 있어요.

- 첫째, 남들보다 더 많이 받아들이고, 더 많이 생각합니다. 오감을 통해 입력되는 정보가 그 누구보다도 많기 때문이죠.
- 둘째, 양심적이고, 책임감이 강합니다. 발달심리학자 코찬스카에 따르면 둔감한 사람보다 예민한 사람이 도덕과 윤리에 있어서 더 엄격하다고 해요.
- 셋째, 남에게 피해를 주는 일을 극도로 꺼립니다. 상대의 입장에 대해 신중하게 생각하고, 서로를 배려해야 한다는 강박에 가까운 사고가 있기 때문이에요.

예민한 사람을 피곤하게만 여긴 적은 없나요? 주위에 예민하더라도 위와 같은 장점을 보이는 사람을 찾아 그 이름을 적어 보세요.

완벽주의의 함정

#게을러서가아님   #자아손상   #자괴감폭주

너무 완벽해지려고 하지 마세요. 왜냐하면?

- 첫째, 완벽해야 한다는 부담감에 일을 자꾸 미루게 돼요.
- 둘째, 완벽주의는 지나친 자기 검열과 자기혐오로 인해 뭘 하기도 전에 진이 다 빠지게 만듭니다.
- 셋째, 그러면 시작도 하기 전에 '난 왜 이것밖에 안 되지?!' 하는 자괴감에 시달리게 되죠. 그러나 아무것도 하지 않으면 아무 일도 일어나지 않아요. 일단 시작하세요. 시작이 반이에요.

여러분 자신이나 주위에 지나친 완벽주의로 힘들어하는 사람에게 줄 수 있는 적절한 조언은 무엇일까요?

나와 잘 지내는 법

#수용 #자책감벗어나기 #용서

인간관계의 어려움 때문에 상담받으러 오는 분들을 보면 백이면 백, 모두 자기 자신과 사이가 좋지 않아요. 다른 말로 하면 자존감이 낮은 것이죠. 그러니까 인간관계를 잘하고 싶다면 먼저 나 자신과의 관계를 회복해야 해요. 나 자신과의 관계를 회복하려면?

- 첫째, 잘났든 못났든 자신을 있는 모습 그대로 수용해 주세요. 모든 변화는 수용에서 시작됩니다. 자기를 있는 그대로 받아 주세요.
- 둘째, 지난날 누군가에게 부당하게 상처받았다면 그것은 여러분의 잘못이 아닙니다. '내가 못 나서…', '내가 다르게 행동했더라면…' 하며 자신을 나무라지 마세요. 여러분의 잘못이 아니에요.
- 셋째, 자신을 용서하세요. 완벽한 사람은 없습니다. 누구나 실수할 수 있어요. 지난날 실수가 있었다면 반성할 필요는 있지만, 죄책감에 묶여 있지는 마세요. 자신을 용서하세요. 나에게 다시 시작할 기회를 주세요.

여러분 자신을 용서하지 못하는 부분이나 여러분이 한 일 가운데 용서하지 못하는 사건이 있다면 무엇인가요?

'센 척'하는 거지, 사실은!

#거절감공포   #방어적호의   #내로남불

센 척은 하지만 사실은 자존감이 낮은 사람들을 많이 볼 수 있는데요. 그런 이들은 특징은 무엇일까요?

- 첫째, 절대 거절을 받아들이지 못합니다. 자존감이 낮은 사람은 자신의 의견이 거절당하면 피 튀기는 논쟁을 피하지 않는데요. 자신의 의견에 대한 반대를 자신의 존재에 대한 거절로 여기기 때문이죠.
- 둘째, 그래서 거절을 피하려고 마음에도 없는 호의를 베풀곤 합니다. 자존감이 낮은 사람일수록 불필요한 호의, 상대방이 원하지 않는 호의를 베풀기도 합니다. 이것 역시 거절을 방지하기 위한 것이에요.
- 셋째, '내로남불'이 너무도 심합니다. 자존감이 낮은 사람은 자기 잘못을 인정하거나, 수용하지 못하기 때문에 늘 자신을 방어하기 위해 힘을 씁니다. 그래서 자기 잘못에는 변호사처럼 굴고, 남의 잘못에는 검사처럼 굽니다.

다른 사람이 여러분의 의견을 거절했을 때 어떤 기분이 드나요?

인생이 이렇게 안 풀릴 수 있나요?

#자존감 #주체성 #습관

인생이 안 풀리는 이유가 뭘까요? 여러 가지 환경적 요인도 무시할 수는 없겠지만, 내 인생의 주인은 나니까 나를 먼저 생각해 보자고요.

- 첫째, 내가 나에게 도움이 되는 일을 하고 있는지 생각해 보세요. 상담하다 보면 많은 사람이 무의식적으로든, 습관적으로든 자신에게 도움 되지 않는 일을 하고 있는 걸 보게 되죠.
- 둘째, 그러면 왜 다른 사람도 아닌 내가, 나에게 도움이 안 되는 일을 할까요? 여러분은 여러분이 좋아하는 사람을 도와주나요? 싫어하는 사람을 도와주나요? 왜 내가 나에게 도움이 안 되는 일을 할까요?
- 셋째, 나 자신이 싫다면 나에게 도움이 안 되는 일을 합니다. 그리고 나 자신이 싫다는 것은 자존감이 낮다는 것이죠. 결론! "내 인생이 안 풀리는 원인은 내 낮은 자존감에 있다."

여러분 자신에게 도움이 안 되는 일인 줄 알면서도 멈추지 못하는 것은 무엇인가요?

배우자의 비난에는 나에 대한 진실이 있어요

#가족에게성품을 #인정받지못한사람에게 #어떤사회적성취도무의미

신혼 초에 부부싸움 많이 하잖아요? 안 그런가요? 안 그랬나요? 저만 쓰레기예요? 제 아내가 저랑 일곱 살 차이거든요. 물론 일단 결혼하면 나이 차는 사실 크게 의미 없죠. 그냥 남편과 아내죠. 어쨌든! 신혼 초에 부부싸움을 하는데 싸움이 절정으로 치달아 갈 때 아내가 그러는 거예요. "오빠는 오빠가 생각하는 그런 사람 아니야!" 부부싸움이 끝나고, 아내의 그 말이 제 마음에 계속 맴도는 거예요. 저는 제가 되게 착하고, 배려심 많고, 좋은 사람이라고 생각하고 살았거든요. 사람들도 다 그렇게 말하고, 어딜 가든 저를 좋아하는 사람들이 대부분이고!

그런데 아내에게 그런 말을 들으니까, 화가 나기보다는 무슨 생각이 드냐면 '아니, 나하고 같이 사는 사람이 나에 대해 하는 말이 더 정확하지 않을까? 남들이 아무리 나에 대해 좋게 말해도 같이 사는 사람이 인정하지 않는다면? 그게 뭔 소용이야! 나 정신 차려야 되겠다.' 그래서 그때부터 아주 냉정한 자기 객관화를 시작하게 됐어요.

가족이 말하는 여러분의 성품은 어떤가요? 가족이 여러분의 성품을 성숙하고 본받을 만한 성품이라고 인정하고 있나요?

부부싸움에서 지는 사람은?

#사랑해서결혼한사람　#어떻게보면나에게인생을건사람　#이기면상받나?

제가 결혼 15년 차인데요. 제가 부부싸움을 안 하고, 또 해도 이기려고 안 하고, 최대한 아내 편에서 생각하고 말해야겠다고 결심하게 된 계기가 있어요. 결혼 몇 년 차 때인지는 정확히 기억이 안 나는데 부부싸움을 한 다음 날, 퇴근길이었어요. 신호 대기 하면서 그 잠깐 사이에 어제의 부부싸움을 복기하고 있었거든요. '어떻게 하면 이번 싸움에서 최후 승리를 얻을 것인가!' 이러면서요. 그런데 갑자기 이런 생각이 드는 거예요.

'바보야! 너보다 여러모로 나은 사람이잖아. 너같이 가진 것도 없는 사람을 좋아해서 결혼하고 인생을 너한테 건 사람인데, 그런 사람하고 싸워서 이기는 게 뭔 의미가 있냐? 이기면 누가 상이라도 준다니!' 부부싸움은 누가 져요? 말발이 딸리는 사람? 경제력이 부족한 사람? 아니요! 더 사랑하는 사람이 지는 거예요. 아니, 부부싸움에서 이기고 진다는 개념 자체를 버리세요.

배우자의 반응이나 배우자가 여러분에게 주는 혜택에 연연하지 않고 결혼식 혼인 서약 때의 용기 있는 외침을 일관되게 실현해 나가는 멋진 사람, 여러분인가요? 또는 그러한 사람이 되려면 어떤 노력이 필요할까요?

자극과 반응 사이의 공간

#자존감 #내적자산 #해석

자극과 반응 사이에는 공간이 있어요. 외부의 자극이 있고 곧바로 반응이 일어나는 게 아니라는 말이죠. 그 사이에는 공간이 있는데 그 공간에는 주로 자존감이 작용해요. 내 자존감에 따라 어떤 반응을 보이느냐가 달라진다는 것이죠.

예를 들어 부하직원이 인사를 안 했을 때 모두 다 불쾌한 반응을 보이지 않죠. 자존감이 낮은 상사라면 '나를 무시하나?'라는 해석 과정을 거쳐 화를 내겠죠. 그러나 자존감이 높은 사람이라면, '나를 잘 못 봤나?', '무슨 심각한 일이라도 있는 건가?'라고 개인적으로 받아들이지 않을 겁니다. 그러니까 반응을 결정하는 것은 외부의 자극이 아니라 자존감과 같은 내 내면의 자산들이에요.

부정적인 외부 자극(비난, 비판, 비웃음 등)을 받았을 때 여러분의 반응을 결정하는 것은 무엇인가요?

손해뿐인 화내기

#비합리적 #게임체인저 #낙인

사회생활을 하다 보면 소위 뚜껑이 열리는 때가 있는데요. 그래도 화를 내는 건 금물입니다. 왜 그럴까요?

- 첫째, 합리적인 분노는 없어요. 아무리 합리적인 의견이라도 화를 내며 말하는 순간, 사람들은 그 의견에 대해 부정적으로 생각합니다. 합리적인 의견에 손을 들어주기에는 화를 내는 자체가 사람들을 불쾌하게 만들거든요.
- 둘째, 사람들의 기억엔 화낸 사실만 남아요. 자기가 잘못한 게 있더라도 상대방이 화를 내면 화를 낸 사실만 기억합니다. "그게 화까지 내면서 말할 일이야?"라면서요.
- 셋째, 감정 조절 못하는 사람이라는 낙인이 찍힐 수 있어요. 사건을 객관적으로 보는 사람이 있기 마련인데요. 일단 화를 냈다는 사실이 자신의 감정을 조절 못했다는 의미로 받아들여집니다. 화내면서 말하는 사람보다 웃으면서 말하는 사람이 더 무서운 법이에요.

화내는 게 마땅하고 생각했는데 오히려 화를 냈다는 사실 때문에 손해를 보게 된 일이 있었다면 어떤 상황이었나요?

스트레스, 그것이 문제로다

#심호흡   #명상   #산책

스트레스에 계속 노출되면 신체는 스트레스와 싸울 힘을 마련하느라 가장 먼저 면역 기능의 힘을 뺍니다. 이렇게 스트레스가 면역 기능을 약화하는 주요 원인이기 때문에 스트레스를 만병의 근원이라고 하는 것이죠. 따라서 스트레스를 해소하는 자기만의 방법을 마련하는 게 굉장히 중요합니다. 과음이나 폭식으로 스트레스를 해소하려고 하는 것은 몸에 더 큰 스트레스를 주는 것이고요. 또 과음이나 폭식했다는 자책감은 자존감을 떨어뜨려 또다시 스트레스를 주는 악순환을 불러오죠. 만약 근래 들어 계속 스트레스에 노출되어 있다면?

- 첫째, 수시로 심호흡하세요.
- 둘째, 잠들기 전 명상을 해 보세요.
- 셋째, 부담스럽지 않을 정도의 가벼운 산책을 해 보세요. 몸과 마음에 긴장이 풀리는 것을 경험할 수 있을 거예요.

지금 잠시 책을 내려놓고 다음과 같이 6초 호흡법을 해 보세요. 3초간 깊게 들이쉬고, 잠시 멈췄다가 3초간 깊게 내쉬어 보세요. 세 번 정도 반복해 보세요. 몸과 마음에 어떤 변화가 느껴지는지 적어 보세요.

2월의 내 인생에 건네는 작별 인사

다음 글을 나지막한 목소리로 읽어 보세요. 여러분의 차분한 목소리가 귓가에 크게 울리고, 한 단어 한 단어가 겨울밤 첫눈처럼 여러분 마음에 소복이 내려 쌓이는 느낌이 들 때까지 여러 번 읽어 보세요.

"내 인생의 영원한 동반자는 바로 나 자신입니다.

내 장점도, 단점도 모두 소중한 내 모습입니다.

나는 내 삶의 마지막 순간까지 나를 응원하고 지지할 것입니다."
----

1. 단 한 번뿐인, 다시없을 올해 2월의 인생에

– 미안한 점 한 가지를 적어 보세요.

_____

– 고마운 점 한 가지를 적어 보세요.

_____

2. 단 한 번뿐인, 다시없을 올해 2월의 인생에 찾아왔던 일들이 여러분에게 무엇을 원하였는지 한 문장에 담아 보세요.

_____

3. 단 한 번뿐인, 다시없을 올해 3월의 인생이 여러분에게 무엇을 기대하는지 한 문장에 담아 보세요.

_____

3월 | Mindfulness

내 마음의 건강에서
시작된다

"당신의 행복은 무엇이 당신의 영혼을
노래하게 하는가에 따라 결정된다."

낸시 설리번 Nancy Sullivan

3월을 시작하는 긍정 확언

"나의 가치는 측정 불가능합니다."

나는 이 세상에서 유일무이한 존재입니다.

손가락의 지문처럼 독특하고 대체 불가능합니다.

그렇기 때문에 나의 가치는 측정 불가능합니다.

이런 나의 가치를 가장 잘 아는 사람은 나 자신입니다.

나는 나의 가치에 대해 의심하지 않습니다.

나는 이 세상에 꼭 필요한 사람으로서

오늘도 가족, 친구, 직장 동료의 삶이 개선되는 데에

탁월하게 기여할 것입니다.

나는 나 자신을 생각할 때마다 기쁨이 넘칩니다.

마음 건강을 위한 세 가지

#자존감　#긍정적사고방식　#삶의의미

아무리 몸이 건강해도 마음이 병들면 아무 소용 없어요. 그런데 몸 건강과 마음 건강은 일맥상통하는 게 있어요. 어떤 의미냐면요. 몸이 건강해지려면 첫째, 기초 체력, 둘째, 면역력, 셋째, 근력이 필요해요. 마음도 마찬가지예요.

- 첫째, 마음의 기초 체력은 자존감이에요. 기본적으로 자존감이 받쳐 줘야 뭘 해도 해요.
- 둘째, 마음의 면역력은 긍정적인 사고방식이에요. 온갖 부정적인 이야기, 비판적인 말은 우리 마음을 병들게 만들죠. 그 죽음의 소리를 이겨내려면 긍정적인 사고방식이 필요하고요.
- 셋째, 마음의 근력은 바로 삶의 의미에요. 니체가 말했죠. 살아야 할 이유를 아는 사람은 어떤 시련도 이겨낼 수 있다고요. 내 삶의 의미를 알아야 인생의 무거운 짐을 견뎌낼 수 있어요.

마음 건강 3요소 가운데 여러분이 가장 시급하게 보완해야 할 필요성을 느끼는 것은 무엇인가요?

_____

마음 건강의 유지 비결

#수용성 #눈물 #햇볕

우리에게는 몸과 마음이 있습니다. 몸 건강 못지않게 마음 건강을 유지하는 것도 중요한데요. 마음 건강을 유지하려면?

- 첫째, 수용성을 높이세요. 파랑새 증후군같이 끊임없이 행복에 대한 갈증을 느끼고, 좋은 일만 바라는 마음 자세는 오히려 마음의 건강을 해칠 수 있어요. 인생의 다양한 희로애락을 수용하고자 하는 마음 자세가 필요합니다.
- 둘째, 눈물을 흘리세요. 사람은 눈물을 흘릴 때 감정의 카타르시스, 곧 정화가 일어납니다. 눈물을 참지 말고 눈물을 흘리세요. 한껏 울고 나면 마음의 컨디션이 회복될 거예요.
- 셋째, 휴일 오전, 햇볕을 받으며 산책하세요. 쉬는 날, 하루 종일 누워 있거나 반대로 그동안 못한 운동량을 채운다고 무리하지 마세요. 햇볕을 받으면서 가까운 공원이나 동네를 가볍게 걸어 보세요. 우리 감정과 기분의 지휘자인 신경전달물질 세로토닌의 분비가 활발해집니다.

하루에 햇볕을 쬐는 시간이 어느 정도인가요? 한적한 휴일 아침, 산책하는 동안 햇볕이 온몸을 감쌀 때 느낌이 어땠는지 떠올려 보세요.

우울증 탈출의 첫 단계

#우울증 #수용 #회복

우울증이 찾아오면 쉽게 받아들이기 어렵죠. 일단은 우울증 그 자체가 반갑지 않고요. 우울증으로 무기력하고, 감정 조절이 잘되지 않아 우울증을 제대로 마주하기 어려운 면도 있죠. 그러나 우울증을 벗어나는 첫 단계는 우울증을 받아들이는 거예요. 인생에 어떻게 반가운 손님만 찾아오겠어요? 불청객도 있기 마련이죠. 우울증을 받아들이지 못하는 유형은?

• 첫째, "내가 우울증이라고? 난 아무 문제 없어!" 하는 부정형이에요.
• 둘째, "내가 왜 우울증에 걸려야 해? 내가 왜!" 하는 저항형이에요.
• 셋째, "남들도 이 정도는 힘들지 않나…" 하는 체념형이에요.

먼저 우울증을 받아들이는 게 회복의 첫 단계라는 것을 잊지 마세요.

우울증과 같은 심리적 어려움이 찾아왔을 때 회복을 위한 첫 단계는 무엇일까요?

시련을 통과할 때 나를 붙드는 방법

#에세이   #선물   #무조건적인수용

인생에는 시련이 있기 마련입니다. 시련이 없는 인생은 없죠. 불청객 같아 보여도 그 시련을 딛고 일어선다면, 그만큼 단단해진 나를 발견할 수 있을 거예요. 만약 시련이 찾아왔다면 이렇게 해 보세요.

- 첫째, 에세이를 읽어 보세요. 다양한 사람들의 삶의 이야기가 내 시야를 넓히는 데 도움을 줍니다.
- 둘째, 몇천 원짜리라도 좋으니, 자신에게 선물해 보세요. 한결 기분이 나아집니다.
- 셋째, 자기 검열, 자기 평가를 멈추고 무조건적으로 자신을 수용해 주세요. 비난을 통해 회복되는 사람은 아무도 없습니다. 먼저 자신을 조건 없이 안아 주세요.

시련이 찾아왔을 때 여러분이 대처하는 주된 방법은 무엇인가요?

자기 객관화가 잘되는 사람의 특징

#비교안함   #남들시선에서자유   #장점극대화

자아도취나 반대로 자기 비하, 또는 자기 합리화가 아닌 자기 객관화가 잘되어 있는 사람의 특징은 무엇일까요?

- 첫째, 남들과 비교하지 않습니다. 자신을 객관적으로 볼 줄 모르기 때문에 자꾸 다른 사람과 비교하는 것입니다. 자신에 대한 객관적 평가에 대한 데이터가 충분한 사람은 비교하지 않습니다.
- 둘째, 따라서 다른 사람의 시선을 의식하지 않습니다. 자기 객관화가 안 되어 있는 사람은 남들이 좋게 볼 때는 으쓱하지만, 그렇지 못할 때는 쉽게 주눅이 듭니다.
- 셋째, 단점은 인정하고, 장점은 최대한 발휘합니다. 그래서 단점 때문에 실수하는 경우가 적고, 자신감이 넘칩니다.

여러분은 자아도취, 자기 비하, 자기 합리화, 자기 객관화 가운데 어느 쪽에 가깝나요?

미움, 백해무익

#노화 #동화 #낭비

미운 사람이 없을 수는 없죠. 내 마음에 쏙 드는 사람들만 주위에 모이는 건 아니니까요. 그러나 미움을 품고 사는 건, 어느 면으로나 나에게 도움이 되지 않아요. 왜 그럴까요?

- 첫째, 늙어요. 누군가를 미워할 때 분비되는 호르몬은 노르아드레날린인데, 맹독성으로 노화를 촉진합니다.
- 둘째, 닮아요. 미워하는 사람의 말과 행동을 계속 떠올리면 뇌는 그 사람의 말과 행동을 학습합니다. 따라서 닮는 것이죠. 아버지를 미워하는 아들이 나이를 먹을수록 그 아버지를 닮는 건 우연이 아닙니다.
- 셋째, 낭비예요. 미워하는 데에도 에너지와 시간이 적잖이 쓰이죠. 누군가를 미워하는 게 생산적인 일도 아닌데, 누군가를 미워하는 데 내 소중한 힘과 시간을 쓰는 건 너무 낭비 아닐까요?

정말 미워하는 사람이 자주 하는 말과 행동을 여러분이 하고 있다고 느낀 적은 없나요? 있다면 어떤 말과 행동이었나요?

피해의식이 맺은 열매들

#피해망상 #극단적이기심 #무기력함

살다 보면 누군가로부터 상처를 받습니다. 이러한 상처가 자신에게 영구적인 손해를 끼쳤다고 생각하면 피해의식이 생깁니다. 우리가 이런 피해의식에서 벗어나지 못하면 어떤 일이 벌어질까요?

- 첫째, 자신을 치명적인 불운의 주인공을 만들어 버립니다. 되는 일도 없고, 사람들은 다 나를 싫어하고, 시련만 계속된다고 생각합니다.
- 둘째, 따라서 자신은 늘 동정의 대상이 되어야 한다고 생각합니다. 자신은 동정받아 마땅하므로 어디서나 돌봄과 보호가 필요하다고 생각합니다. 만약 자신을 동정해 주지 않을 경우, 굉장한 분노를 느끼고 스스럼없이 그 분노를 표현합니다.
- 셋째, 무기력한 모습을 보입니다. 피해의식은 자신은 잘못한 게 없는데 상처받았다는 생각에 갇혀 있게 만들죠. 그러면 자신이 충분히 통제할 수 있는 일마저도 어쩔 도리가 없는 일로 여기게 되죠. 이는 결국 무기력으로 이어지게 되고요.

과거의 상처를 이야기하다가 정확하지 않은 내용들로 점점 살이 붙는 경험을 한 적이 있지 않나요? 같은 이야기를 반복할수록 과장된 해석이 들어가는 이유는 무엇일까요?

증오 유발자 소화법

#내면가꿈 #혼자만의시간 #연민

누군가를 미워하는 일은 힘들어요. 미움이라는 감정 자체가 파괴적이고, 굉장히 소모적이기 때문이죠. 소모적이란 말은 미워하는 일에는 몸과 마음의 에너지가 많이 쓰이는 데 반해 남는 게 없다는 거죠. 따라서 누군가 미워 죽겠고, 볼수록 짜증이 난다면?

- 첫째, 그럴 때일수록 자신의 내면에 집중하고 내면을 가꾸세요. 내 내면이 황폐해질수록 거슬리는 사람이 늘어납니다.
- 둘째, 자신의 내면을 가꾸는 방법은 혼자만의 시간을 갖는 것입니다. 혼자만의 시간을 가질수록 내공이 강해지는 법이고, 내공이 강해져야 외부로부터 오는 자극을 이겨낼 힘이 생깁니다.
- 셋째, 인간에 대한 연민을 가져 보세요. 상식밖에 일로 다른 사람을 힘들게 하는 그 사람, 얼마나 안 됐어요? 여러분 같으면 돈 주고 그렇게 몰상식하게 살라고 해도 못 살 텐데요. 그런 성품 자체가 그가 받는 형벌이에요. 불쌍한 사람이죠.

유난히 다른 사람이 미워 보일 때 여러분의 내면은 어떤 상태였나요?

강한 내면의 필수 조건

#비판수용 #미움받을용기 #거리두기

체력도 단련해야 강해지듯, 강한 내면을 갖기 위해선 단련이 필요합니다. 내면을 단련하려면 이 세 가지가 필요한데요.

- 첫째, 비판을 과감히 수용할 줄 알아야 합니다. 비판에는 어느 정도 나에 대한 진실이 담겨 있기 때문입니다.
- 둘째, 미움받을 용기가 있어야 합니다. 사람들의 시선과 평가가 두려워 거기에 얽매이는 것은 자신을 잃어버리게 만드는 일이에요. 자기 생각, 감정, 선택을 솔직하게 말할 수 있어야 합니다.
- 셋째, 나를 존중하지 않는 상대라면 과감히 거리두기 할 수 있어야 합니다. 나의 자존감을 훼손시키면서까지 관계를 유지해야 할 사람은 존재하지 않습니다.

만약 비판을 수용하는 것이 어렵고 고통스럽게 느껴진다면 그 이유가 무엇일까요?

_____

자존감이 강한 사람과 약한 사람의 차이

#도전과위안 #오늘의충실과과거의상처 #기여와기댐

사람은 자존감이 받쳐 줘야 뭘 해도 할 수 있죠. 자존감은 마음의 기초 체력이자, 인생의 험한 파도를 막아 주는 방파제 같은 것이니깐요. 그래서 자존감의 차이는 삶을 대하는 자세의 차이를 낳죠.

- 첫째, 자존감이 강한 사람은 타인의 성공에서 도전을 받지만, 자존감이 약한 사람은 타인의 실패에서 위안을 얻습니다.
- 둘째, 자존감이 강한 사람은 미래에 희망을 품고 오늘에 충실하지만, 자존감이 약한 사람은 과거의 상처에 붙잡혀 오늘을 허비합니다.
- 셋째, 자존감이 강한 사람은 타인의 삶에 기여하려고 하지만, 자존감이 약한 사람은 타인의 삶에 기대 살려고 합니다.

타인의 성공을 보면 그 성공을 여러분의 실패로 받아들이는 편인가요? 아니면 마음을 다잡고 분발하려는 의지를 강하게 하는 편인가요?

우울증, 예방할 수 있어요

#햇볕 #장건강 #감사

계절이 겨울에서 봄으로 넘어가면서 우울증이 증가한다는 것 아세요? 그래서 봄철 우울증을 '계절성 우울증'이라고 부르기도 하는데요. 우울증을 예방하려면 이 세 가지가 필수예요.

- 첫째, 햇볕입니다. 쉬는 날이면 집에 가만히 누워 있고만 싶은 게 사실인데요. 그럴 때 집 밖에 나가서 30분 정도 햇볕을 받으며 산책해 보세요. 행복감을 가져다주는 신경전달물질 세로토닌의 분비가 활발해집니다.
- 둘째, 장 건강입니다. 장은 제2의 뇌라고 불립니다. 장이 건강해야 뇌가 건강하고요. 앞서 말씀드린 세로토닌은 장에 95%가 있습니다. 장 건강에 신경 써야 하는 이유죠.
- 셋째, 감사입니다. 감사가 세로토닌의 분비를 촉진한다는 게 뇌 과학의 설명입니다. 잠들기 전 감사한 일 세 가지씩 떠올려 보세요. 감사는 우울증을 막는 최고의 방패입니다.

행복감을 느끼게 해 주는 신경전달물질 세로토닌의 분비를 돕기 위해 할 수 있는 일은 무엇인가요?

_____

내면이 건강한 사람은?

#심각하면사고만경직됨　#거울속내얼굴계속보면무조건오징어　#순리대로힘닿는일에집중

내면이 건강한 사람이 되고 싶나요? 몸이 건강한 사람은 혈액 순환이 좋은 것처럼, 내면이 건강한 사람은 정서 순환이 좋아요. 꼬인 데, 막힌 데가 없죠. 어떤 의미냐고요?

- 첫째, 지나치게 심각하지 않습니다. 인생이란 사건의 연속이고, 사건 자체보다 해석과 반응이 훨씬 더 중요하죠. 내면이 건강한 사람은 아무 일에나 무턱대고 심각해지지 않습니다.
- 둘째, 지나치게 자기 자신에 집중하지 않습니다. 특히 내면이 건강한 사람은 상처를 대하는 방식이 다릅니다. 아픔을 타인을 공감하는 계기로 삼지, 피해의식의 명분으로 삼지 않습니다.
- 셋째, 바꿀 수 없는 일에 지나치게 힘 빼지 않습니다. 내면이 건강한 사람은 바꿀 수 있는 것과 바꿀 수 없는 것에 대해 분별할 줄 알고, 자신이 영향력을 발휘할 수 있는 일에 에너지를 집중합니다.

어려움이 찾아왔을 때 부정적인 감정에 사로잡혀 곧잘 심각함에 빠지는 편인가요? 아니면 평정심과 냉정을 유지하며 상황을 두루 살펴 현실적인 해법을 찾는 데에 집중하는 편인가요?

_____

번아웃의 대표적인 증상

#탈진   #넉다운   #사표낼결심

멀쩡히 잘 다니던 직장을 때려치우고 싶고, 사람 만나는 게 피곤해 약속도 안 만들고 있나요? 언제부터인가 타이레놀을 달고 살고, 도무지 의욕이 생기지 않는다면 번아웃 상태일 수 있습니다. 사람은 기계가 아니에요. 충분한 휴식이 없이 달리다 보면 탈이 나는데요. 신체적, 정신적으로 완전히 탈진해 버리는 게 번아웃입니다. 번아웃의 증상은 크게 세 가지인데요.

- 첫째, 무기력증입니다. 퇴근하면 누워만 있고 싶고, 휴일에도 여가를 즐길 생각조차 들지 않습니다.
- 둘째, 자기혐오입니다. 아무 이유 없이 불쾌한 기분이 들면서 자기 자신이 미워집니다.
- 셋째, 직무 거부입니다. 아무렇지 않게 해 오던 일들이 죽기보다 하기 싫어집니다.

이와 같은 증상이 겹쳐서 나타나고 있다면 일단 마음 편히 휴식할 수 있는 시간을 확보해야 해요. 그리고 전문가의 도움을 꼭 받아보아야 하고요.

번아웃을 경험해 본 적이 있나요? 다시 번아웃이 찾아온다면 어떻게 대처하는 게 좋을까요?

_____

살아내는 힘의 원천

#도망치지않아   #바나나는먹고껍질은버리자   #사과와용서의용기

고된 인생, 견뎌 내고 살아내는 힘은 강한 내면에서 나오는데요. 강한 내면의 소유자는 어떤 모습일까요?

- 첫째, 과거의 상처를 현실의 어려움을 피할 도피처로 사용하지 않습니다.
- 둘째, 타인의 비난에 쉽게 위축되지 않으면서도 자신이 개선할 점을 찾습니다.
- 셋째, 자신의 실수는 진심으로 사과할 줄 알고, 타인의 실수는 과감히 용서할 줄 압니다. 내면이 허약한 사람이 자신에게 관대하고 타인에게 엄격하죠.

현실의 어려움을 마주할 때 여러분의 내면에서는 어떤 일이 벌어지나요? 과거의 트라우마가 떠올라 심란해지나요? 아니면 위기를 극복하려는 노력에 마음의 힘이 응집되나요?

우울증이 주는 생각은?

#자동적사고   #극단적절망과외로움   #바닥없는후회

우울증은 엄연한 뇌 질환이죠. 우울증을 앓는 뇌는 끊임없이 나를 죽이는 말들을 쏟아내고요. 이런 말들이죠.

- 첫째, '나 같은 게 살아서 뭐 해? 내가 없어져도 아무도 슬퍼하지 않을 거야.'
- 둘째, '세상이 한순간에 멸망해서 모든 게 없어져 버렸으면 좋겠어.'
- 셋째, '돌아보면 후회되는 일뿐이고, 아무리 열심히 살아도 앞으로 달라지는 건 없을 거야.'

우울증이 심할 때 끊임없이 내 마음속에 올라오는 이런 말들 자체를 막을 순 없어요. 그러나 믿지 않을 수는 있어요. 그 말들을 믿지 마세요. 뇌가 지쳐서 하는 말이니 '그러려니' 하며 넘기세요.

여러분이 가지고 있는 부정적인 자동적 사고(의도하지 않았는데도 떠오르는 생각들)에는 어떤 것들이 있나요? 구체적으로 기록해 본 후, 그 반대로 말해 보세요.

번아웃과 우울증의 차이점

#증상 #원인 #질환

번아웃과 우울증은 비슷한 듯 보이죠. 그러나 강과 바다처럼 그 넓이와 깊이에 큰 차이가 있어요.

- 첫째, 번아웃은 극도의 피로감이 대표적 증상이지만, 우울증은 극도의 무기력감이 대표적 증상입니다.
- 둘째, 번아웃은 과도한 업무나 스트레스가 주원인이지만, 반면 우울증은 신경전달물질의 불균형이 주원인입니다.
- 셋째, 번아웃은 증상이지만, 우울증은 그 자체로 질환입니다.

번아웃과 우울증에 공통으로 필요한 것은 자기 돌봄이에요. 지치고 의욕이 떨어질 때 여러분 자신을 돌보는 방법은 무엇인가요?

울분에 차 있다면?

#지쳤어   #다소용없어   #가만두지않을거야

우리나라 인구의 약 60%가 만성적 울분 상태라고 보도된 적이 있는데요. '외상 후 스트레스 장애(PTSD)'가 아닌 '외상 후 울분 장애(PTED)'라는 게 있습니다. '외상 후 울분 장애'는 해고, 가까운 사람의 죽음, 질병, 이혼 등과 같은 스트레스 사건 또는 부당하거나 억울한 사건을 겪은 후 다음과 같은 증상을 보이는데요.

• 첫째, 무력감과 좌절감
• 둘째, 박탈감과 허탈감
• 셋째, 복수심과 분노에 사로잡혀 해당 사건을 반복적으로 생각하며 고통스러워합니다.

몸 건강을 위해 보약이나 비타민류, 건강보조제를 섭취해 보신 적이 있나요? 그렇다면 마음 건강을 위해서는 어떤 투자를 하고 있는지 적어 보세요.

무기력, 이렇게 극복하세요

#나를안아주자 #작은움직임 #존재의무게

느닷없이 찾아와 온몸과 마음의 힘을 블랙홀처럼 빨아들이는 무기력, 보통 어려운 상대가 아니죠. 무기력을 가져오는 원인이야 신체적, 심리적, 환경적으로 광범위해서 딱 하나만을 꼬집을 수는 없어요. 그러나 대응하는 법마저 없지 않아요.

- 첫째, 무기력한 자신을 미워하지 마세요. 지금 그 모습 그대로를 따뜻하게 수용해 주세요. 모든 치유는 수용에서 시작됩니다.
- 둘째, 신체 감각에 대한 통제력을 자주 확인해 보세요. 손가락, 발가락을 의식하며 움직여 보고 호흡의 들숨, 날숨도 의식하며 조절해 보세요. 아무리 작은 통제력을 발휘하는 것이라도 무기력감을 완화하는 데 도움이 됩니다.
- 셋째, 무기력감에 점수를 주지 말고, 내가 현재 살아 있음에 점수를 주세요. 즉 아무것도 할 수 없다는 생각보다 내가 살아 있다는 것 자체에 집중해 보세요. 살아 있다는 것 자체가 엄청난 능력이니까요.

어떤 시련의 순간에도 여러분이라는 존재 자체는 남아 있어요. 여러분의 실존 자체가 큰 능력인 것이죠. 여러분이 살아 있음을 느끼는 순간은 언제인가요?

번아웃에 도움이 되는 세 가지

#명상 #산책 #감사일기

어느 날부터인가 늘 피곤하고, 두통도 심해지고, 집중력도 떨어지고, 잔병치레가 잦아진다면 번아웃 때문일 수 있어요. 번아웃이라 여겨진다면 이 세 가지 방법을 꼭 써 보세요.

- 첫째, 명상입니다. 스마트폰은 잠시 꺼두고 단 10분 만이라도 정자세로 앉은 후, 심호흡하면서 마음의 소리에 귀를 기울여 보세요.
- 둘째, 산책입니다. 피곤하다고 누워만 있으면 그런 자기 모습이 싫고, 그러다 보면 번아웃이 더 심해질 수 있어요. 주말 오전에 햇볕을 받으며 산책해 보세요. 몸과 마음이 한결 가벼워질 거예요.
- 셋째, 감사 일기입니다. 감사는 우리 몸의 면역력을 높여 주고, 행복감을 가져다주는 신경전달물질인 세로토닌의 분비를 촉진해 줍니다. 피곤하게만 느껴졌던 일상을 다른 시각으로 바라볼 수 있도록 도와주기도 하고요.

오늘 하루, 감사한 일 세 가지를 적어 보세요.

───────────────────────────────

몸 안에 있는 시계

#숙면 #자극 #루틴

잠만 잘 자도 우울증 예방되는 거 아시죠? 잠을 잘 자려면 생체 시계를 일정하게 유지해야 하는데요. 생체 시계에 영향을 주는 것에는 세 가지가 있어요.

- 첫째, 빛
- 둘째, 소리
- 셋째, 음식이에요.

우리 몸은 빛, 소리, 음식의 자극이 없어야 편하게 잠들 수 있어요. 그러니까 자기 전에는 스마트폰을 멀리하고, 잠들기 3시간 전에는 위를 비워 두어야 숙면에 도움이 됩니다.

여러분의 숙면에 가장 방해가 되는 것은 무엇인가요?

_____

혹시 나도 화병일까요?

#신체화 #호흡불편 #감정조절어려움

화병의 대표적인 증상들은?

- 첫째, 가슴 통증입니다. 가슴에서 천불이 나는 것 같다거나 명치 끝의 답답함을 호소합니다.
- 둘째, 숨이 잘 안 쉬어집니다. 말 그대로 기가 막힌 느낌이 들고, 목과 어깨 근육의 근육이 긴장돼 통증이 심해집니다.
- 셋째, 감정 조절이 잘되지 않습니다. 억울함, 분함, 짜증, 서러움이 마음속에 뒤섞인 채 안절부절못합니다.

화병은 자가 치유가 어려운 질환입니다. 위와 같은 증상을 보이는 사람이 주변에 있나요? 이름을 적어 보고 전문가의 도움을 꼭 받도록 해 보세요.

화병과 우울증의 차이점

#신체화 #한맺힘 #감기와암

화병과 우울증은 사촌 사이에요. 비슷한 듯 보이지만, 전혀 다르기도 하죠.

- 첫째, 화병은 신체 증상을 동반하는 우울증입니다. 가슴 통증, 호흡곤란 등의 신체 증상이 나타납니다.
- 둘째, 우울증은 신경전달물질의 불균형이 주된 원인이지만, 화병은 표출되지 못하고 내면에 켜켜이 쌓인 분노가 주된 원인입니다.
- 셋째, 우울증은 마음의 감기라고 불리지만, 화병은 마음의 암이라 불립니다.

몸, 특히 혈관에 노폐물이 쌓이는 것은 어느 면으로나 좋을 게 없죠. 마찬가지로 부정적인 감정들을 쌓아 놓는 것 역시 마음 건강에 좋을 수 없어요. 묵은 감정을 해소하는 여러분만의 방법을 가지고 있나요?

우울증에 대한 현실적 조언

#정신건강의학과 #공유 #인내

만약 우울증에 걸렸다면 다음과 같은 현실적 조언을 드릴 수 있는데요.

- 첫째, 병원 치료는 필수입니다. 우울증에 걸렸을 때 단지 '생각을 긍정적으로 하자!'라는 다짐으로는 절대로 나아질 수 없습니다. 약물 치료도 최소 6개월은 받아야 합니다.
- 둘째, 신뢰할 만한 사람들에게는 우울증에 걸린 사실을 알리는 게 훨씬 더 도움이 됩니다. 단지 걸렸다는 사실 자체보다도 자신의 증상에 관해 설명해 주는 것이 좋습니다.
- 셋째, 어느 때보다도 인내가 필요합니다. 우울증은 구부러진 터널입니다. 끝은 있지만, 잘 보이지 않습니다. 또 빨대 구멍으로 세상을 보는 것과 같습니다. 시야가 지극히 제한되죠. 약물 치료를 받고 좋아지는 것 같다고 마음대로 치료를 중단하면 재발할 확률이 높아요. 재발했을 때의 증상은 더 심각하고요.

우울증 치료에 쓰이는 약, 곧 항우울제는 대부분 '세로토닌 재흡수 억제제' 계열인데요. 정신건강의학과에서만 처방받을 수 있어요. 설령 평생 먹는다고 해도 해가 되지 않습니다. 항우울제에 대한 어떤 선입견이 있으신가요?

나도 분노조절장애일까요?

#사소한일폭발 #지나친감정표현 #후회의반복

분노조절장애는 크게 예상치 못한 지점에서 화를 내는 '충동적 분노 폭발형'과 늘 화를 내며 사는 '습관적 분노 폭발형'이 있습니다. 이런 분노조절장애의 특징은?

- 첫째, 남들이 볼 때 사소한 일에도 크게 화를 냅니다. "아니, 별것도 아닌 일에 저렇게나 화를 낸다고?" 이런 반응을 받죠.
- 둘째, 감정표현이 지나칩니다. 즉 욕하거나 소리를 지르고, 심한 경우 물건을 집어 던지고 부수는 것과 같은 폭력적인 행동으로 자신의 감정을 드러냅니다.
- 셋째, 화를 낸 뒤에 후회합니다. 다른 사람들이 겁을 먹을 정도로 화를 내놓고서는 자신도 후회하고, 결국 자책감과 우울감에 빠집니다.

스스로 통제하지 못할 정도로 화를 낸 적이 있나요? 그때 그런 자신을 돌아보았나요? 아니면 "네가 열받게 해서 그런 거잖아!" 하며 원인을 상대에게서 찾았나요?

우울증은 마음의 감기(?)

#뇌질환   #정신건강의학과   #심리상담

흔히 우울증을 누구나 걸릴 수 있다는 점에서 '마음의 감기'라고 말하곤 하죠. 그러나 우울증은 감기처럼 만만한 질환이 아닙니다. 만약 다음과 같은 증상이 2주 이상 지속되었다면 정신건강의학과 진료를 꼭 받아보세요. 더불어 상담도 받아보는 걸 추천하고요.

- 첫째, 수면 양상과 식욕의 변화에요. 불면증이 생기거나 잠을 너무 많이 자고, 식욕을 잃거나 폭식을 자주 하는 경우입니다.
- 둘째, 피로감과 무기력입니다. 피로감이 잦고, 누워 있고만 싶은 무기력이 있는 경우입니다.
- 셋째, 다양한 신체적 통증입니다. 호흡곤란, 근육통, 두통 등의 통증이 생기는 경우입니다.

감기 때문에 목숨이 위태로워지는 경우는 거의 없지만, 우울증은 전혀 그렇지 않아요. 귀한 생명을 빼앗아 갈 수 있는 무서운 병이 우울증입니다.

우울증 증상을 보이는 사람이 주위에 있다면 어떤 조치가 우선되어야 할까요?

트라우마에서 벗어나고 싶어요

#상처 #변화 #치유

과거의 상처, 트라우마에서 벗어나 새로운 내가 되고 싶다면 이렇게 생각해 보세요.

- 첫째, 그 트라우마가 없었다면 지금의 나는 어떤 모습일지 생각해 보세요. 좀 더 과감하고, 씩씩하고, 밝은 사람이었을 것 같나요? 그렇다면 지금, 이 순간부터 그렇게 살아 보세요. 여러분은 이제 그 트라우마와 상관없는 사람이 되었어요.
- 둘째, 어제까지의 모든 삶은 전생이었다고 생각하세요. 나는 방금 환생해 새 삶을 시작한 거예요.
- 셋째, 사실 나는 훗날 죽음 직전에 있었는데 기적같이 오늘의 나로 돌아온 것이라고 생각해 보세요. 나는 지금 미래에서 온 나, 그것도 죽음 직전에 돌아온 나인 거죠. 어떻게 살아가야 할까요?

만약 여러분에게 트라우마가 없었다면 지금과는 어떻게 다른 사람이 되었을까요?

우울증 탈출을 위해 암기하세요

#서두르지않기   #시선의식않기   #구부러진터널

우울증이라는 인생의 불청객을 만났을 때는 이 세 가지를 기억하세요.

- 첫째, 절대 서두르지 마세요. 빨리 우울증에서 벗어나야겠다는 생각은 오히려 자신을 우울증의 늪에 빠뜨릴 수 있어요. 서두른다고 빨리 낫지 않습니다.
- 둘째, 다른 사람의 시선을 의식하지 마세요. '남들이 어떻게 생각할까?' 이런 생각에 힘들어하지 마세요. 나의 회복이 최우선입니다. 우울증에 안 걸려 본 사람은 절대 우울증으로 고통받는 사람의 마음을 알 수 없어요.
- 셋째, 끝이 있다는 사실을 기억하세요. 우울증은 구부러진 터널이라서 끝은 있지만 그 끝이 잘 보이지 않는 특징이 있습니다. 그러나 보이지 않을 뿐 반드시 끝이 있습니다. 저의 경우도 그랬고요. 여러분, 용기를 잃지 마세요. 우울증은 반드시 끝납니다.

주위에 우울증으로 고통받는 사람이 있다면 어떤 조언이 효과적일까요?

_____

용서가 필요한 이유

#분노 #증오의감옥 #달라지는미래

우리는 살아가면서 수많은 상처를 받습니다. 어떤 상처는 지워지지 않는 흉터를 남기기도 하는데요. 그러나 중요한 건, 우리에게는 용서할 능력이 있다는 것입니다. 보통 용서를 말하면 굉장한 손해라는 선입견을 먼저 보이죠. 아예 말도 꺼내지 못하게 하는 일도 있고요. 그러나 용서는 상처받은 나 자신을 위해서 꼭 필요한 것인데요. 왜냐하면 우리가 용서할 때?

• 첫째, 상처로 인한 분노가 사라집니다.
• 둘째, 나를 증오의 감옥에서 빠져나오게 합니다.
• 셋째, 비록 과거는 바꿀 수 없을지라도 미래는 바꿀 수 있습니다.

용서할 때 과거에 얽매인 분노와 증오의 삶이 끝납니다. 그리고 정말 내가 원하는 삶을 살아갈 힘과 에너지를 얻게 됩니다.

여러분의 용서가 필요한 사람은 누구인가요? 또는 여러분이 용서받고 싶은 사람은 누구인가요?

용서의 삼 단계

#직면 #무죄선언 #석방

용서는 아무리 씻기 어려운 상처라 할지라도 그 상처들로부터 나를 자유롭게 합니다. 그렇다면 용서는 어떻게 하는 것일까요?

- 1단계, 내가 받은 상처를 직면하는 것입니다. "다 지난 일이야, 다 잊었어." 이런다고 상처가 없어지는 것이 아닙니다. 내가 받은 상처를, 있는 그대로 직면해야 합니다.
- 2단계, 나에게 상처를 준 사람이 "그 상처에 대해 갚을 것이 없다."라고 선 언하는 것입니다. 상대방에게 하는 말이 아닙니다. 나 자신에게 하는 선언 입니다. 상처를 받았다는 건 곧 손해를 입었다는 것인데요. 용서란 그 손해 에 대한 배상을 받지 않겠다고 결정하는 것입니다.
- 3단계, 나에게 상처 준 사람은 마음의 감옥에서 풀어 주는 것입니다. 나에 게 상처 준 사람을 마음의 재판을 열어 비난하고, 정죄하는 일을 중단하는 것입니다. 그리고 그를 내 마음속 감옥에서 석방해 주는 것입니다.

여러분에게 용서란 어떤 의미인가요? 용서가 쉽지 않다고 느껴진다면 그 이유는 무 엇인가요?

용서란 걸 해 보자

#마음의속삭임   #내마음안아주기   #자유를준다

용서하고 싶은 사람이 있다면 다음과 같이 해 보세요.

- 첫째, 조용한 장소, 누구에게도 방해받지 않는 장소에 가서 눈을 감고 여러분 자신에게 말을 걸어 보세요. '(자신의 이름)아, 누가 밉니? 누구에게 화가 나 있니? 그 사람이 너에게 어떤 아픔을 주었니?'
- 둘째, 여러분의 마음이 하는 이야기를 가만히 들어 주고, 공감해 주세요. '정말 많이 아팠구나.', '지금, 이 순간까지 잘 견뎌 주어 고마워.', '이제 그 사람을 네 마음의 감옥에서 풀어 줄까?',
- 셋째, 그 사람이 지금 여러분 앞에 있다고 상상하며 그에게 이렇게 말해 보세요.
  "당신은 나에게 빚진 것이 없습니다. 당신을 용서합니다. 당신은 자유입니다."

용서 작업을 해 본 후, 상처를 준 사람에 대한 어떤 감정 변화가 있었는지 적어 보세요.

우울한 마음도 습관이에요

#뇌과학 #습관 #선택

우울한 마음도 습관이에요. 보세요. 만약 하는 일이 잘 안 풀리면 우울할 수 있죠. 그러나 힘든 일이 있을 때 무조건 우울한 감정을 느끼도록 태생적으로 세팅이 되어 있는 건 아니에요. 무슨 말이냐고요? 내가 힘든 상황이 올 때마다 우울한 감정을 선택했기 때문에 감정을 주관하는 내 뇌가 그렇게 길든 것일 수 있다는 거죠.

특히 뇌는 새로운 것을 싫어해요. 그래서 내가 늘 고르던 우울한 감정이 아닌, 다른 새로운 감정을 선택하려고 하면 극렬히 저항하죠. 쉽게 말해 나는 결심하지만, 뇌는 비웃어요. "난 안 가 본 길인데? 불편해. 못 가!" 이러면서요. 그러니까 우울한 마음이 든다고 그 감정을 다 믿지 마세요. 진짜 우울해서 그런 게 아니라 익숙해서 드는 감정이 들 수 있어요. 감정도 내가 선택하는 것이고, 내가 반복해서 선택하는 감정이 내 감정 세계를 주름잡는 거예요. 내주된 감정이 되는 거죠. 따라서 꽃길을 가야만 즐거운 게 아니라, 기뻐하기로 선택하면 인생의 가시밭길도 꽃길처럼 콧노래를 부르며 걸어갈 수 있어요.

인간관계에 문제가 생겼을 때 여러분 마음에 자동적으로 떠오르는 생각과 감정은 어떤 것인가요?

3월의 내 인생에 건네는 작별 인사

다음 글을 나지막한 목소리로 읽어 보세요. 여러분의 차분한 목소리가 귓가에 크게 울리고, 한 단어 한 단어가 겨울밤 첫눈처럼 여러분 마음에 소복이 내려 쌓이는 느낌이 들 때까지 여러 번 읽어 보세요.

"내 마음의 정원은 한없이 평화롭습니다.

사랑, 용서, 감사, 인내, 절제의 꽃이 제 색깔을 뽐내고, 제 향기를 발하며

내 인격의 깊이를 더하고 있습니다. 나는 아름다운 사람입니다."

1. 단 한 번뿐인, 다시없을 올해 3월의 인생에

– 미안한 점 한 가지를 적어 보세요.

_____

– 고마운 점 한 가지를 적어 보세요.

_____

2. 단 한 번뿐인, 다시없을 올해 3월의 인생에 찾아왔던 일들이 여러분에게 무엇을 원하였는지 한 문장에 담아 보세요.

_____

3. 단 한 번뿐인, 다시없을 올해 4월의 인생이 여러분에게 무엇을 기대하는지 한 문장에 담아 보세요.

_____

결론은
사람 볼 줄 몰라서!

"인생의 행복은 원하는 것을 얻는 것이 아니라,
원하는 것을 얻은 후에도 여전히 그것을 원하느냐
그렇지 않느냐에 달려 있다."

**영화 <러브 어페어 Love Affair>
대사 중에서**

4월을 시작하는 긍정 확언

"나는 풍요로운 삶으로 나아갈 것입니다."

나는 내 삶을 긍정적으로
변화시킬 준비가 되어 있습니다.

나는 내 삶을 더욱 풍요롭게 할
충분한 에너지가 있습니다.

내 생각, 말, 그리고 행동은
내 삶을 풍요롭게 하도록 준비되어 있습니다.

내 내면은 풍요롭기에
나의 친절, 배려, 도움을 통해
타인의 삶에 긍정적인 변화를 이끌어 낼 수 있습니다.

나는 타인의 삶에 긍정적으로 기여하는
내 자신이 마음에 듭니다.

결혼 전에 강박적으로 확인할 것들

#경제관념 #사고방식 #인간관계

결혼을 결심하기 전에 이 세 가지는 아주 이를 악물고, 강박적으로 확인해야 해요.

- 첫째, 경제력이 아니라 경제관념이에요. 돈 자체가 문제를 일으키는 게 아니에요. 과시욕이나 지나친 소비욕 때문에 형편에 비해 소비가 많고, 일확천금을 바라는 요행심 때문에 문제가 생기죠.
- 둘째, 사고방식이에요. 사고방식은 못 바꿔요. 의심이 많고, 피해의식이 심하고, 부정적이고 비판적인 사고방식은 결혼 후에 더 강하게 본색을 드러내죠. 그러나 못 바꿔요.
- 셋째, 인간관계에요. 친한 사람 다섯 명의 평균 수준이 그 사람의 수준을 말해 준다고 하죠. 그들을 보고 배우자 될 사람의 됨됨이를 판단하세요. 나한테 잘해 주는 것은 기준이 되면 안 돼요. 작업 걸 땐 다 잘해 줘요.

자기 객관화를 해 볼까요? 여러분과 가장 가까운 다섯 명의 이름을 적고, 그들의 성품과 삶의 자세를 적어 보세요.

배우자 선택의 잘못된 동기

#도망치다천국찾을수있나 #점없는사람찾다혹달린거못봄 #신화속결혼은없다

이런 마음으로 배우자를 선택할 경우, 배우자를 잘못 만날 확률이 매우 높은데요.

- 첫째, 결혼을 도피처로 생각하는 경우입니다. 통제적인 부모나 불행한 원가족에서 빨리 벗어나고 싶은 마음에 결혼을 서두르면 사람을 제대로 못 보는 거죠.

- 둘째, 상처 준 부모에 대한 반감을 품고 선택하는 경우입니다. "우리 아빠 또는 엄마 같은 사람은 절대 안 돼!" 이런 기준으로 상대를 고르면 '내 부모의 단점이 있느냐 없느냐'에만 집중하죠. 그러다 부모의 단점만 없을 뿐 더한 단점이 있는데도 발견하지 못할 수 있고요.

- 셋째, 결혼을 자신의 결핍을 채우고 열등감을 해소하기 위한 수단으로 생각하는 경우입니다. 결혼은 사람과 하는 것입니다. 어떤 사람도 완벽하지 않고, 누구도 내 열등감을 가려 줄 황금 마스크가 될 수 없어요. 그런 기대를 하면 결혼생활은 지옥 아랫목이 되죠.

결혼을 결정하는 데에 있어서 건강하지 못한 동기는 어떤 것들이 있다고 생각하나요?

연애 때 장점이 결혼해서도 장점일까요?

#살아봐야안다 #연애는허상결혼이실상 #콩깍지를믿지마라

연애할 때 남자의 장점이라고 느꼈던 점이 결혼해서는 굉장한 단점이 될 수
있어요. 예를 들어 볼게요.

- 첫째, 연애할 때 내가 하는 말을 말없이 들어주는 게 장점이라고 생각했는
  데, 결혼하고 났더니 말이 없어도 너무 말이 없어서 답답할 수 있어요. 의
  견을 물어도 '그냥, 자기가 알아서 해.' 이렇게 될 수 있죠.
- 둘째, 부모님, 특히 어머니와 전화도 자주 하고, '어머니 말을 참 잘 듣는
  효자다.'라고 생각했는데, 결혼 후 보니 '마마보이' 내지 어머니의 가스라이
  팅에 길든 남자일 수 있죠. 반면 아버지와의 관계는 갈등이 심하고 아버지
  에게 상처가 많을 수 있고요.
- 셋째, 연애할 때 늘 자기가 계산하고, 선물도 자주 사 주고, 여행도 자주 가
  고 해서 좋았는데, 결혼하고 났더니 씀씀이가 크고 경제관념이 부족한 남
  자일 수 있죠. 그러니까 눈에 콩깍지 쓰이기 전에 연애할 때 장점이 결혼해
  서도 장점일 수 있는지 진지하게 살펴보아야 해요.

'새옹지마'라는 말은 인간관계에도 적용됩니다. 상대의 장점이 단점이 되고, 단점이
장점으로 작용했던 일이 있었나요?

_____

배우자 고를 때 꼭 보세요

#시장이반찬이아니라독약   #멈춤이가능한가?   #부모의성품도꼭확인

'어떤 사람하고 결혼해야 행복할까?' 이런 고민 안 하는 미혼은 없죠. 물론 변수가 많은 인생이기에 정답은 없지만, 적어도 배우자를 선택할 때 이 세 가지는 꼭 참고하세요.

- 첫째, 배고플 때 마트에 가지 말라는 말을 기억하세요. 배고플 때 마트에 가면 막 고르잖아요. 연애가 고플 때, 그리고 혼기가 찼다고 생각될수록 더욱 신중해야 하는 이유죠.
- 둘째, 내가 좋아하는 일을 해 주는 사람보다 내가 싫어하는 일을 안 할 수 있는 사람을 고르세요. 작업 걸 때 못 해 주는 사람이 어딨어요? 중요한 것은 '나를 힘들게 하는 문제 행동을 멈출 수 있는 자제력과 결단력이 상대에게 있느냐 없느냐'에요.
- 셋째, 아버지에게 폭력성은 없는지, 어머니에게 집착은 없는지 확인하세요. 아버지의 폭력성은 어떤 식으로든 대물림되고, 어머니의 집착은 가정 불화의 꺼지지 않는 불씨가 되죠.

일반적으로 볼 때 충분한 검증 없는 배우자 선택과 그 후로 이어지는 결혼생활이 원만할 수 있을까요? (극단적인 비유일 수 있지만, 기혼인 친구 두 사람이 나란히 길을 걸어가고 있다면 둘 중 한 사람은 반드시 이혼합니다.)

겉사람이 아니라 속사람 보고 결혼하세요

#겉사람은안변하면마네킹 #속사람곧마음이변하면? #d진다

사람은 겉사람이 있고, 속사람이 있어요. 사람들은 사람 고를 때 주로 겉사람, 그러니까 특히 외모를 중요하게 생각하죠. 그런데 여러분, 겉사람은 늙어요. 아파요. 변해요. 세월 흘러 안 늙고, 안 아프고, 안 변하는 사람 없어요. 그러니까 결혼생활에서 배우자의 겉사람이 약해지고 변하는 건 막을 수도 없고, 뭐라 할 수도 있는 것도 아니죠.

그러면 결혼생활에서 중요한 건, 무조건 변할 수밖에 없는 겉사람이 아니라 속사람이에요. 달리 말해 마음이죠. 마음이 변하면 될까요? 안 될까요? 별일도 아닌 일에 마음이 쉽게 병들어 버리면 될까요? 안 될까요? 따라서 결혼식 때 잠깐 으쓱하고 싶다면 겉사람이 번지르르한 사람을 찾고, 결혼생활이 행복하고 싶다면 마음이 한결같고 건강한 사람을 찾아야죠.

단순화해서 말하긴 어려우나 배우자의 몸이 병들면 안쓰러운 마음이라도 들지만, 마음이 병들면 '나부터 죽고 싶다.'라는 마음이 들지 않을까요? 따라서 지극히 현실적으로 판단해 보면 결혼은 몸을 보고 해야 하는 것일까요? 마음을 보고 해야 하는 것일까요?

잘 나가도 열등감에 절어 있는 거죠

#끝없는탐욕   #끌어내리기   #잘될나무는떡잎부터잘라내기

열등감은 못난 사람에게만 있을 것 같죠? 과거의 상처에서 못 벗어나는 사람만 열등감 있을 것 같죠? 반면 성공하고 잘나가는 셀럽들은 열등감 없을 것 같죠? 전혀! 오히려 아니 저 정도 사회적 성취를 이루고, 남 부러워할 만한 위치에 올랐으면 열등감하고는 정말 거리가 멀 것 같은데도, 열등감에 절어 있는 사람이 있어요. 그들은 어떤 모습을 보일까요?

- 첫째, 만족이라는 걸 몰라서 비교의 족쇄에 묶여 있어요. 끝없는 욕심을 통제하지 못하는 까닭이겠죠.
- 둘째, 자기보다 잘 나간다 싶으면 남들이 모르는 그 사람의 과거, 허물, 약점을 걱정된다는 투로 말하면서 까발리죠.
- 셋째, 누군가의 성장을 응원하는 듯하지만, 자기보다 잘될 것 같으면 무슨 수를 써서라도 짓밟아요. 설마 그런 사람 있을까 싶어요? 차고 넘쳐요.

업무 능력이 급성장하면서 여러분보다 나은 성과를 낸 후배나 동료를 보았을 때 여러분 마음에 가장 먼저 떠오른 생각과 감정은 무엇이었나요? 또는 그런 상황을 가정한다면 여러분은 어떤 생각과 감정이 들 것 같나요?

결혼생활을 징역살이로 만드는 남자

#집에서도상사야?!   #술이웬수다   #러브바밍

결혼생활에서 도망치고 싶은 순간을 만나고 싶지 않다면 이런 남자는 절대로 피해야 해요.

- 첫째, 마스크를 바꿔 쓰지 못하는 남자예요. 어떤 뜻이냐면요. 회사에서 사장이면 사장 마스크를 써야 하겠지만 집에 오면 남편으로서, 아빠로서의 마스크를 바꿔 써야 하죠. 그런데 집에서도 사회적 지위에 취해 아내와 자녀들을 아래에 두고 거칠게 군림하는 남자가 있죠.
- 둘째, 알코올 의존 경향을 보이는 남자예요. 술 마시는 횟수, 마시는 양, 마시고 싶은 욕구를 조절하지 못한다면 조심하세요. 술을 절제하지 못하는 사람이 만취 상태가 되면 양육 과정에서 억압된 감정이나, 사회생활, 결혼생활의 스트레스를 폭력적으로 표현하는 경우가 많죠.
- 셋째, 사귄 지 얼마 되지도 않았는데 지나치게 잘해 주는 남자예요. 안 그런 남자도 있지만, 결국 가스라이팅이나 연인을 통제하려고 미끼를 쓰는 나르시시스트나 사이코패스일 수 있어요.

여러분이 공적인 자리의 만남과 친밀한 관계의 만남에서 보이는 모습은 각각 어떠한가요?

변한 게 아니라 원래 그런 사람

#양면성　#복합성　#유한성

"네가 그럴 줄 몰랐다.", "변했어."라는 말은 사람을 잘 몰라서 하는 말이에요. 왜냐하면 사람에게는?

- 첫째, 양면성이 있어요. 좋은 사람이 다 좋냐? 절대 아니죠. 나쁜 사람이 다 나쁘냐? 그것도 절대 아니죠. 장단, 강약, 빛과 그림자가 공존하는 게 사람이에요.
- 둘째, 복합성이 있어요. 즉 사람은 어느 한 단면만 보고 그 사람의 전체를 단정 짓거나 평가할 수 있을 만큼 단순하지 않아요. 사람, 복잡한 존재예요. 그래서 "변했다."라는 말은 틀린 말이에요. 그 사람에게 없던 게 나오진 않거든요.
- 셋째, 유한성이 있어요. 사람은 누구나 한계가 있다는 말이죠. 상대에게 잘해 주고 싶은 마음은 굴뚝 같아도, 그게 마음처럼 안 되는 사람이 있는 거죠.

상대의 단점, 약점, 어두운 면을 포용해 주세요. 그만큼 내 인격도 깊어져요.

충분히 겪어보지 않고 상대를 판단했던 적이 있었나요? 이후에도 그 판단이 옳았나요?

이럴 때 진짜 얼굴이 드러나죠

#편한사람   #약한사람   #덕볼게없는사람

누군가의 진짜 얼굴, 본래의 인격이 드러나는 순간은 언제일까요?

- 첫째, 가장 가까운 사람을 대할 때
- 둘째, 약자를 대할 때
- 셋째, 이해관계가 없는 사람을 대할 때죠.

가장 가까운 사람에게 함부로 대하고, 약자라고 해서 멸시하고, 자신에게 돌아올 이득이 없다고 손절하는 사람, 나에게 아무리 잘해 준대도 혹하지 말고 단호하게 걸러야 하겠죠?

가까운 사람에게, 약자에게, 이해관계가 없는 사람에게 여러분은 어떤 사람인가요?

이보다 더 좋을 수 없는 사람

#일정하다   #다시일어서다   #헤아린다

이 세 가지를 갖춘 사람은 자존감도 높고, 내면이 건강한 것인데요. 이보다 더 좋을 수 없는, 아주 훌륭한 사람이라 할 수 있죠.

- 첫째, '대상 항상성'입니다. 어떤 대상에 대해 쉽게 추앙하거나 빠르게 실망하지 않고, 일관된 마음의 온도를 유지하는 능력이죠.
- 둘째, '회복 탄력성'입니다. 인생에 찾아온 시련을 딛고 이겨내는 힘이죠. 시련을 만나면 인생 전투력이 더 상승하고, 그 시련을 디딤돌 삼아 인생의 진보를 이뤄내죠.
- 셋째, '조망 수용성'입니다. 문자적으로는 멀리 바라보고 수용할 줄 안다는 뜻인데, 여기서는 역지사지의 능력을 말합니다. 즉 다른 사람의 입장이 되어 상대의 생각이나 감정, 행동을 이해하는 능력이죠.

'대상 항상성, 회복 탄력성, 조망 수용성' 가운데 여러분이 강점을 보이는 것과 보완해야 할 것이 있다면 무엇인가요?

성격 차이로 헤어진다는 거짓말

#성격은원래차이남 #에로스 #객관적평가

성격 차이로 헤어진다는 건, 새빨간 거짓말이에요. 사실 성격은 원래 차이가 있거든요. 한날한시에 같은 엄마 배 속에서 태어난 쌍둥이마저도 성격이 달라요. 그런데 이, 삼십 년 이상 남남으로 살던 남녀가 성격이 차이가 안 난다면 그게 더 이상한 거죠. 이상한 게 아니라 허구죠. 그러니 성격 차이가 문제라면 애초에 연애를 시작하거나 결혼할 수 없죠.

그러면 성격 차이로 헤어진다는 것의 진실은 뭘까요? 전에는 상대가 나에게 주는 혜택이나 남녀 간의 에로스가 주는 짜릿함 때문에 성격 차이가 문제가 되지 않았는데, 상대가 나에게 주는 혜택이 줄어들거나 남녀 간의 에로스가 식으면 그때부터 성격 차이가 문제가 되기 시작하는 거죠. 그러니 헤어지는 건 성격 차이 때문이 아니라 상대가 나에게 주는 혜택의 줄었거나 남녀 간의 애정이 식었거나 하는 이유 때문인 거죠.

이런 점을 생각한다면 연애를 시작하려는 사람은 상대가 연애 초기에 잘해주는 혜택에 취하기 전에, 남녀 간의 에로스가 불타오르기 전에 먼저 그 사람의 성격을 객관적으로 평가할 줄 알아야 하겠죠?

여러분은 상대가 나에게 주는 혜택의 유무에 집중하는 편인가요? 아니면 상대의 사람 됨됨이와 성품에 집중하는 편인가요?

오래가고 싶다면?

#겸손 #감사 #배려

사람은 사람을 볼 줄 알아야 해요. 모든 게 인간관계니까요. 어떻게 하면 좋은 사람을 알아볼 수 있을까요? 그냥 나에게 잘해 주면 무작정 좋은 사람일까요? 무엇보다 그 사람의 심리가 건강한지를 볼 줄 알아야 해요. 다시 말해 마음이 건강한지 아닌지를 분별할 줄 알아야 해요. 마음이 건강하지 못하면 재벌도 소용없어요. 그러면 마음이 건강한 사람의 특징은?

- 첫째, 겸손
- 둘째, 감사
- 셋째, 배려예요.

마음이 건강하지 못한 사람은 교만해요. 자기 인식이 부족하니까요. 감사할 줄 몰라요. 내면의 결핍이 크니까요. 그래서 늘 불만이죠. 배려할 줄 몰라요. 자기중심적이라 자기밖에 모르고, 상대방의 입장을 헤아리지 못하니까요.

마음이 건강하지 못한 사람에게는 겸손이 왜 어려울까요?

이 세 가지가 없는 사람과 결혼식장으로!

#외모소유학벌?   #건강한마음과   #비교불가능

사람 볼 때 뭘 보세요? 외모? 소유? 학벌? 그거 다 좋은데 평생 가는 건 아니에요. 또 외모, 소유, 학벌이 그 사람의 진짜 모습이냐? 아니죠. 그 사람의 마음이, 그 사람이에요. 그래서 결국 누군가와 함께 산다는 것은 그 사람의 마음과 함께 사는 거예요. 그러니까 사람 볼 때 그 사람의 마음에서 이 세 가지를 확인해 보면 좋아요.

• 첫째, 구김이 없고
• 둘째, 꼬인 데가 없고
• 셋째, 막힌 데가 없어야 해요.

구김이 없다는 것은 내면이 밝고 긍정적이라는 거예요. 꼬인 데가 없다는 것은 내면이 건강하다는 건데, 피해의식이나 비합리적인 사고방식이 없다는 거고요. 막힌 데가 없다는 것은 서로 다른 점이 많더라도 대화가 되고, 자기 고집만 피우지 않는 융통성이 있다는 거겠죠.

여러분의 진짜 모습, 곧 마음은 어떤 모습인가요? 구김도, 꼬인 데도, 막힌 데도 없나요?

뉘우쳐서 변할 것 같으면!

#뉘우침은대부분가능   #뉘우침은욕망앞에굴복   #가치관확인

배우자가 뭘 잘못하면 그 잘못을 뉘우치라고 이 말 저 말 하게 되잖아요? 설령 그게 효과가 있어서, 배우자가 자기 잘못을 뉘우친다고 해도 개선되리라는 법은 없어요. 사람은 뉘우친다고 바뀌지 않거든요. 뉘우친다고 개선되지 않아요. 이런 예를 들어 볼게요. 정치인들은 선거에서 질 때마다 얼마나 뉘우치겠어요. 그런데 그렇게 많은 선거가 있었어도, 정치인들이나 정치 문화가 개선됐나요? 늘 말뿐이지 안 바뀌잖아요.

사람은 남이야 어떻든 결국 자기 욕망대로 살아요. 욕망에 지배받고요. 그 욕망은 커지면 커졌지 사그라지는 법은 거의 없죠. 잘못했다는 뉘우침 정도로 그 욕망의 철옹성이 무너지지 않아요. 무슨 말을 하고 싶은 거냐고요? 남자와 여자가 만나서 같이 살면, 결국 서로의 욕망이 부딪히는 지점이 생기죠. 자신의 욕망이 채워지지 않는다고 느끼는 사람은 탈선할 수 있고요. 그러니까 애당초 사람 고를 때는 그가 욕망하는 순위가 어떻게 설정되어 있는지를 반드시 확인해 봐야 한다는 거죠.

욕망의 종류와 정도는 그가 가진 결핍이 지배적으로 영향을 끼칩니다. 여러분의 주된 욕망은 무엇이며, 그 욕망을 일으킨 결핍은 무엇인가요?

이런 사람, 손절하세요

#오늘또늦어? #고맙다는말한마디를안하네 #비꼬네

나와 좋은 관계를 맺을 생각이 없는 사람에게 내 소중한 마음과 시간을 투자할 이유가 없죠. 어떤 사람이 그런 사람일까요? 이런 행동을 한다면 틀림없어요.

- 첫째, 시간 약속을 지키지 않습니다. 좋은 인간관계의 시작은 약속을 지키는 것이죠. 약속의 기본은 시간을 지키는 데에 신뢰를 깨지 않는 것이고요.
- 둘째, 고마움을 표현하는 일이 극히 드뭅니다. 아무리 가까운 사이라도 그 사람을 소중히 생각한다면 그의 작은 호의에도 고마움을 표현하게 되어 있어요.
- 셋째, 냉소적 비웃음을 자주 보입니다. 비웃기 좋아하는 사람은 누구와도 좋은 관계를 지속하기 어려운데요. 이런 사람은 마음 건강에도 도움이 안 되니 하루빨리 거리두기 하는 게 좋아요.

여러분을 소중하게 여기지 않는 사람임에도 불구하고 단호히 손절하지 못하는 사람이 있다면 누구인가요? 그 이유는 무엇인가요?

보면 볼수록 진국이네!

#열린마음   #따뜻한관심   #밝은마음

알아갈수록 '와, 이 사람 진짜 진국이다.'라는 마음이 들게 하는 사람이 있죠.
어떤 사람일까요?

- 첫째, 사람을 외모나 소유로 섣불리 평가하지 않습니다. 즉 선입견과 편견
  이 없죠.
- 둘째, 지나가는 말도 쉽게 잊지 않고 관심을 표현해 줍니다. 예를 들면 "어
  제 머리 아프다고 했었는데 오늘은 괜찮아?"라고 말이죠.
- 셋째, 서운함은 마음에 오래 두지 않지만, 고마움은 잊지 않고 꼭 표현합니
  다. 그래서 자신한테는 고마운 사람밖에 없다고 말합니다.

여러분은 주위 사람들에게 서운한 게 많은 편인가요? 고마운 게 많은 편인가요?
만약 서운한 게 많다면 그게 모두 그들의 탓일까요?

몹시 나쁜 이별법

#잠수d진다   #환승d진다   #재판d진다

연인들이 만났다 헤어지는 것은 흔한 일이지만, 만남을 시작할 때보다 헤어질 때 서로에 대한 존중과 배려가 더 필요한 법이죠. 더는 안 볼 인연이니 아쉬운 것 없다는 생각으로 추하게 군다면 얼마나 못난 인격입니까? 그간 아픔과 상처를 주고받았을지라도 더는 안 볼 인연이니까 상대가 잘되기를 바라며 보내 주어야겠죠. 그게 한때 사랑했던 사람에 대한 예의이자 인간으로서 갖춰야 기본적인 소양이 아닐까요? 그러나 요즘은 참 나쁜 이별 방식이 많다는 생각이 들어요. 어떤 이별법일까요?

- 첫째, 잠수 이별입니다. 연락도 없이, 말도 없이 잠수 타는 거죠. 돌연 사라지는 거예요. 상대방을 깡그리 무시하는 몹시 나쁜 이별법이죠.
- 둘째, 환승 이별입니다. 상대에 대한 존중은 둘째 치고, 배신감만 안겨 주는 몹시 나쁜 이별법이죠.
- 셋째, 재판 이별입니다. 서로의 검사가 돼서 욕하고, 비난하고, 남들에게 험담하고, 그러다 오만 정이 다 떨어져 헤어지는 그런 악성 이별법이죠. 서로에 대한 좋은 기억도 다 날려버리게 만들고, 사람이란 자체에 질리게 만드는 아주 고약한 이별법이죠.

여러분의 이별은 어떤 방식은 어땠나요?

이런 남자, 무조건 거르세요

#왜곡된자기위로   #술버릇막가파   #자아도취

세상에 어떻게 완벽한 남자만 있겠어요. 다들 부족한 면은 한두 가지씩은 있죠. 만약 그 부족한 면을 극복하려는 노력이 있다면 충분히 성장할 여지가 있는 남자고요. 그러나 피해야 할 남자, 걸러야 할 남자는 명확히 존재합니다.

- 첫째, 익명성 뒤에 숨어서 다른 사람을 비난하기 좋아하는 남자예요. 예를 들면 '악플'을 다는 걸로 자기 위로하는 동시에 쾌감마저 느끼는 사람이 있잖아요. 열등감은 심하지만 사회성과 책임감은 부족한 사람일 수 있어요.
- 둘째, 무례한 친구들과 어울리면서 술에 취하면 객기 부리는 남자예요. 단지 술버릇이 안 좋은 게 아니라 분별력과 자기 통제력이 부족한 사람일 수 있고요.
- 셋째, 자아도취가 심해서 자기 자신을 객관적으로 볼 줄 모르는 남자예요. 갈등이 생기면 남 탓만 하고, 절대 사과할 줄 모르는 사람일 수 있어요.

지금 만나는 상대가 '악플'을 다는 걸 아무렇지 않게 생각하는 사람인가요? 여러분은 '악플'을 써 본 적이 있나요? '악플'을 달기로 한 여러분의 생각과 감정이 합리적이고 정당했나요?

이런 사람, 절대로 놓치지 마세요

#마음건강 #긍정적 #진심

주위에 이런 사람이 있다면 절대로 놓치지 마세요.

- 첫째, 구김이 없어서 사람 말을 꼬아 듣지 않고
- 둘째, 표정이 밝고, 긍정적인 사고방식이 있어서 같이 있으면 힘이 나고
- 셋째, 좋은 일이 있을 때 시기 질투하지 않고, 진심으로 축하해 줄 줄 아는

그런 사람이 있다면 친구가 됐든, 연인이 됐든 절대로 놓치지 마세요.

여러분에게 절대로 놓치지 않고 싶은 '이런 사람'이 있다면 누구인가요?

말이 안 통해요, 말이!

#흑백논리   #극단주의   #성급한일반화

입에 발린 말도 해 보고, 이렇게 저렇게 설득해 봐도 도무지 말이 통하지 않는 사람들이 있죠. 그들의 특징은 이래요.

- 첫째, 흑백논리에 빠져 있습니다. "둘 중 하나지, 뭐.", "맞으면 맞고, 아니면 아닌 거지." 이렇게 세상을 두 쪽으로 나눠서 생각하죠.
- 둘째, 극단주의에 빠져 있습니다. '모 아니면 도'라는 식으로 말하고 행동합니다. "내 말이 무조건 맞아!", "저 사람들은 완전 사기꾼들이야!", "안 하는 게 어딨어? 내 말대로 해. 안 그러면 끝이야!"라는 식으로 말하죠. 폭력적이고, 선동적이죠.
- 셋째, 일반화의 오류에 빠져 있습니다. "요즘 젊은 것들은 다들 싸가지가 없어!", "유튜브에서 한두 명이 말하는 게 아니라니까!", "지난번에도 못했으면 앞으로도 안 되는 거지, 걔한테 뭘 더 바라?" 이런 식이죠. 제한된 정보로 성급하게 전체, 또는 미래를 판단하죠.

'흑백논리, 극단주의, 성급한 일반화' 가운데 여러분이 가지고 있는 모습이 있나요?

이렇게 사는 부부는 행복해요

#스님의주례사 #존가트맨 #데일카네기

부부가 이혼하는 이유는 인내심이 부족하기 때문이고, 재혼하는 이유는 기억력이 부족하기 때문이라는 말이 있죠. 어떻게 하면 부부가 싸우지 않고 즐겁고, 행복하게 살 수 있을까요?

- 첫째, "덕 보려는 마음을 버려라!" 법륜 스님이 쓰신 『스님의 주례사』라는 책에 보면 부부가 서로 덕 보려는 마음 때문에 불행해진다고 했습니다.
- 둘째, "고치려는 마음을 버려라!" 가족 치료 전문가 존 가트맨 박사에 따르면, 부부는 서로 비슷한 부분이 30%, 다른 부분이 70%라고 했어요. 그러니 서로 마음에 안 든다고 고치려 들다가는 평생 싸움만 하게 되겠죠?
- 셋째, "이기려는 마음을 버려라!" 부부싸움은 칼로 물 베기라는 말이 괜히 있지는 않겠죠? 부부는 같은 편인데 사랑하는 사람을 이긴다고 누구한테 득이 되나요? 특히 비난은 안 돼요. 데일 카네기의 명저 『인간관계론』을 보면, 부부관계 최대의 적은 비난조의 잔소리라고 했어요. 잔소리는 독사의 독처럼 상대방을 죽이고, 관계를 파국으로 몰고 갑니다.

여러분이 수용하지 못하는 배우자의 습관은 어떤 것이 있나요? 볼 때마다 고치려고 잔소리하는 것과 너그러운 마음으로 수용해 주는 것 가운데 어느 편이 부부관계에 도움이 될까요?

좋은 사람?! 나쁜 사람?!

#불만   #감사   #비판적

저는 좋은 사람, 나쁜 사람 나누는 게 딱히 좋지는 않아요. 편하지도 않고요. 사람이 사람에 대해 정확히 평가한다는 건, 쉬운 일이 아니잖아요. 신도 아니고…. 마틴 루터 킹이 이런 말을 했거든요. "아무리 좋은 사람에게도 나쁜 면이 있고, 아무리 나쁜 사람에게도 좋은 면이 있다."

사람은 자기에게 잘해 주는 사람을 좋은 사람이라고 말하죠. 반대의 경우도 그렇고요. 누군가를 객관적으로 보는 게 참 어려워요. 그런데 사람을 지치게 하는 그런 사람은 있는 것 같아요. 바로 매사에 불만이 많고, 감사할 줄 모르는 사람이죠. 100개 중에서 99개가 좋아도 1개가 마음에 안 들면, 그걸 못 견디는 그런 사람은 좀 지치는 것 같아요. 우리 그런 사람 되지 말아요.

여러분이 좋아하지 않는 사람을 떠올려 보고, 그의 장점을 적어 보세요.

평생 살 거면 이런 남자를 만나세요!

#낮아짐의심성　#사과의기술　#건강한부성애

결혼식은 잠깐이지만, 결혼생활은 그렇지 않다는 건 누구나 아는 사실이죠. 평생 믿고 살 내 남자, 어떤 남자로 골라야 할까요?

- 첫째, 겸손할 줄 아는 남자를 만나세요. 자존감이 높은 것과 교만은 다릅니다. 자신을 낮출 줄 아는 남자가 아내와 자녀를 존중할 줄 압니다.
- 둘째, 진심으로 사과할 줄 아는 남자를 만나세요. 진심으로 사과할 줄 안다는 것은 자기 잘못을 인정할 줄도 알고, 개선할 가능성이 있는 남자라는 뜻이죠.
- 셋째, 아버지와 관계가 좋은 남자를 만나세요. 남자는 좋은 쪽으로든 안 좋은 쪽으로든 결국 아버지를 닮고, 아버지와의 관계에서 가장 많이 영향을 받기 때문이죠.

결혼 상대를 결정할 때 상대의 어떤 조건이 가장 중요하다고 생각하나요? 그 가운데 돈으로 살 수 있는 것과 살 수 없는 것은 무엇인가요?

평생 살 거면 이런 여자를 만나세요!

#말의지혜 　#성숙한성품 　#심리적생활력

얼굴 예쁘고, 몸매 좋고, 섹시한 게 나쁘지는 않지만, 평생 살 여자를 고르는 거라면?

- 첫째, 같은 말이라도 듣기 좋게 할 줄 아는 여자를 만나세요.
- 둘째, 화가 나더라도 다른 남자와 능력을 비교하며 깎아내리지 않는 여자를 만나세요.
- 셋째, 평범한 일상에서도 재미를 찾아내고, 힘들고 짜증 나는 일이 있어도 유머를 구사할 줄 아는 여자를 만나세요.

화려한 결혼식이 아니라 순탄한 결혼생활을 해 나가는 데 있어서 적합한 배우자는 어떤 자질이 갖춰야 한다고 생각하나요?

138

"내 기억이 정확해!"라고 우기는 연인

#오히려더이상   #왜곡된재구성   #자아의감옥

연인 사이에 다툴 때 상대방이 "내 기억이 정확해!"라는 말을 자주 한다면? 진지하게 이별을 고려해 보세요. 왜냐면요. 사람의 기억은 정확하지 않아요. 만약 무조건 정확하다고 고집한다면 그 기억은 오히려 거짓이거나 각색되었을 가능성이 크죠.

형사들이 용의자들을 심문할 때 알리바이를 너무 정확하게 대는 사람을 오히려 의심하는 것도 같은 이치예요. 그래서 늘 내 기억이 정확하다며 절대 물러서지 않는 사람이 있다면 그 사람은 어떤 일이든 자기 좋을 대로 재구성해 왜곡하고, 자신만의 세상에 갇혀 소통이 안 될 확률이 높은 사람입니다.

과거는 기억하는 것이 아니라 복원하는 것이죠. 쉽게 왜곡되고, 현재 여러분의 정서 상태에 따라 그 모양과 색깔이 달라져요. 여러분 혼자만 정확한 기억이라는 주장을 고집했던 적이 있다면 그 이유는 무엇이고, 어떤 상황이었나요?

다른 건 몰라도 이것만은!

#사고방식 #사고방식의인큐베이터 #신념

한 번 굳어지면 정말 바꾸기 어려운 게 뭔지 아세요? 사고방식이에요. 그 사람이 생각하는 방식이 하나의 공식처럼 그의 내면에 자리 잡으면 바꾸기란 불가능하죠. 그리고 그 사고방식대로 그 사람은 살아가게 되고요. 그러니까 사고방식이 다르면 정말 같이 살기 힘들어요.

그러면 무엇이 한 사람의 사고방식이 굳어지는 데 영향을 줄까요? 그의 신념이에요. 그 사람이 뭘 믿느냐에 따라 그의 사고방식이 결정되는 거죠. 예를 들면, '세상에서 돈이 제일이다.'라고 믿는 사람은 물질주의적 사고방식을 갖게 되죠. 또 '서로 돕고 이해하고 도와주며 사는 건 불가능하고, 그냥 잘난 사람이 못난 사람 지배하고 사는 거다.'라고 믿는 사람은 극단적으로 이기적이고 독단적인 사고방식을 갖게 되죠. 그러니까 사람이 함께 살려면 경제 수준, 학벌, 집안, 이런 것보다 신념이 비슷해야 해요.

여러분의 신념과 배우자(연인)의 신념에 대해 서로 이야기 나눠 본 후 얼마나 비슷하고, 무엇이 다른지 적어 보세요.

나는 사람 볼 줄 알까?

#행동 #진정성 #분별력

사람 보는 법을 가지고 있나요? 쉽게 파악하는 방법을 소개할게요.

- 첫째, 사람은 누구나 실상과 허상이 있어요.
- 둘째, 실상은 무엇이고, 허상은 무엇일까요? 실상은 그의 행동이고, 허상은 그의 말이에요. 물론 말이 다 의미 없다는 것은 아니에요. 그러나 말은 신기루와 같아요. 언제든 쉽게 사라져 버릴 수 있죠. 사실 뭐 말처럼 쉬운 게 어딨어요? 그 사람의 행동이 그 사람의 진짜 모습이에요.
- 셋째, 행동은 다 믿어도 될까? 물론 그것도 아니죠. 어떤 행동을 보고 판단해야 하냐면 자신보다 약자나 자신에게 가까운 사람에게 하는 행동을 보세요. 그게 그 사람의 진짜 모습이에요.

신뢰할 만한 사람이 되기 위해 여러분이 보완해야 할 점이 있다면 무엇인가요?

_____

세 종류의 사람, 누구를 고를까?

#나르시시스트 #소시오패스 #은인

세상에는 세 종류의 사람이 있어요. 결혼한다면 어떤 사람을 선택할지 골라 보세요.

- 첫째, 함정 같은 사람
- 둘째, 동굴 같은 사람
- 셋째, 통로 같은 사람이 있죠.

'함정' 같은 사람, 나르시시스트죠. 너무 매력적으로 보이고 나한테 잘해 줘서 결혼했는데 알고 봤더니 사실을 자기밖에 모르는 사람이죠. '동굴' 같은 사람, 뭔가 나와 다르고, 신비로운 게 매력이 있어 사귀고 결혼했는데 꽉 막혔죠. 소시오패스죠. 공감이 없고, 교감도 안 되고, 어떻게 살아야 할지 깜깜하죠. '통로' 같은 사람, 자신을 통해서 배우자가 행복하고, 성장하고, 꿈을 이룰 수 있는 길을 열어 주는 사람이죠. 그런 사람, 없다고요? 여러분이 있잖아요!

여러분은 '함정, 동굴, 통로' 가운데 어떤 유형의 사람인가요?

인간에 대한 엄연한 진실

#속사람   #성품   #투사

인간관계를 하다 보면 모든 사람에게 적용되는 엄연한 진실이 있다는 것을 알게 되죠. 물론 대부분 잊고 살죠. 그러다 한 번 된통 당하고 나서야 화들짝 놀라며 '아, 맞지!' 하며 자책하는 수가 다반사이긴 하죠. 그 진실은 무엇일까요?

- 첫째, "보이는 게 전부가 아니다." 정말 사람은 보이는 게 다가 아니에요. 더 설명이 필요 없는 팩트, 그 자체죠. 그러니까 보이는 것만 가지고 섣불리 그 사람에 대한 환상을 가져서는 안 돼요. 제발!
- 둘째, "사람은 사람을 알아본다." 도둑은 도둑을 알아봐요. 특히 그가 유독, 지나치게, 신경질적으로 비난하는 사람이 있잖아요? 그 사람이 그 사람이에요. 남편이 불륜남을 심하게 욕하고 비난한다, 그러면? '100%'예요! 아니면 자기도 그러고 싶은데 억누르고 있는 것이든지!
- 셋째, "질투는 사랑보다 강하다." 힘든 사람은 진심이 아니어도 도와주기 쉬우나, 잘된 사람은 진심이 아니어도 축하해 주기 어렵죠. 사람 마음이 다 그렇더라고요. 숨기고 있을 뿐이죠.

여러분의 성공을 진심으로 축하해 줄 수 있는 사람은 누구인가요? 또한 여러분은 다른 사람의 성공을 진심으로 축하해 줄 수 있는 사람인가요?

MBTI의 바른 이해법

#선호일뿐   #변화무쌍   #판단금지

요즘 MBTI가 대세죠. 새로운 사람을 만나면 MBTI부터 묻고 시작하는 게 '국룰'이기도 하고요. 사람들의 MBTI를 수집하는 취미를 가진 사람도 있더라고요. 여러분, MBTI는 있잖아요.

- 첫째, 개인의 선호이지 옳고 그름이 아닙니다. F가 T더러 공감이 부족하니 틀렸고, T가 F더러 감정 과잉이니 틀렸다고 말할 수 없어요.
- 둘째, 개인의 선호이기 때문에 그가 처한 상황이나 공적인 자리에서 그가 하는 역할에 따라 얼마든지 바뀔 수 있어요. 고정불변한 게 아니에요. 저는 상담할 때는 'F', 개인적인 일을 처리할 때는 'T', 집에서는 다시 'F'인걸요?
- 셋째, 따라서 MBTI는 서로를 이해하는 데 도움은 될 수 있지만, 상대를 규정하는 데 사용돼서는 안 됩니다.

여러분은 일할 때와 사랑하는 사람과 대화할 때 각각 어떤 성향을 선호하나요?

4월의 내 인생에 건네는 작별 인사

다음 글을 나지막한 목소리로 읽어 보세요. 여러분의 차분한 목소리가 귓가에 크게 울리고, 한 단어 한 단어가 겨울밤 첫눈처럼 여러분 마음에 소복이 내려 쌓이는 느낌이 들 때까지 여러 번 읽어 보세요.

"나는 사람을 보는 통찰력과 분별력이 있습니다.
나는 내 삶을 안전하게 지켜야 할 의무와 책임이 있기에
인연을 맺을 때 내 삶의 행복과 평안을 최우선으로 생각할 것입니다."

1. 단 한 번뿐인, 다시없을 올해 4월의 인생에

– 미안한 점 한 가지를 적어 보세요.

_____

– 고마운 점 한 가지를 적어 보세요.

_____

2. 단 한 번뿐인, 다시없을 올해 4월의 인생에 찾아왔던 일들이 여러분에게 무엇을 원하였는지 한 문장에 담아 보세요.

_____

3. 단 한 번뿐인, 다시없을 올해 5월의 인생이 여러분에게 무엇을 기대하는지 한 문장에 담아 보세요.

_____

5월 | Balance

출발은 사랑이었으나
가족 되니 괴롭다

"세상은 고통으로 가득하지만,
그 고통을 극복한 사람들로도 가득하다."

헬렌 켈러 Helen Keller

5월을 시작하는 긍정 확언

"나는 오늘 최선의 내가 될 것입니다."

오늘은 내 남은 인생에서
가장 젊은 날입니다.

오늘은 내가 통제할 수 있는
유일한 날이기도 합니다.

어제는 이미 지나갔고,
내일은 아직 오지 않았습니다.

오늘은 어제 세상을 떠난 이가
간절히 원하던 그날입니다.

나는 오늘 내가 될 수 있는
최선의 내가 될 것입니다.

화목한 가정의 특징

#비교왜해   #소통우선주의   #정신적가치

주변에 화목한 가정이 있다면 그 화목의 비결을 배우면 좋겠죠? 물론 우리 가정이 좋은 본보기가 되고 있다면 더없이 좋고요. 그렇다면 화목한 가정의 특징은?

- 첫째, 다른 가정과 비교하지 않습니다. 비교라는 덫에 걸리면 살아남는 행복은 없습니다.
- 둘째, 부모가 자녀에 대한 통제보다 소통에 우선순위를 둡니다. 규칙을 강제하기보다는 자녀의 입장을 먼저 듣습니다.
- 셋째, 물질적인 면보다 정신적인 면에 가치를 둡니다. '돈, 돈, 돈' 하지 않고 사랑, 믿음, 우정, 보람, 의미와 같은 정신적인 가치를 중요하게 여기죠.

여러분은 물질적 가치와 정신적 가치 가운데 어느 것에 더 무게를 두나요? 여러분이 중요하게 생각하는 정신적 가치를 적어 보세요.

149

불행한 가정의 특징

#불평 #비교 #비난

"즐거운 곳에서는 날 오라 하여도…."라는 가사로 시작하는 〈즐거운 나의 집 (Home! Sweet Home!)〉이라는 노래가 있죠. 영어 제목처럼 집이란, 곧 가족이란 인생의 쓴맛을 달랠 수 있는 달콤함을 주어야 하는데요. 그러나 오히려 인생의 쓰디쓴 맛만 더해 주는 가족도 많죠. 무엇이 가족을 힘들게 하고, 불행하게 할까요?

- 첫째, 불평이에요. 불평하기 시작하면 끝도 한도 없어요. 감사할 거리는 더 없어지고요. 불평이 시작되면 행복은 자리 잡을 곳을 잃어버리죠.
- 둘째, 비교예요. 가정은 무조건 내 편인 사람들이 모여 사는 곳이에요. 다른 집과 비교하지 마세요. 비교하면 우리 가정의 좋은 점을 찾기보다 부족한 점, 못한 점에 더 눈이 가죠.
- 셋째, 비난이에요. 안 그래도 사회생활을 하다 보면 욕먹을 일이 많은데, 가족까지 그러면 어떻게 숨 쉬고 살겠어요. 가족은 검사가 아니라 치어리더가 되어 줘야 해요. 가족으로부터 응원받지 못한다면 눈앞이 깜깜해질 거예요.

여러분의 특별한 응원이 필요한 가족이 있다면 누구인가요?

건강하고 존경받는 부모는?

#집착   #과잉보호   #주체성

내면이 건강하고, 자녀에게 존경받는 부모가 되려면 어떻게 해야 할까요?

- 첫째, 자식을 절대로 부모의 소유로 생각하면 안 돼요. 자녀 교육의 목적은 자녀의 독립이에요. 아이가 커갈수록 부모에게 필요한 건, 이별을 준비하는 거예요.
- 둘째, 온실 속 화초처럼 자녀를 키우면 안 돼요. 귀하지 않은 자식이 세상에 어디 있겠습니까마는, 한 인간으로서 통과해야 할 시련이라면 스스로 통과하도록 놔둬야 하죠. 스스로 풀어야 숙제를 부모가 나서서 해결하려고 해서도 안 되고요. 흔한 말로 결정장애에, 자기 인생에 책임지는 법을 모르는 무기력한 사람이 되게 하는 지름길이죠.
- 셋째, 객관적이고 유익한 정보는 제공하되 선택에 개입해서는 안 돼요. 어차피 자기 인생이에요. 부모가 대신 못 살아 줘요. 자녀의 성장과 성숙에 가장 중요한 것은 자기 주도권, 자기 결정권을 보장해 주는 거예요.

여러분은 자녀 교육에서 가장 중요한 것이 무엇이라고 생각하나요?

_____

부모의 권위를 상실하게 하는 삼대장

#자녀교육 #일관성 #모범

자식을 낳는다고 해서 무조건 부모가 되는 것은 아니죠. 부모다운, 부모답게, 부모 노릇을 해야 하죠. 부모라고 해서 다 존경받을 수 있는 것도 아니니까요. 중요한 것은 부모로서 권위를 잃어버리지 않기 위해 부모 스스로 큰 노력을 해야 한다는 거예요. 그런데 이런 양육 방식은 부모로서의 권위를 빛의 속도로 잃게 만들어요.

- 첫째, 극단적 표현을 쓰세요. "넌 이제 내 자식 아니야!", "부끄러워서 어디에다가 말도 못 해!" 이런 극단적 표현은 자녀의 마음에 상처만 줄 뿐이죠. 어느 면에서도 부모와 자녀 사이에 도움이 안 되죠. 자녀가 부모에 대한 깊은 반감을 갖는 데 도움은 되겠네요.
- 둘째, 일관성을 버리세요. 자녀 교육의 힘은 일관성에서 나와요. 기분에 따라 이랬다저랬다 하면 자녀는 어느 장단에 맞춰야 할지 몰라 힘들어하죠. 결국엔 부모를 우습게 생각하게 되고요.
- 셋째, 말로만 강요하세요. 부모가 모범을 안 보이는데 어느 자녀가 바르게 자라겠어요? 자녀들이 말은 안 들어도 부모의 행동은 불꽃 같은 눈동자로 다 지켜보고 있습니다.

부모(어른)로서 권위는 무엇에서 비롯된다고 생각하나요?

_____

아이는 '내 마음을 알아주는 어른'이 필요하다

#민감성　#자존감　#헤아림

저희 딸아이가 7살 때 일이에요. 하루는 저녁 먹는데 아내가 아이에게 "오늘은 유치원 식판에 먹자."라고 했더니 아이가 짜증스럽게 "싫어!"라고 하는 거예요. 식판은 식판일 뿐인데, 식판에 밥 먹기가 싫다는 것은 유치원에서 점심 먹을 때 불편한 경험이 있다는 의미였죠. 그래서 제가 아이와 짧은 상담 세션을 가졌어요. 알고 봤더니 사실은 이래요. 이사한 후 새로 간 유치원에서 아이가 밥을 늦게 먹는 걸 두고 짓궂은 남자아이들이 놀렸던 거예요. 그 불쾌한 경험이 식판에 투영된 것이었죠. 아이를 꼭 안아 주면서 말했어요. "아빠가 미안해. 새로 간 유치원에서 적응하는 데 힘들었을 텐데, 아빠가 마음 몰라 줘서 미안해." 이 말을 들은 아이 뺨에 눈물이 '또르르' 흐르더라고요. 당연히 그 후로 잘 극복하고 유치원에도 잘 적응했어요. 아이의 말과 행동에 민감하게 반응해 주시고, 지지해 주세요. 아이의 마음 근육이 튼튼해집니다. 아이는 부모가 자기 마음을 알아줄 때, 비로소 더 강한 사람이 됩니다.

자녀가 불편한 감정을 보일 때 부모라면 어떻게 반응하는 편이 좋을까요? 또는 누군가 짜증스러운 감정을 드러낼 때 여러분이 가장 먼저 보이는 반응은 무엇인가요?

청소년들은 부모에게 뭘 바랄까요?

#넉넉함 #지지 #같은마음

청소년들을 상담해 보면 그 친구들이 부모님에게 심리적으로 바라는 바가 있다는 걸 발견하게 돼요. 부모가 청소년 자녀에게 꼭 공급해 줘야 하는 심리적 자양분인데요.

- 첫째, 여유와 아량입니다. 너무 엄격하고 잦은 지적은 아이들이 의기소침하게 만들고 소극적으로 만듭니다. 아이들은 부모님의 넉넉한 품을 바랍니다.
- 둘째, 칭찬과 격려입니다. "칭찬은 고래도 춤추게 한다."라는 말이 틀린 말이 아닙니다. 칭찬과 격려는 아이들의 자존감을 키워 주는 비타민이에요.
- 셋째, 공감과 경청입니다. 아이들에게 뭔가 지시하기보다는 먼저 아이들의 감정을 공감해 주세요. 아이들의 이야기를 아이들의 시점에서 경청해 주세요. "라떼는 말이야." 나오기 시작하면 그때부터 아이들 마음속에선 부모에 대한 선 긋기가 진행됩니다.

누군가에게 마음 문을 닫아 본 경험이 있나요? 그 이유는 무엇이었나요?

사랑일까요? 집착일까요?

#존재가아닌수단 #거절은미친짓 #한순간도식지마

내가 지금 하고 있는 것이 사랑인지, 집착인지 헷갈리나요? 알고 있지만 사랑이라 우기고 싶고, 집착이라 인정하고 싶지 않아 그런 건 아니겠죠? 사랑인지, 집착인지 잘 분별해 보세요.

- 첫째, 사랑은 상대의 발전에 관심이 있지만, 집착은 자신의 욕망에만 관심이 있습니다.
- 둘째, 사랑은 의견의 차이를 존중하지만, 집착은 의견의 차이를 자신에 대한 거절로 받아들이고 분노합니다.
- 셋째, 사랑은 냉탕과 온탕을 오고 갈 수 있지만, 집착은 자신을 향한 꺼지지 않는 열정을 끊임없이 요구합니다.

스스로에게 물어보세요. '사랑하는 사람의 발전에 관심이 있는가?', '사랑하는 사람이 나와의 다름을 수용할 줄 아는가?', '사랑하는 사람이 나와의 관계에서 안정감을 느끼는가?'

여러분이 사랑하는 사람을 대하는 방식은 사랑인가요? 집착인가요?

건강한 부모가 되기 어려운 유형

#상처 #열등감 #독선

부모의 마음이 건강하다는 것, 가장 훌륭한 자녀 교육이죠. 그러나 이런 유형 은 건강한 부모가 되기 어려워요.

- 첫째, 부모에 대한 상처가 치유되지 않는 사람이에요. 원가족에서 편애를 당했다거나 충분한 지원을 받지 못한 게 피해의식으로 자리 잡혀 있는 사 람이 있죠. 그는 자녀를 자신의 결핍을 보상해 줄 수단으로 생각합니다.
- 둘째, 열등감이 심한 사람이에요. 자녀의 꿈을 응원하거나 지지해 주기 어 렵죠. 열등감을 감추려고 자녀에게 자신을 과시하는 반면 자녀들의 성취는 늘 못마땅해하며 폄하하죠. 권위적으로 군림하고 통제적인 모습을 보이는 것은 물론이고요.
- 셋째, 종교적 신념은 강하지만, 소통과 공감의 능력은 떨어지는 사람이에 요. 예를 들어 자녀가 힘들어하거나 탈선의 기미가 보이면 이유는 들어 볼 생각조차 안 하죠. 대신 "기도해!", "네가 교회를 열심히 안 다녀서 그런 거 아냐!"라고 일방적으로 훈계하며 신앙을 강요하죠. 그러면 오히려 더 신앙 과 멀어지는데도 말이죠.

여러분의 성격에서 해결해야 할 모난 점이 있다면 무엇인가요?

화병 유발 배우자

#화병 #역공격의오류 #딴청

속에서 열불이 나게 하는 배우자가 있죠. 생각하면 명치 끝이 콱 막혀서 어떤 소화제도 소용이 없고요. 어떤 배우자일까요?

- 첫째, 오만 정이 다 떨어지게 해 놓고는, 자기 혼자 쿨한 척은 다 하는 사람이 있죠. 자기는 성질낼 대로 다 내고, 하고 싶은 말 다 해 놓고 "나는 뒤끝 없어!"라고 말하는 사람 있잖아요. 그렇게 해 놓고 뒤끝 있으면 이상하죠. 남의 속은 다 긁어놓고 말이죠.
- 둘째, 자기는 늘 지적질해 대면서 자신이 뭔가 지적당하면 "너는? 너도 그래!"라고 말해, 벙찌게 만드는 사람이 있죠. 절대 자기 잘못을 인정하지 않고, 사과는 기대할 수도 없고요.
- 셋째, 불리하면 입 꾹 다물어 버리는 사람이 있어요. 자기가 한 말이 틀렸거나 사실과 다르면 "어, 내가 잘못 알았네. 미안." 이래야 하는데 딴청 피우고, 아예 말을 안 해 버리는 사람이 있죠. 아니면 "너는 왜 이렇게 사람이 집요하니! 질린다, 질려!" 이런 식으로 나오거나요. 화병 걸립니다.

연인이나 배우자가 여러분의 어떤 점을 가장 불편해하고 있나요?

자주 싸우는 커플의 특징

#선의의거짓말좋아하네   #극단적   #또그얘기야?!

커플이 자주 싸운다면 분명 단순히 성격이나 취향, 선호의 차이 때문만은 아니에요. 우리 커플이 이렇지는 않은지 살펴보세요.

- 첫째, 선의의 거짓말이라는 미명으로 거짓말을 자주 합니다. 선의의 거짓말은 상대가 그 거짓말을 알았을 때 고마움을 느껴야 선의의 거짓말입니다.
- 둘째, 극단적인 표현을 자주 씁니다. 툭하면 "헤어져!", "미쳤어?", "너 같은 사람처럼 처음 본다!" 이런 식으로 말하죠.
- 셋째, 싸웠던 일로 또 싸웁니다. 화해하고 끝난 일인데도 기분 나쁘면 또 꺼내 싸웁니다.

배우자 또는 연인과 다툴 때 반복적으로, 습관적으로 내뱉는 말이 있나요? 그 말을 왜, 언제부터 하게 됐나요?

부부관계를 망치는 악성 바이러스

#비교   #비난   #비밀

침투했다 하면 부부관계를 불통 정도가 아니라 먹통으로 만드는 바이러스가 있어요. 그 바이러스의 이름은? 3'비'를 기억하세요.

- 첫째, 비교에요. "당신은 왜 누구처럼 못 해?", "누구네는 이렇다더라." 하며 배우자의 자존감을 깎아 먹는 말은 금물입니다. 비교 바이러스를 예방하는 백신은 '인정'이고요.
- 둘째, 비난이에요. "네가 한 게 뭐야?", "당신은 제대로 할 줄 아는 게 뭐야?" 배우자의 자존심을 꺾어버리는 말 역시 금물입니다. 부부는 검사가 아니라 변호사가 되어 줘야 해요. 비난 바이러스를 예방하는 백신은 '격려'이고요.
- 셋째, 비밀이에요. "넌 몰라도 돼! 말해도 몰라!" 이런 식으로 비밀 아닌 비밀을 만드는 것은 배우자의 마음에 멍이 들게 합니다. 비밀 바이러스를 예방하는 백신은 '솔직한 대화'이고요.

비교, 비난, 그리고 배우자(또는 연인, 친구)를 은근히 무시하는 비밀 만들기 가운데 여러분이 가장 자주 사용하는 것은 무엇인가요?

부부관계의 치명타

#폄훼   #무시   #원가족비난

부부관계가 항상 좋을 수만은 없죠. 그래도 부부관계를 원만하게 유지하기를 원한다면 이 세 가지만은 절대 하면 안 돼요.

- 첫째, 서로의 능력을 깎아내리기에요. 배우자는 서로의 장점을 높이 평가해 주고, 부족한 것은 서로 보완해 줘야죠. 있는 장점도 깎아내리면 못 살죠.
- 둘째, 자식 앞에서 무안 주기에요. 이것도 그래요. 자식 앞에서 배우자를 무시하거나 비난하면 배우자가 부모로서 권위가 어떻게 되겠어요. 못 살죠.
- 셋째, 이건 정말 최악인데요. 시댁, 친정 식구 흉보기에요. 아무리 못나도 내가 나고 자란 가족이에요. 결혼해서 독립하고 내 가정을 꾸렸어도 시댁, 친정 흉보는 거 좋아할 사람은 없어요.

배우자(연인)의 단점이 나타날 때 여러분은 어떻게 반응하나요?

___

부부싸움이 부부전쟁이 되지 않게 하는 법

#추측비난 #지난일꺼내기 #샤우팅

아무리 잉꼬부부라도 부부싸움을 안 하고 살 수는 없겠죠. 그러나 부부싸움을 하더라도 피해야 하는 방식이 있죠.

- 첫째, "추측으로 비난하지 않는다." 배우자의 의도나 의사를 지레짐작해 비난하면 문제 해결은 안 되고, 감정의 골만 깊어집니다.
- 둘째, "지난 일을 가지고 공격하지 않는다." 지난 일을 꺼내는 순간, 부부싸움은 끝없는 연장전에 돌입합니다.
- 셋째, "소리 지르며 비속어를 쓰지 않는다." 소리 지르는 것은 배우자의 감정을 뾰족하게 자극해 더 공격적으로 나오게 만들어요. 비속어는 배우자에게 모멸감을 줘 그때부터는 서로의 인격 흠집 내기 전쟁의 서막이 오릅니다.

부부싸움(또는 연인 사이의 다툼)이 더 큰 갈등으로 번지지 않도록 여러분이 지키는 원칙이 있나요?

만약 아내에게 불만이라면?

#결혼   #악처   #전쟁과평화

아내에게 불만이라고요? 이 이야기를 들으면 생각이 달라질 거예요.

'악처'라는 말이 영어로는 '젠티피(Xanthippe)'라고 하는데, 소크라테스의 아내인 크산티페(Xanthippe)의 이름에서 유래되었습니다. 얼마나 남편인 소크라테스에게 악담을 퍼붓고 그를 괴롭힌 걸로 유명했으면 그녀의 이름이 악처의 대명사가 됐을까요?

링컨의 아내 메리 토드도 유명한데요. 하루는 아침을 먹는데, 링컨 아내가 링컨이 무언가 마음에 들지 않는 행동을 하자, 어떻게 했는지 아세요? 뜨거운 커피를 링컨의 얼굴에 끼얹어버렸다고 합니다.

『전쟁과 평화』를 쓴 위대한 작가 톨스토이 아시죠? 톨스토이의 아내 소피아는 톨스토이가 자신의 의견에 반대하기라도 하면, 아편을 물고 바닥을 구르며 톨스토이를 죽여버리겠다고 했다더군요. 82세가 된 톨스토이는 그런 아내에 질려 집을 나갔다가, 열한째 날 후 기차역에서 죽은 채 발견되었다고 합니다. 사인은 폐렴이었고요.

아내(연인)를 사랑하게 된 계기는 무엇인가요?

이 사람은 감정이 없나 봐요!

#기대치 #실망 #상처

연인이나 배우자가 너무 내 마음을 몰라주고 특히 감정적으로 교류가 안 되나요? 정서적 반응이 내 기대에 못 미치는 탓에 외롭고 힘들죠? 이렇게 하세요. 해결됩니다.

- 첫째, 일단 기대치를 낮추세요. 내 기대치가 비현실적일 수도 있어요.
- 둘째, 내 기대치에 못 미치는 사람이라고 실망만 하지 마세요. 먼저 그 사람이 어떤 사람인지를 진지하게 살펴보고, 이해하려고 해 보세요.
- 셋째, 그런 다음에 여러분이 원하는 것을 설명하고, 설득하세요. 왜 연인이나 배우자 때문에 상처받는 걸까요? 그 사람의 원래 모습, 있는 그대로의 모습을 제대로 알기도 전에 너무 많은 걸 기대하기 때문이에요.

사랑하는 상대에게는 분명 버거운 일임에도 불구하고 기대치를 낮추지 못하는 일은 무엇인가요?

163

우리가 부부 맞나 싶어요

#사랑의언어 #결핍채워주기 #눈물닦아주기

결혼생활을 하면서 배우자가 자신을 더는 사랑하지 않는 것 같다는 생각이 들 때가 있죠. 그럴 땐 배우자의 마음을 속단하고, 갈등의 불을 붙이기보다는 이렇게 해 보세요.

- 첫째, 사랑의 언어를 확인해 보세요. 서로 사랑하지만, 사랑을 표현하는 방식이 달라 갈등할 수 있어요. 게리 채프먼 박사의 『5가지 사랑의 언어』라는 책을 통해 부부가 함께 공부해 보세요.
- 둘째, 서로의 결핍을 채워 주세요. 특히 내면의 결핍을 발견하고, 그 지점을 정성껏 집중해서 채워줘 보세요. 예를 들어 배우자가 인정에 대한 결핍이 있다면 굳이 "왜 자꾸 인정받고 싶어 해?"라고 타박할 필요가 있을까요? 칭찬하고, 격려해 주세요. 그러면 나에게 돌아오는 게 달라집니다.
- 셋째, 서로의 눈물을 닦아 주세요. 부부라는 게 뭐예요? 평생 친구죠. "힘들 때 친구가 가장 좋은 친구다."라는 말은 부부에게도 적용됩니다. 배우자가 힘들어할 때 최선을 다해서 위로해 주세요. 그 고마움은 평생 갈 거예요.

배우자의 '사랑의 언어'는 무엇인가요?

_____

다섯 가지 사랑의 언어

#상대의사랑의언어로   #사랑을표현해야   #사랑을느낀다

세계적인 베스트셀러이자 스테디셀러인 『5가지 사랑의 언어』라는 책을 앞서 소개했잖아요? 게리 채프먼 박사가 40년 이상 진행한 부부 상담의 열매인데요. 요지는 이래요. 상담받으러 온 부부가 함께 있는 자리에서는 배우자가 자신을 사랑하지 않는다고 서로 비난하기 바쁘다는 거예요. 그런데 한 사람씩 따로 이야기 나누면 여전히 배우자를 사랑하고 있었죠. 게리 채프먼은 이 지점에서 사람마다 사랑을 표현하고 받아들이는 방식이 다르다는 것을 깨달았어요. 또 부부가 각자의 방식으로 사랑을 표현하다가 보니 상대가 그 사랑을 느끼지 못한다는 것 역시 알게 되었죠. 그리고 그 방식을 다섯 가지로 정리하고 '사랑의 언어'라고 이름 붙였죠.

- 첫째, 인정하는 말
- 둘째, 함께하는 시간
- 셋째, 봉사
- 넷째, 선물
- 다섯째, 스킨십

가족에게 서로의 '사랑의 언어'로 사랑하는 마음을 표현한 후 어떤 변화가 일어났는지 적어 보세요(검사지는 해당 책에 수록).

왜 부모인 내 말을 무시하죠?

#통제   #강요   #억압

혹시 자녀들이 부모인 내 말을 너무 무시하고 듣지 않나요? 자녀들이 그러는 이유가 뭘까요? 자녀들이 버릇이 없어서일까요? 친구를 잘못 만나서 그럴까요? 여러 이유가 있을 수 있지만, 자녀들의 마음 문이 닫혀 버렸기 때문일 것입니다. 왜 자녀들이 마음 문을 닫아버릴까요?

자녀들의 마음 문을 닫는 데는 부모의 말이 가장 영향을 많이 끼치는데요. 만약 부모의 말에 이 세 가지가 강하다면 자녀들은 마음 문을 닫아버립니다. 그 세 가지는 바로 '통제, 강요, 억압'입니다. 자녀들의 말과 행동, 그리고 감정을 통제하고 강요하고 억압하는 부모의 말은 자녀들로 하여금 마음 문을 닫게 만듭니다.

상대가 매번 눈살을 찌푸리는데도 고치지 못하는 말버릇이 있다면 어떤 것인가요?

청소년 자녀의 회복탄력성을 길러 주는 말

#안정감 #가능성 #버팀목

상담받는 청소년들 가운데 회복이 빠른 친구들을 보면, 부모님이 자주 쓰는 표현들이 있더라고요.

- 첫째, "괜찮아, 그럴 수 있어." 자녀들의 마음에 안정감을 주는 말이죠.
- 둘째, "그럼, 충분히 할 수 있어." 자녀들의 가능성을 지지해 주는 말이죠.
- 셋째, "아빠, 엄마는 언제나 네 편이야." 자녀들에게 심리적 버팀목이 되어 주는 부모의 말이죠.

자녀들에게 꼭, 자주 사용해 보세요.

실의에 빠진 누군가를 다시 일으켜 세워 줄 여러분만의 어록이 있다면 어떤 말들인가요?

자녀의 영혼을 깨우는 특효약

#출근전쟁 #자녀교육 #자존감

아이들이 아침에 잘 안 일어나죠? 출근하기도 바쁜데 아이들까지 늦장을 부리면 속에서 열불이 나죠. 그런데 아이들을 잠에서 깨우는 것도 중요하지만, 아이들의 영혼을 깨워 주는 것도 빠져서는 안 되죠. 아이들의 영혼을 깨우기 위해서 이 세 가지를 사용해 보세요.

- 첫째, "사랑해."라는 말
- 둘째, 따뜻한 미소
- 셋째, 부드러운 스킨십이에요.

따뜻한 미소를 지으며, "사랑해."라는 말과 함께, 아이를 어루만져 주세요. 아이의 영혼도 깨어나고 자존감도 쑥쑥 올라갑니다.

부모로서 자녀에게 가장 많이 하는 말은 무엇인가요? 또는 부모가 된다면 자녀에게 어떤 말을 가장 많이 해 주고 싶나요?

부모 중의 한 명은 꼭!

#스트레스해소   #정서적샌드백   #속풀이

부모 중의 한 명은 아이의 정서적 샌드백이 되어 줘야 해요. 저는 집에서 아이에게 샌드백 역할을 해 줘요. 제가 사회생활을 해 보니 어디를 가든 주위에 검사가 수두룩하더라고요. 스트레스받는 일은 당연히 한둘이 아니고요. 소위 얻어터지기 쉬운 바깥 생활인데 집에서도 그러면 사람이 숨 쉴 수가 없겠더라고요. 따라서 집에서만큼은 아이가 자신의 감정을 해소할 수 있는 샌드백 같은 사람이 한 명쯤은 있어 줘야 한다고 생각해요. 아이가 마음 편히 속풀이 할 수 있는 사람이 있어야 하는 거죠. 그래야 아이가 숨을 쉬고 살죠. 그렇지 않을까요?

여러분은 가정에서 자녀들이 자기 생각과 감정을 편하게 말할 수 있는 부모인가요? 또는 가족이 자기 생각과 감정을 눈치 안 보고 말할 수 있는 사람인가요?

169

애 때문에 울화통 쓰나미가 몰려와요

#현실육아 #자괴감 #I-message

사람을 키우는 일이 세상에서 제일 어렵죠. 내가 낳은 내 자식인데도, 왜 이렇게 속을 썩이고 말은 또 왜 그렇게 안 듣는지! 어금니를 꽉 물게 되는 때가 한두 번이 아니고요. 특히 현실적으로 아이의 양육에 많은 시간을 할애하는 엄마들의 마음, 어지간히 힘든 게 아니죠. 그 마음, 충분히 이해합니다. 아이가 속을 썩일 때 화를 참지 못하고 터져 나오는 말들을 보면서 '내가 이런 말을 쓸 줄이야!'라고 스스로 놀라는 것도 잠시, 어느새 입에 붙어 버린 짜증 섞인 말들에 자괴감이 들 때도 많죠.

그러나 "엄마, 화나게 할래!", "왜 이렇게 짜증 나게 해!", "넌 도대체 왜 그 모양이야!", "너 진짜 혼나 볼래!" 이런 비난조의 말은 아이의 행동을 수정하는 효과는 없고, 아이의 마음에 상처만 남길 뿐이죠. 대신 "엄마, 속상해.", "엄마, 서운해.", "엄마, 마음이 아프다."라고 표현해 보세요. 아이와의 유대감을 손상하지 않을 뿐만 아니라 아이가 엄마의 말에 귀를 기울이는 일이 눈에 띄게 많아질 거예요.

여러분이 자녀(가족)를 날카롭게 지적할 때 자주 쓰는 표현을 '나' 주어로 시작하는 문장으로 바꿔 적어 보세요.

아이들의 자존감을 '떡락'시키는 말들

#주체성　#무시　#불신

이런 말을 자주 쓰면 아이들의 자존감이 '떡락'할 수밖에 없어요.

- 첫째, "그냥 시키면 시키는 대로 해!" 자존감에 가장 중요한 자기 주도권을 상실하게 만듭니다.
- 둘째, "생각 좀 해, 생각! 왜 이렇게 생각이 없니!" 자녀에게 판단력이 떨어진다는 생각이 들게 해 자신감이 떨어지게 만들죠. 소위 결정장애는 '1+1' 이고요.
- 셋째, "진짜야? 너 거짓말이지?" 부모가 자신을 신뢰하지 않는다는 생각에 자기 존재 자체를 무가치하게 여기게 만들죠.

여러분이 자주 쓰는 말 가운데 다른 사람의 자존감을 깎아내리는 말이 있나요?

자녀들과 진짜 소통을 원한다면?

#기술이아닌진심 #통제에대한욕심은금물 #공감과경청은필수

자녀들과 소통하고 싶다면 이 세 가지를 꼭 기억하세요.

- 첫째, 소통은 기술이 아니라 진심이에요. 자녀들과 소통하는 데에는 특별한 기술이 필요한 게 아니라 자녀들과 진심으로 소통하려는 마음을 갖는 게 중요합니다.
- 둘째, 욕심을 버려야 해요. 자녀들과 소통하기를 원한다는 부모님을 만나 보면 결국에는 아이들을 부모의 마음대로 통제하고 싶은 욕심이 있어요. 그 욕심을 버리기 전에는 자녀와의 진정한 소통은 불가능합니다.
- 셋째, 공감과 경청이 출발점입니다. 자녀들과 소통하려면 아이들의 말을 편견 없이 들어줘야 하죠. 마음을 읽어 주는 공감은 기본이고요. 자녀의 입장이 되어 보려 하지도 않고, 속으로 부모 자신이 할 말만 생각하면서 자녀의 말을 건성으로 듣지 마세요. 그런 자세는 오히려 자녀의 마음 문만 닫히게 만들어요.

여러분이 자녀들과 소통하고자 했다면 그 동기는 무엇이었나요? 또는 여러분이 누군가와 소통하기를 원할 때 가장 중요한 것은 무엇이라고 생각하나요?

아이를 믿는 부모는 쓰지 않는 말

#무시   #불신   #무안

아이의 자존감은 부모가 아이를 믿어 주는 만큼 성장합니다. 아이의 자존감을 길러 주려면 아이에 대한 무조건적인 신뢰와 응원이 필요합니다. 끝까지 나를 믿어 주고, 지지해 주는 한 사람만 있어도 아이는 결코 잘못된 길로 빠질 수 없는 법이죠. 아이를 믿는 부모라면 절대 쓰지 않는 말을 소개할게요.

- 첫째, "너 그럴 줄 알았다!"
- 둘째, "이번에도 말만 하고 안 할 거지!"
- 셋째, "아빠 같으면 or 엄마 같으면 절대로 안 그러겠다."

이 세 가지 말은 모두 아이와의 유대감과 연대감을 깨뜨리고, 자존감을 낮추는 말들입니다. 피하면 좋겠죠?

여러분은 부모란 자녀에게 어떤 존재여야 한다고 생각하나요?

_____

아들에게 아버지란?

#부성애   #남성성   #하남자

모든 인간은 여자의 몸에서 태어나, 대부분 여자의 손에서 성장합니다. 이 과정에서 엄마의 여성성을 줄곧 경험하게 되죠. 그런데 아들은 남자이기 때문에 남성성을 엄마로부터 익힐 수 없고, 따로 습득해야 하죠. 바로 아버지에게 공급받아야 하죠.

그런데 한국 사회는 유독 아버지와 아들 사이가 껄끄럽습니다. 사실 안타깝게도 한국의 아버지와 아들은 대다수 사이가 친밀하지 않죠. 3분 이상 대화가 불가능해요. 특히 한국의 아버지는 일하느라 바쁘고, 집에 오면 말수도 적습니다. 친근한 느낌의 아버지가 많지 않습니다. 제 친구들 가운데 아버지와 자주 대화하고, 유대감을 느낀다고 말하는 친구를 거의 못 봤어요. 상담실을 찾는 내담자들은 더욱 그렇고요. 그래서 아들들은 남성성, 곧 남자다움을 미숙한 또래나 폐쇄적 군대, 또는 남성 위주의 권위주의적 조직사회에서 잘못 배우게 되는 것이죠. 진정한 남자다움은 힘이 아니라 책임, 강요가 아니라 배려에서 비롯됩니다.

진정한 남자다움은 무엇이라고 생각하나요? 세 가지를 적어 보세요.

아들에게 필요한 아버지의 교훈은?

#성   #돈   #일

유년 시절 아들에게 아버지란 큰 산과도 같은 존재죠. 좋은 쪽으로든, 그렇지 못한 쪽으로든 본받게 되는 모델이기도 하고요. 성장한 후에는 노년이 된 아버지의 뒷모습에서 자신을 발견하기도 하죠. 그런데 제가 한 가정의 가장이 되고, 남편이 되고, 아빠가 되어 보니 아버지가 아들에게 꼭 가르쳐 주었으면 하는 것들이 여럿 생각나더라고요. 그 가운데 세 가지만 꼽자면?

- 첫째, 성입니다. 아들을 위한 아버지의 성교육은 꼭 필요합니다. 기본적으로 여성을 동등한 인격체로 존중하는 것에서부터 시작해서 건강한 성생활에 대해서 가르쳐 줘야 합니다.
- 둘째, 돈입니다. 자본주의사회에서 경제력만큼 중요한 것도 없긴 하죠. 그러나 경제력만 강조할 게 아니라 바른 경제관념을 갖도록 가르쳐 줘야 합니다.
- 셋째, 일입니다. 조직의 구성원으로서 일할 때 갖춰야 할 전문성과 성실성, 그리고 사회성에 대해 가르쳐 줘야 합니다. 노동의 가치를 알고 땀 흘린 보람을 누릴 줄 아는, 건강한 사회 구성원이 되도록 도와야 하죠.

건강한 아버지란 어떤 모습일까요? 세 가지를 적어 보세요.

아버지와 관계가 좋은 아들의 특징

#예의   #모델링   #여성존중

아버지와 자주 대화하고, 좋은 영향을 받은 아들들의 특징은 무엇일까요?

- 첫째, 어른들에게 예의를 갖출 줄 압니다. 특히 어른들 관점에서 듣기 좋은 말과 불쾌하게 여길 말을 잘 가려서 말할 줄 압니다.
- 둘째, 아버지를 존경하고, 가족을 위한 아버지의 헌신에 감사합니다. 그래서 자신도 결혼하면 가정적이고, 헌신적인 남편이 되려고 노력하죠.
- 셋째, 여자를 함부로 대하지 않습니다. 아버지와의 친밀감과 유대 관계를 통해 건강한 남성성을 배우고, 인성도 바르기 때문에 여자를 존중하고 배려할 줄 압니다.

자녀가 있다면, 자녀가 여러분의 인성을 닮기 원하나요? 또는 다른 사람에게 긍정적인 영향을 끼치는 여러분의 성품이 있다면 무엇인가요?

부부가 갈등할 때 자녀를 위한 금기사항

#없는곳에서   #감정쓰레기통   #삼각관계

부부가 갈등하더라도 자녀 마음의 건강, 그리고 미래를 위해 이 세 가지는 꼭 기억하세요.

- 첫째, 자녀 앞에서는 절대 다투지 않아야 합니다. 특히 어린 자녀들은 굉장한 불안을 느끼고, 심지어 자기 탓이라 생각하기도 하죠. 자해하는 원인이 되기도 해요.
- 둘째, 자녀를 감정 쓰레기통으로 만들면 안 됩니다. 배우자에 대한 불편한 감정을 자녀 붙잡고 쏟아놓지 마세요. 누구 편도 들 수 없는 자녀의 마음에 큰 상처가 됩니다.
- 셋째, 삼각관계를 만들지 마세요. 부부가 자녀를 사이에 두고 "가서 엄마한테, 아빠한테 이렇게 말해!" 하는 식이죠. 자녀가 감당할 수 없는 큰 짐이 됩니다. 자녀는 말할 수 없는 혼란을 겪고 마음에는 멍이 들어요.

여러분의 성장 과정에서 갈등하는 부모님 사이에 끼어 삼각관계의 메신저가 되어야 했던 적이 있나요? 그때 기분이 어땠는지 적어 보세요.

사고와 감정이 잘 자라나게 하는 육아법

#스킨십 #완성된문장 #미소

어린 자녀가 있나요? 논리적인 사고와 긍정적 정서를 가진 자녀로 키우고 싶다면 이렇게 해 보세요.

- 첫째, 어릴수록 스킨십을 자주 해 주세요. 피부는 아이의 첫 번째 감정선이에요.
- 둘째, 짧은 문장 말고 완성된 문장으로 대화하세요. "맘마?", "먹어, 안 먹어?" 줄여 말하지 마세요. 어른하고 대화하듯 완성된 문장을 사용하세요. 또는 "뭐야! 뭐 때문에 그래?"라기보다는 "표정이 안 좋아서 엄마가 걱정되는데 ○○이 마음을 불편하게 하는 게 뭔지 말해 줄 수 있을까?"라고 해 보는 거죠. 이렇게 아이의 인격과 정서를 존중해 주면, 아이는 자기의 생각을 논리적으로, 감정을 편하게 표현할 줄 알게 되죠.
- 셋째, 미소를 잃지 마세요. 아이는 부모의 얼굴에서 자신의 자존감을 읽어 냅니다. 부모가 자신을 보고 웃고 있으면 아이는 '부모를 기쁘게 한 나'로 자신을 인식하는 거예요. 자존감이 올라가는 거죠.

여러분은 사람이 인생을 살아가는 데 있어서 어떤 성품이 가장 중요하다고 생각하나요?

아들 맘이 피해야 할 일들

#비난조   #비언어적메시지   #버럭

아들을 어떻게 다뤄야 할지 모르겠다는 엄마들을 상담하다 보면, 아들 키우는 게 참 쉽지는 않다는 생각이 듭니다. 아들의 넘치는 에너지에 엄마들이 파김치가 되는 것이죠. 이렇게 아들을 통제하는 데 지친 엄마들이 습관적으로 하는 표현들이 있는데요.

- 첫째, 눈 흘기기입니다. 엄마가 눈 흘기는 순간, 아이는 고개를 숙이고 어깨도 처집니다.
- 둘째, 눈 흘기기와 동시에 하는 '스읍!'입니다. 엄마가 눈 흘기며 '스읍!' 하는 순간, 아이의 사고는 일시 정지가 되어 버려요.
- 셋째, 큰 소리로 "야!"라고 윽박지르는 것입니다. 엄마들도 얼마나 힘들면 그렇겠어요! 그러나 아들의 행동에 화가 나면 심호흡부터 하세요. 그리고 나서 "야!"보다는 차분하게 아이의 이름을 불러 보는 건 어떨까요? 엄마가 흥분을 반복할수록 아이는 더 거친 행동으로 자신을 표현하려고 한다는 것 잊지 마세요.

누군가에게 짜증이나 화가 날 때 여러분 입에서 나오는 첫 마디 또는 여러분이 드러내는 비언어적 메시지(눈빛, 표정, 몸짓, 자세)는 무엇인가요? 그 말과 비언어적 메시지가 상대에게 여러분의 감정을 차분하게 전달하는 데 어떤 도움이 되었나요?

5월의 내 인생에 건네는 작별 인사

다음 글을 나지막한 목소리로 읽어 보세요. 여러분의 차분한 목소리가 귓가에 크게 울리고, 한 단어 한 단어가 겨울밤 첫눈처럼 여러분 마음에 소복이 내려 쌓이는 느낌이 들 때까지 여러 번 읽어 보세요.

"가족은 내 인생에 가장 소중한 인연입니다.
귀한 인연인 만큼 가장 건강한 인간관계를 맺을 것입니다.
더함도, 덜함도 없이 사랑하고, 서로에게 가장 편안한 거리를 유지할 것입니다."

1. 단 한 번뿐인, 다시없을 올해 5월의 인생에

– 미안한 점 한 가지를 적어 보세요.

_____

– 고마운 점 한 가지를 적어 보세요.

_____

2. 단 한 번뿐인, 다시없을 올해 5월의 인생에 찾아왔던 일들이 여러분에게 무엇을 원하였는지 한 문장에 담아 보세요.

_____

3. 단 한 번뿐인, 다시없을 올해 6월의 인생이 여러분에게 무엇을 기대하는지 한 문장에 담아 보세요.

_____

그 인간,
그래서 그랬던 거야?!

"분노하며 원한을 품는 것은 내가 독을
마시며 원수가 죽길 바라는 것과 같다."

프랜시스 맥코트 Francis McCourt

6월을 시작하는 긍정 확언

"나는 오늘도 씩씩하게 살아낼 것입니다."

나는 내 인생을 다른 사람의 혀 위에

올려놓지 않을 것입니다.

나는 다른 사람의 말에 위축되거나

주눅 들지 않을 것입니다.

내게 중요한 것은

나 자신을 속이지 않는 것이며,

나 자신에게 거짓말하지 않은 것입니다.

나는 다른 사람의 삶과 내 삶을 비교하지 않고,

오로지 내 보폭과 내 속도로

나의 길을 꿋꿋이, 그리고 당당하게 걸어갈 것입니다.

나르시시스트의 특징

#무공감   #인정중독   #근자감

흔히 소시오패스라고 불리는 사람들 가운데 상당수가 나르시시스트예요. 나르시시스트는 자기애적 성격 장애를 가진 사람을 일컫는데요. 쉬운 말로 세상에 자기 자신 말고는 좋아하는 사람이 없는 거죠. 이런 나르시시스트의 특징은?

- 첫째, 타인에 대한 공감이 불가능합니다. 나르시시스트는 타인의 감정을 알아차리려는 시도조차 하지 않습니다. 자신의 감정만 중요해요.
- 둘째, 칭찬에 과도하게 집착합니다. 나르시시스트에 가장 큰 절망은 자신이 주목받지 못하거나 자신이 한 일이 칭찬받지 못하는 상황이죠.
- 셋째, 근거 없는 자신감을 보입니다. 나르시시스트는 이른바 과대 포장된 자아상을 가지고 있기 때문에 자기 능력과 동떨어진 자신감을 보입니다.

여러분에게 나르시시스트적 성향이 나타나는 특정한 상황이 있나요?

나르시시스트는 이렇게 상대하세요

#온통자기생각   #자기확장불가   #극단적이기심

나르시시스트는 쉽게 말해 자신 말고는 좋아하는 사람이 없어요. 오직 자신이 세상의 전부인 사람이죠. 그래서 자기를 확장하는 일은 불가능합니다. 비유하자면 마음의 손이 타인의 처지와 입장, 생각과 감정에 전혀 닿지 못하는 사람이죠. 이해 못하고, 느끼지 못해요. 나르시시스트의 이런 극단적인 자기중심성의 피해자가 되지 않으려면 이 세 가지가 필요합니다.

- 첫째, 무표정
- 둘째, 무관심
- 셋째, 무반응이 필요합니다.

자기애는 꼭 필요하죠. 단 건강함이 전제된다면 말이죠. 나르시시즘은 건강하지 못한 자기애인 것이죠. 그렇다면 건강하지 못한 자기애를 가진 사람에게 불가능한 것은 무엇일까요?

사이코패스가 절대로 하지 않는 세 가지

#사과?! #무공감 #무협력

사이코패스는 절대로 하지 않기 때문에 기대하면 낭패를 볼 수 있는 세 가지가 있어요.

- 첫째, 사과하지 않습니다. 자기 잘못이 드러나도 남에게 뒤집어씌우려고 시도하죠. 상황상 어쩔 수 없었다고 둘러대거나 말도 안 되는 논리로 합리화하는 것도 물론이고요.
- 둘째, 공감하지 않습니다. 타인의 감정에 무감각합니다. 정확하게는 공감하지 못하는 거죠.
- 셋째, 협력하지 않습니다. 타인을 가스라이팅하려 들뿐 협력이란 없습니다. 전문가의 도움에도 협조하지 않아요.

사이코패스는 잘해 주고, 편들어 주고, 도와준다고 바뀌지 않아요. 변화를 기대하며 괜히 위해 주다가는 뒤통수를 세게 맞을 수 있어요. 불이익이나 처벌에 대한 두려움이 적긴 하지만, 그의 말과 행동에 신속한 제재가 꼭 필요해요.

사이코패스 성향을 보이는 사람과 함께 일해야 한다면 어떤 방식이 효과적일까요?

_____

소시오패스가 자주 하는 말

#심리적조종 #죄책감폭탄 #심리적의존

소시오패스는 "공감의 결여, 가스라이팅, 죄책감의 부재"가 그 특징입니다. 이런 소시오패스가 자주 하는 말은?

- 첫째, "나 믿지? 네 편은 나밖에 없어!"
- 둘째, "그게 왜 내 탓이야? 네 잘못이지! 항상 네가 문제잖아!"
- 셋째, "내가 너를 제일 잘 알아. 딴사람 말 듣지 마!"

주의를 기울여서 소시오패스라는 덫에 걸려들지 마세요.

소시오패스는 아첨을 잘합니다. 정서가 건강한 사람이 존경심을 표현하는 것과 소시오패스의 아첨을 어떻게 구분할 수 있을까요? 소시오패스의 말과 행동에는 기본적으로 다른 사람을 조종하려는 의도가 숨어 있습니다.

나르시시스트가 자주 하는 말

#잘난체 #책임전가 #통제욕구

자기애적 성격 장애인 나르시시스트는 자신이 남들보다 우월하다는 착각에 빠져 있죠. 나르시시스트가 자주 하는 말을 보면 그가 왜 극단적으로 자기중심적인 사람인지를 알 수 있는데요. 나르시시스트가 자주 사용하는 말은?

- 첫째, "너희들은 나를 이해 못 해!" 나르시시스트는 자신이 굉장히 특별하고, 독특하다고 여기기 때문에 사람들이 자신을 이해하지 못한다고 생각합니다.
- 둘째, "너 때문에 내가 이렇게 된 거야!" 나르시시스트는 문제의 원인을 자신에게서 찾는 법이 없습니다. 모두 타인의 탓으로 돌립니다. 비난을 받아들일 만한 그릇이 안 되기 때문이죠.
- 셋째, "왜 내 말대로 안 해!" 나르시시스트는 다른 사람들이 다 자기 뜻에 따라야 한다고 생각합니다. 자신이 언제나 최고라고 생각하기 때문이죠.

주위에 위와 같은 식의 말을 자주 사용하는 사람이 있나요? 혹시 여러분이 그러지는 않나요?

러브 바밍(Love Bombing)

#비행기태우네   #얼마나안다고?   #꺼져줄래?

나르시시스트는 자신의 욕망을 채우기 위해 타인을 가스라이팅하는데요. 그 첫 단계가 바로, 타인을 밑도 끝도 없이 추커세우는 것이죠.

- 첫째, 아직 서로 잘 알지도 못하고, 그럴 만한 시간이 지난 것도 아닌데 거침없이 비행기를 태웁니다.
- 둘째, 예를 들어 '썸'타는 이성에게 "너 없이 내가 어떻게 살았나 몰라!", "너 같이 잘 맞는 사람은 처음이야!", "넌 완벽해!", "최고야!" 이런 말들을 줄기차게 쏟아놓는 거죠.
- 셋째, 이를 두고 '러브 바밍'(Love Bombing)이라고 하는데요. 애정 공세를 폭탄처럼 퍼붓는다고 해서 붙여진 이름이에요. 이때 비행기에 올라타 황홀해하고, '나에게도 이런 봄날이 오는구나!' 할 일이 아니에요. 재빨리 알아차리고 손절하세요. 그러지 않으면 나르시시스트의 만만한 먹잇감이 됩니다.

여러분을 밑도 끝도 없이 추커세우는 사람이 있었나요? 그의 실상은 어땠나요?

———————————————————————————

나르시시스트는 이럴 때 화를 내요

#나이런사람이야   #내가우주의중심   #나를추앙해

나르시시스트가 화를 잘 낸다는 사실 알고 계세요? 그것을 '자기애적 분노'라고 부르는데요. 언제 이런 분노의 이빨을 드러내냐면요.

- 첫째, 스스로 뛰어나다고 생각하는 자신의 인격에 사람들이 존경심을 표현하지 않을 때
- 둘째, 어떤 상황에서든 자신이 주인공이 되지 못할 때
- 셋째, 자신의 성과를 사람들이 칭찬하지 않고 주목하지 않을 때

'왜 화를 내지?' 이해하려고 애쓰지 마세요. 이해될 수도 없고, 이해하려고 다가서면 그런 나를 감정 쓰레기통으로 만들어 버려요. 무표정, 무반응, 무관심으로 거리두기 하세요.

주위에 나르시시스트의 이런 분노를 통한 통제, 그리고 가스라이팅의 노예가 되어 있는 사람이 있나요? 그 사람의 이름을 기록해 보고, 반드시 전문가의 도움을 받게 해 주세요.

189

나르시시스트가 화나면?

#집요한비난 #지적질폭주 #무자비한복수

나르시시스트는 화를 잘 내고, 그것을 자기애적 분노라고 부르잖아요. 나르시시스트의 자기애적 분노는 다음과 같은 모습으로 나타납니다.

- 첫째, 자신을 화나게 한 사람을 집요하게 꼬투리 잡아 비난합니다.
- 둘째, 자신을 화나게 한 사람이 실수라도 하면, 재판관이 돼서 그 사람이 질릴 때까지 지적합니다.
- 셋째, 자신을 화나게 한 사람에 대해 수단과 방법을 가리지 않고 복수합니다. 복수만이 상처 난 자기애를 회복하는 유일한 방법이라고 생각하기 때문이죠.

나르시시스트가 시비를 걸어올 때 의미 없는 논쟁을 피하고, 그의 인정욕구를 채워 주는 편이 불필요한 갈등 상황을 피할 수 있어요. 주위에 나르시시스트가 있다면, 그가 누구인지, 어떤 말로 그의 인정욕구를 채워 잠재울지를 적어 보세요.

나르시시스트가 속으로 하는 말

#자아도취 #주인공집착 #자화자찬

나르시시스트의 속을 파헤쳐 보면 이런 말들이 존재합니다.

- 첫째, "나는 최고고, 너는 별로다."
- 둘째, "왜 나한테 관심을 안 보여? 나한테 집중 좀 해? 내 기분에 맞추고!"
- 셋째, "일이 잘됐어? 내 덕이지! 일이 꼬였어? 네 탓이지!"

무표정, 무관심, 무반응이 답입니다.

어떤 모임에서 여러분이 소외감을 느낄 때 어떻게 반응하나요? 혹시 갑자기 소극적으로 되거나, 짜증을 내거나, 삐져 버린 적은 없나요? 만약 그렇다면 이유가 무엇일까요?

소시오패스 대처법

#냉정   #No!   #거리두기

소시오패스는 반사회성 성격 장애 중 하나로서 '무공감, 무도덕, 무협력'의 특징을 보입니다. 특히 자신의 잘못된 행동에 대한 죄책감을 전혀 못 느낍니다. 이런 소시오패스를 대할 때는 어떻게 해야 할까요?

- 첫째, "냉정 유지하기", 소시오패스의 행동에 감정이 흔들리면 안 됩니다. 상대방이 공격적으로 나오는 것만큼 소시오패스에게 반가운 것이 없습니다.
- 둘째, "강하게 'No!'라고 말하기", 소시오패스는 타인을 조종하는 데 능숙합니다. 소시오패스의 가스라이팅을 알아차렸다면 "No!"라고 분명하게 말해야 합니다.
- 셋째, "거리두기", 소시오패스 사전에 협력이란 없습니다. 거리두기가 가장 현명한 대응입니다.

소시오패스는 달라지지 않아요. 소시오패스에게 긍정적 변화를 기대했다가 크게 실망하고 상처받은 적이 있지는 않나요?

'사패, 소패', 거리두기가 답!

#거리두기 #노답 #도움거절

반사회성 성격 장애인 사이코패스, 소시오패스와 거리두기 하라는 이유가 있어요. 왜냐하면 치료가 어렵기 때문이죠. 사이코패스와 소시오패스는 타고난 기질과 양육 환경에 의해 결정되는데요. 사이코패스나 소시오패스가 자신이 뭔가 잘못되었다고 생각하는 일은 거의 없죠. 더욱이 전문가의 도움을 구하거나 타인의 조언을 구할 가능성은 제로고요. 따라서 치료나 변화는 불가능하다고 봐야 합니다.

사이코패스나 소시오패스 성향을 보이는데도 상대의 이성적 매력이나 스펙에 끌려 연인 관계로 발전한 적이 있나요? 결과가 어땠나요?

사이코패스와 소시오패스의 차이점

#선천후천 #충동적계획적 #감정표현

반사회성 성격 장애인 사이코패스와 소시오패스는 닮은 듯, 다릅니다. 이 둘의 차이점은 무엇일까요?

- 첫째, 사이코패스는 선천적 요인이 강하고, 소시오패스는 후천적 요인이 좀 더 강합니다.
- 둘째, 사이코패스는 충동적인 면이 강하고, 소시오패스는 용의주도한 면이 강합니다.
- 셋째, 사이코패스는 감정표현이 부족한 데 반해, 소시오패스는 감정표현이 지나친 면이 있습니다.

평소에 도무지 이해되지 않던 사람 가운데 사이코패스나 소시오패스 성향을 보이는 사람이 있나요?

'사패, 소패, 나르'의 공통점

#극단적이기심   #공감부족   #책임감증발

반사회성 성격 장애인 사이코패스, 소시오패스, 그리고 자기애적 성격 장애인 나르시시스트는 어디에나 있어요. 자신의 진짜 얼굴을 숨기고 있을 뿐이죠. 그들에게는 공통점이 있어요.

- 첫째, 극단적 이기심입니다. 타인의 필요나 형편에 대해 전혀 고려하지 않고, 오로지 자신의 이익만을 추구합니다.
- 둘째, 공감 능력이 절대적으로 부족합니다. 타인의 정서와 감정을 읽어내려는 시도조차 하지 않습니다. 공감하는 척은 할 수 있는데, 그것 역시 자신에게 이익이 되는 경우에만 해당합니다.
- 셋째, 책임감이 부족합니다. 특히 실수나 잘못에 대해 사과하는 법이 없고, 책임을 피하려고 안간힘을 씁니다.

이와 같은 성격 장애가 있는 사람들을 대할 때는 거리두기, 선 긋기, 손절은 기본이고요. '회색 돌' 기법이 유용한데요. '회색 돌' 기법에 대해 찾아 적어 보세요.

가스라이팅 분별법

#어쭈불쌍한척하네　#그만얘기해　#상처를무기로쓰지마

누군가 이런 모습을 보인다면 100% 가스라이팅입니다.

- 첫째, 자꾸만 동정심에 호소합니다. 불쌍한 척을 하는 것이죠.
- 둘째, 특히 불행했던 과거, 그 과거의 상처를 반복적으로 이야기합니다.
- 셋째, 별것도 아닌 일에 상처를 받았다며 사과를 받을 때까지 비난합니다.

위와 같은 특징을 보이는 사람이 여러분 주위에 있나요? 이런 그의 가스라이팅에 동정심이 생겨 말려들었나요? 아니면 '날 조종하려 드네!' 하며 거리두기 할 수 있었나요?

가스라이팅을 피하는 법

#자존감 #분별력 #홀로서기

사람들의 극단적 이기심이 심해질수록 자신의 이익을 위해 타인을 조종하려 드는 사람들도 많아지는 것 같아요. 어떻게 하면 이런 가스라이팅을 막아낼 수 있을까요?

- 첫째, 자존감을 높이세요. 자존감이 낮을수록 가스라이팅에 취약합니다.
- 둘째, 호의와 미끼를 분별하세요. 가스라이팅하는 사람은 자신의 의도대로 상대방을 조종하기 위해 거짓 호의를 베풀곤 하는데요. 그게 바로 심리적 지배를 위한 미끼죠. 이런 미끼와 진심을 구별할 줄 알아야 해요.
- 셋째, 홀로서기를 두려워하지 마세요. 가스라이팅에 쉽게 빠져드는 이유 중의 하나가 바로 누군가에게 외면받는 것에 대한 두려움 때문인데요. 그 두려움을 이용하는 게 가스라이팅을 시도하는 사람의 주무기입니다.

순수한 호의와 심리 지배를 위한 미끼를 구분하지 못해 곤란한 상황을 겪은 적이 있다면 어떤 경우인가요?

화를 잘 내는 사람의 특징

#오냐오냐 #소시오패스 #불안

유독 화를 달고 사는 사람이 있죠. 왜 그러는 걸까요?

- 첫째, 거절을 배우지 못했기 때문일 수 있습니다. 아이가 태어나면 2세까지는 아이의 욕구를 무조건적으로 수용해 줘야 합니다. 그러나 그 이후로는 거절을 배우게 해야 합니다. 적절한 거절 경험을 통해 건강한 자아가 형성되는 것이죠. 물론 거절을 수용하는 법은 평생 배워야 하고요. 이 과정이 제대로 되지 않으면 무조건 자기 뜻대로 되어야 하고, 그렇지 않을 때 분노합니다.
- 둘째, 소시오패스일 확률이 높습니다. 소시오패스는 공감 능력이 떨어져 상대방의 기분을 파악하지 못할 때가 많죠. 또 도덕과 윤리를 무시하기 때문에 주위 시선 아랑곳하지 않고 일단 성질을 냅니다. 심각한 폭력이 동반될 수도 있고요.
- 셋째, 불안이 심하기 때문일 수 있습니다. 불안이 심한 사람은 스트레스 상황에 놓이면 그에 대한 반응으로 화를 낼 수 있습니다. 또 그 불안을 감추기 위해서 화를 낼 수도 있고요.

여러분은 거절을 잘 수용하는 편인가요? 그렇지 못하다면 그 이유는 무엇일까요?

혹시 주변에 이런 사람 있나요?

#감정롤러코스터   #아니왜저래?   #종잡을수가없어

주위에서 어렵지 않게 볼 수 있는 유형인데요. 다음과 같은 특징을 보이는 사람이 있나요?

- 첫째, 감정 기복이 지나치게 심합니다. 감정을 팔에 걸고 다닌다고 할 수 있죠.
- 둘째, 대인관계의 기복도 심합니다. 상대를 잘 알지 못하는 상태에서 상대를 굉장히 이상화합니다. 그러다 어느 순간 '급' 냉랭해지면서 원수 취급하는 모습을 보입니다. 배신감도 잘 느끼고요. 그래서 사람을 오래 사귀기가 힘들죠.
- 셋째, 충동적이고, 자제력이 없으며, "죽고 싶다."라는 말을 자주 합니다.

앞과 같은 모습을 보인다면 '경계성 성격 장애'를 의심해 볼 수 있습니다. 단순히 성격이 이상하거나 사회성이 떨어지는 사람이 아니에요. 정신건강의학과 진료와 심리 상담이 꼭 필요합니다.

경계성 성격 장애 성향을 보이는 사람이 주위에 있다면 누구인가요? 혹은 여러분에게도 그와 같은 면이 있다면 어떤 면에서 그러한가요?

자기 객관화가 안 되는 사람의 특징

#내로남불 #지나친경쟁심 #아전인수

자신을 객관적으로 볼 줄 모르는 사람의 특징은 무엇일까요?

- 첫째, 내로남불이 심합니다. 자기 자신을 볼 줄 모르기 때문에 자기 잘못에는 변호사, 타인의 잘못에는 검사가 됩니다.
- 둘째, 경쟁심이 심합니다. 객관적 자기 평가가 없기 때문에 늘 다른 사람을 이겨야만 자신의 유능성이 확보된다고 생각하는 것이죠.
- 셋째, 아전인수가 심합니다. 무슨 말이든 자기 좋을 식대로 해석하고, 자기 좋은 쪽으로만 듣습니다. 그래서 충고를 진지하게 받아들이는 일이 없습니다.

여러분이 검사와 변호사가 되는 각각의 상황은 무엇인가요?

_____

멋대로 믿고, 듣는 사람은?

#요즘차고넘침 #음모론 #막말세례

흔히 말하듯 답이 없는 사람 중에는 믿고 싶은 대로 믿고, 듣고 싶은 대로 듣는 사람이 있죠. 자기 생각에 일치되는 정보만 수용하고, 자신의 신념에 순행하는 반응만을 바라는데요. 바로 '확증 편향의 오류'에 빠진 것인데요. 이런 사람들은?

• 첫째, 자기 객관화가 전혀 안 되어 있습니다. 즉 자아 성찰이란 게 없죠. 다양한 의견과 가능성에 귀를 닫는 것은 물론이고요.
• 둘째, 주특기가 음모론 조성하기입니다. 엄연한 객관적 사실도 인정하려 들지 않기 때문에 생기는 일이죠.
• 셋째, 반지성주의 경향을 보입니다. 말 그대로 합리적 사고를 기대할 수 없습니다. 어떤 주장을 할 때도 자신의 근거 없는 추측에 기반해 타인의 감성에 호소할 뿐이죠.

근거가 분명하고 여러 사람이 합리적인 의견이라고 말하는데도 받아들이지 않고 무시한 적이 있지 않나요?

꽉 막힌 독불장군 해석법

#존중받은경험부족 #과대평가 #극단적경쟁의식

남의 말을 귀담아듣지 않는 독불장군이 꼭 한두 사람은 있죠. 그러는 이유가 뭘까요?

- 첫째, 그 자신이 존중받아 본 경험이 적기 때문입니다. 경청은 곧 존중인데, 존중받아 본 경험이 없으니 다른 사람도 존중할 줄 모르는 것입니다.
- 둘째, 자기 자신을 과대평가하고 있기 때문입니다. 일종의 나르시시스트죠. 자신의 인격이나 성과에 과도하게 도취해 있는 것이죠.
- 셋째, 인간관계를 소통 기반이 아닌 경쟁 기반으로 하고 있기 때문입니다. 남의 말을 들어주는 것을 지는 것으로 받아들이는 옹졸한 마음을 가진 사람이죠.

의견 차이가 생겨서 조율해야 할 때 여러분은 주로 어떤 방식을 사용하나요? 상대의 의견을 충분히 듣고 이해하려고 노력하는 편인가요? 아니면 의견 차이 자체를 불쾌하게 생각하고, 말할 때 흥분하는 편인가요?

———————————————————————————————

최악의 상사는?

#대안없는비판 #모욕감 #책임전가

상담소를 찾는 직장인들이 말하는 최악의 상사는 어떤 특징이 있을까요?

- 첫째, 대안 없는 비판을 일삼습니다. 뭔가 지적할 거면 기록해도 다른 방향이라도 제시해 줘야 하는데, 무조건 그게 뭐냐는 식으로 말하는 것밖에 할 줄 아는 게 없습니다.

- 둘째, 잘 알지도 못하는 사생활을 들먹이며 모욕감을 줍니다. 공과 사를 구별할 줄도 모릅니다. 어디서 주워들었는지 모르는 부하직원의 사생활을 들먹이며 사람들 앞에서 비꼬곤 합니다. 예를 들어 "저러니 집에서 대접을 못 받지!" 이런 식으로요.

- 셋째, 자신의 실수마저도 부하직원의 책임으로 돌립니다. 최악이죠. 절대로 책임지는 법이 없습니다. 문제가 생기면 어떻게든 빠져나가려고 애쓰고, 그 과정에서 모든 짐을 부하직원이 떠안게 합니다.

이런 최악의 상사가 있다면 일단 업무에서 꼬투리 잡히면 안 되고요. 부당한 처사에는 감정이 태도가 되지 않고, 웃으며 뼈 때릴 줄 알아야 해요. 그러지 못하면 계속 만만하게 봅니다.

윗사람에게 불편한 감정이 들었을 때 여러분은 주로 어떻게 해결하나요?

소리부터 지르고 보는 인간 해석

#분노 #합리화 #습관

기분 나쁘다고 소리 지르고, 열받는다고 소리 지르는 사람 있잖아요? 도대체 소리는 왜 지르는 걸까요? 소리 지를 수밖에 없을 정도로 다른 사람이 짜증 나게 하고, 화나게 해서 그럴까요? "나 원래 소리 안 지르는데 네가 열받게 해서 그런 거잖아!" 맞는 말일까요? 아뇨! 소리를 지르는 걸 좋아하니까 소리 지르는 거죠. 모든 사람이 짜증 나고 화난다고 다 소리 지르나요?

또 원래 소리 지르는 사람도 아니고, 소리 지르는 걸 싫어하는데 자신한테 어울리지도 않고, 싫어하는 일을 계속할 사람이 있을까요? 다른 사람이 짜증 나게 하고, 열받게 해서 소리 지르는 게 아니라 소리 지르고 싶어서 짜증 내고 화내는 거예요. 물론 한두 번은 짜증 나고 화나서 소리 지를 수도 있겠죠. 그러나 늘 소리 지르는 사람이라면 소리 지르는 것에 맛을 보고, 소리 지르는 걸 즐기는 사람이에요.

여러분이 감정을 통제하지 못하고 소리부터 질러서 상처 주었던 사람은 누가 있을까요?

왜 저렇게 군림하고 통제적일까요?

#나무시하는거야? #벗어나지마! #내가싫다는데!

권위주의적이고 통제적인 사람은 주위 사람을 늘 힘들게 하죠. 왜 그러는 걸까요?

- 첫째, 자존감이 낮기 때문이죠. 그러니 거절이나 반대를 수용하지 못하는 게 당연하죠. 그래서 강압적인 방법을 사용해서라도 자기 뜻을 관철하려 드는 것이죠.
- 둘째, 불안이 높기 때문이죠. 그래서 자신이 예상하지 못한 상황이 벌어지는 것을 강박적으로 싫어하죠. 그러니 통제할 수 있는 데까지 통제해서 자신의 예상을 벗어나는 상황을 만들지 않으려고 하겠죠?
- 셋째, 극단적으로 이기적이기 때문이죠. 그래서 자신의 기분이 상하면 분노하고, 폭력적으로 변하죠. 다른 사람의 기분이나 생각은 안중에도 없는 건 당연하고요. 그러니 타인의 눈에는 군림하고 통제적으로 구는 폭군으로밖에 안 보이는 거죠.

가정 안에서 자녀에게, 또는 직장 안에서 부하 직원에게 통제적으로 구는 사람이 있나요? 그의 내면에는 무엇이 작용한다고 볼 수 있을까요?

막말하는 사람 해석법

#내면의궁핍 #자기소개 #선긋기

주위에 막말하는 사람이 있으면 정말 괴롭기 짝이 없는데요. 막말하는 사람의 특징은 누군가 맞서기라도 하면 물 만난 물고기처럼 더 난리, 난리를 치는 경우가 많아요. 막말하는 사람을 만나면 굳이 맞서기보다는, 이 세 가지를 꼭 생각하세요!

- 첫째, 사람은 자기가 가지고 있는 것을 줍니다. 내면이 궁핍하고 가진 게 없어서 다른 사람에게 막말하는 것이죠.
- 둘째, 사람은 무슨 말을 하든 자신에 대해 말하게 되어 있어요. 즉 막말의 내용이 다름 아닌 그 자신에 대한 것이라는 말이죠. 자신이 그러니까 남들도 그러는 줄 아는 것 아니겠어요?
- 셋째, 그러니까 절대로 개인적으로 받아들이지 마세요. 막말하는 사람, 그 사람의 문제입니다. 그 사람의 수준이 그런 것입니다.

주위에 막말하는 사람이 있다면 어떻게 해석해야 할까요?

_____

합리적인 척하지만, 말이 안 통해요

#저만옳아 #괜한트집 #묻지마

수평적인 대화를 원하고 타인의 의견을 경청하는 것같이 보이지만, 그게 끝인 사람이 있죠. 합리적인 척은 하지만 말이 안 통하는 그런 유형이죠. 같이 일을 해 보면 알게 되는데요. 의견 대립이 생기면 이렇게 본색을 드러내니까요.

- 첫째, 늘 자기 말은 100% 맞는다는 식이죠. 그래서 결론은 항상 자기 말대로 해야 하고요. 그동안 상대가 말하는 것을 듣는 척만 했던 거죠.
- 둘째, 비판을 위한 비판을 하죠. 늘 자기 말이 맞기 때문에 상대방의 옳은 의견도 괜한 꼬투리를 잡아 깎아내립니다.
- 셋째, 근거를 물으면 화를 냅니다. 자기 말이 곧 상식이고 법이기 때문에 마땅한 근거가 준비되어 있지도 않습니다. 그래서 근거를 묻기라도 하면 신경질적으로 반응하고, 근거를 대라는 말을 극도로 싫어합니다.

여러분의 의견에 상대가 근거를 물을 때 기분이 어땠나요? 그리고 어떻게 반응했나요?

남이사! 왜 그러는 걸까요?

#계발정체   #목표부재   #패배의식

남 일에 유난히 관심을 보이고, 남 얘기를 안줏감 삼아 떠들어 대기 좋아하는 사람들이 있죠. 정말, 남이사! 도대체 자기하고 무슨 상관인지…. 왜 그러는 걸까요?

- 첫째, 자기 계발에 소홀합니다.
- 둘째, 삶의 목표가 없습니다.
- 셋째, 패배주의로 가득합니다.

할 수 있다는 긍정적 태도로 자신의 삶을 개선해 나가고, 꿈을 이루기 위해 애쓰는 사람이 남 일, 남 얘기에 소비할 시간이 있을까요?

의미 있는 삶, 보람 있는 삶에 가까워지기 위해 여러분은 어떤 노력을 하고 있나요?

유난히 잘 삐지는 사람의 심리

#거절불안 #부족한감정표현 #소심한분노

사소한 일에 잘 삐지는 사람들이 있죠. 그런 사람들의 심리는 무엇일까요?

- 첫째, 거절에 대한 불안이 크기 때문입니다. 상대가 자신의 모든 의견이 동의해 줄 수는 없는데요. 그러나 거절을 수용할 만한 능력이 없는 사람은 사소한 일에도 삐져대서 상대의 마음을 불편하게 만들죠. 그게 다 거절을 피하려고 하는 것입니다.
- 둘째, 감정을 말로 표현하는 데 익숙하지 않기 때문입니다. 그래서 자신의 서운한 감정을 삐지는 행동으로 표현하는 것입니다.
- 셋째, 이러한 삐지는 행동은 소극적 분노의 다른 이름입니다. 원래 '삐진다.'라는 말의 사전적 의미는 '화가 나 마음이 토라진다.'라는 뜻입니다. 너무 사소한 일이라 화를 적극적으로 나타낼 만한 명분은 없기 때문에 삐지는 식으로 화를 표현하는 것이죠.

여러분은 주로 어떤 상황에서 마음에 '섭섭이'가 들어오나요?

무례한 사람 대처법

#미소 #선긋기 #기대하지않기

살다 보면 무례한 사람을 만납니다. 몰상식적이고 비합리적인 말과 행동으로 사람을 괴롭히는 그런 사람이죠. 이런 무례한 사람을 어떻게 상대해야 할까요?

- 첫째, 미소를 잃지 마세요. 그 사람 말에 감정이 상해 그 상한 감정이 얼굴로 드러나는 순간, 그 사람은 먹잇감을 발견한 하이에나처럼 더 달려들 거예요.
- 둘째, 그 사람의 무례함, 절대로 개인적으로 받아들이지 마세요. 그 무례함은 그 사람의 수준입니다. 절대로 내 탓이 아닙니다.
- 셋째, 비판을 위한 비판에 합리와 논리를 기대하지 마세요. 무례한 사람은 비판을 위해 비판합니다. 합리적이지도 아니고 논리적이지도 않습니다. 일단 사람 마음을 긁어놓는 데 목적이 있습니다. 그러니 그런 사람을 말로 이기려 드는 것은 입만 아프고, 헛수고일 뿐입니다.

무례한 사람이 예의 그 무례함으로 불쾌하게 할 때 개인적으로 받아들이지 않으려면 어떤 생각이 필요할까요?

210

K-직장인 3대 미스터리 1

#가리워진수고　#답정너　#코메디인가

K-직장인이라면 누구나 고개를 끄덕일 만한 상황들을 모아 봤어요.

- 첫째, 가장 수고한 사람들 얘기는 숨겨져 있다. 윗사람들은 정작 고생한 담당자의 속사정을 모른다.
- 둘째, 부하직원에게 하고 싶은 말을 해 보라는 말은 상사 본인이 듣고 싶은 말을 하라는 말이다. 만약 하고 싶은 말을 하는 직원은 얼마 안 있어 회사를 떠난다.
- 셋째, 임원실에서는 천사, 부하직원 앞에서는 사이코패스인 사람이 승진한다.

업무에 지친 동료에게 웃음을 선물해 준 적이 있나요?

K-직장인 3대 미스터리 2

#아이러니 #인센티브가업무 #어이가없네

"우리 회사 이야기 아니야?" 싶은 상황들을 모아 봤어요.

- 첫째, 아부하는 것 싫어한다고 아부하지 말라고 하는 상사 옆에는 놀랍게도 아부하는 인간들밖에 없다.
- 둘째, 일을 잘하면 보상이 아니라 더 많은 일이 오고, 일을 빨리 끝내면 일 잘한다는 빈말과 함께 내 일도 아닌 일이 온다.
- 셋째, 급하다는 지시에 야근까지 해서 끝내 놓은 보고서가 며칠째 상사 책상 위에 그대로 있다.

직장인들은 일반적인 활동 시간이라고 할 수 있는 오전과 오후 시간을 대부분 직장에서 소비합니다. 따라서 회사 생활이 힘들면 그 사람 일상의 대부분이 고통스러운 시간이 되고 말지요.

동료들의 회사 생활 스트레스를 조금이나마 줄여 주는 데 여러분이 기여할 수 있는 일은 무엇이 있을까요?

6월의 내 인생에 건네는 작별 인사

다음 글을 나지막한 목소리로 읽어 보세요. 여러분의 차분한 목소리가 귓가에 크게 울리고, 한 단어 한 단어가 겨울밤 첫눈처럼 여러분 마음에 소복이 내려 쌓이는 느낌이 들 때까지 여러 번 읽어 보세요.

"나는 타인에 대해 지나친 기대도, 섣부른 실망도 하지 않습니다.
나에게 가장 중요한 것은 마음의 건강이며, 인격의 성숙에 이르는 것입니다.
나는 어떤 순간에도 내 색깔과 향기를 잃지 않고 나로서 살 것입니다."

1. 단 한 번뿐인, 다시없을 올해 6월의 인생에

– 미안한 점 한 가지를 적어 보세요.

_____

– 고마운 점 한 가지를 적어 보세요.

_____

2. 단 한 번뿐인, 다시없을 올해 6월의 인생에 찾아왔던 일들이 여러분에게 무엇을 원하였는지 한 문장에 담아 보세요.

_____

3. 단 한 번뿐인, 다시없을 올해 7월의 인생이 여러분에게 무엇을 기대하는지 한 문장에 담아 보세요.

_____

허물없는 사이라서
다친다

"고통스러운 감정은 우리가 그것을 명확하고
확실하게 묘사하는 순간에 고통이기를 멈춘다."

스피노자Baruch de Spinoza

7월을 시작하는 긍정 확언

"나는 최선의 결과를 내 것으로 만들 것입니다."

어렸을 때는 무모할 만큼 용기가 넘쳤습니다.
그러나 지혜는 부족했습니다.

나이를 먹은 지금,
새로운 일에 도전하기란 쉽지는 않습니다.
하지만 지혜는 많아졌습니다.

용기가 넘칠 땐 지혜가 부족했고,
지혜를 얻고 나니 용기가 시들해진 것이죠.

결국 인생에는 완벽한 조건도,
완벽한 타이밍도 없다는 것을 깨달았습니다.

중요한 것은 한 번뿐인 인생,
나 자신을 믿고, 내가 지금 가진 것을
최대한 활용해 최선의 결과를 얻는 것입니다.

자세히 말하면 결국 후회로 돌아오는 것들

#솔직도문제   #사람언제변할지모름   #어제의친구오늘의적

모든 사람에게 나에 대해 말할 이유는 없어요. 상세히 설명할 필요는 더더욱 없고요. 특히 이 세 가지는 절대로 자세히 말하지 마세요.

- 첫째, 내 단점
- 둘째, 내 사생활
- 셋째, 내 성장 배경

관계가 좋을 땐 모르겠지만, 사이가 나빠지면 악용될 수 있어요.

여러분의 단점, 사생활, 성장 배경을 지나치게 다른 사람에게 말했다가 곤란하게 된 경우가 있었다면 적어 보세요.

217

지나친 기대, 상처의 부메랑!

#부모도못그래   #신이아니야   #나도못하는걸기대한다고?

사람에게 상처받는 것은 상대가 못돼서만 아니라 내 기대가 지나친, 즉 비현실적인 기대이기 때문일 수 있어요. 특히 아무리 가까운 사이라도 이 세 가지는 기대하지 마세요.

- 첫째, 내 성격의 모난 점을 언제까지나 받아 줄 거라 기대하지 마세요. 사람 마음, 한도가 있고요. 자꾸만 모난 성격으로 찌르는데 영원히 견딜 수 있는 사람은 없어요. 사람이 향기 맡고 싶지, 냄새 맡고 싶은 사람 없어요.
- 둘째, 과거의 상처와 아픔을 다 품어 줄 거라 기대하지 마세요. 사람은 내가 겪어보기 전에는 그 마음 몰라요. 알아주려고 노력한다고 해도 한계가 있고요.
- 셋째, 내가 필요로 할 때마다 내 옆에 항상 있어 줄 거라 기대하지 마세요. 나도 다른 사람이 나를 필요할 때마다 항상 곁에 있어 주지 못하는 것처럼 상대도 마찬가지예요.

인간관계는 현실적이어야 해요. 우리가 살아가는 세상은 현실적 제약이 없는 가상 공간이나 천국이 아니니까요.

여러분에게 인간관계 자체나 타인에 대한 비현실적 기대가 있다면 무엇일까요?

배우자 뒷담의 결말은?

#결혼 #부부 #갈등

결혼생활을 하다 보면 배우자에게 불만이 쌓이죠. 부부싸움을 한다고 해도 불만이 해소되기보다는 앙금만 남을 때가 더 많고요. 그러면 내 편 들어줄 사람을 찾아 쏟아놓고 싶어지죠. 그러나 아무리 친한 사람들에게라도 배우자 흉보지 마세요. 왜 그럴까요?

- 첫째, 누워서 침 뱉기에요. 미우나 고우나 내 남편, 내 아내예요.
- 둘째, 배우자의 단점만 말하다 보면 배우자의 장점을 보는 법을 잃어버려요. 그러면 없을 불화도 찾아오고, 증폭되죠.
- 셋째, 듣는 사람 중에는 남의 불행을 은근히 즐기는 그릇된 성품을 가진 사람이 있을까요? 없을까요? 앞에서는 공감해 주는 척할지는 몰라도, 속으론 좋아해요. 그리고 사실 그 사람이 뭘 해 줄 수 있을까요? 가족도 아닌데! 걱정하며 눈물이라도 흘릴까요? 나에겐 아무리 큰 고통도 그에겐 결국 남 얘기에요. 당시에만 맞장구쳐 줄 뿐이고, 대화 끝나고 나면 "오늘 저녁에 애들이랑 뭐 먹지?"라며 저녁 메뉴를 걱정할 거예요.

연인 또는 배우자의 장점 세 가지를 기록해 보세요.

_____

219

사랑한다면 이런 말은 하지 마세요

#남말하네 #그런계산밖에못하니? #퍽이나설득력있네

이 세 가지 말만 안 해도 부부나 연인 사이에 갈등이 있을 때 상처를 주고받는 일을 줄일 수 있는데요.

- 첫째, "당신은 항상 그게 문제야!"
- 둘째, "당신이 나한테 해 준 게 뭐가 있어?"
- 셋째, "이게 다 당신 때문이야!"

서로의 단점을 아프게 지적하고, 서로에 대한 고마움을 잊어버린 채 서로의 탓만 하는 일이 반복된다면? 마음 문이 닫히는 건 시간문제에요. 세상에서 가장 열기 어려운 문이 바로 한 번 닫힌 마음의 문이라는 것, 잊지 마세요.

상대의 마음 문이 닫히게 만드는 표현들은 어떤 것들이 있을까요? 여러분은 어떤 말을 들을 때 마음 문이 닫히던가요?

___

연인에게 '올인' 하려면 기억하세요

#꽉쥐지않기 #무족권일심동체? #우물쭈물하다가는나락

연애할 때 자신을 갈아 넣었다가 상대의 변심으로 뒤통수 맞았다고 괴로워하는 분들을 종종 보는데요. 뒤통수 맞은 게 아니라 자충수를 둔 거죠. 연애뿐만 아니라 모든 인간관계에서는?

- 첫째, 인연을 너무 꽉 쥐고 있으면 안 돼요. 자신을 갈아 넣다시피 한다고 그 사람이 영원히 내 곁을 지켜 주리란 보장이 없어요. 이미 마음 떠난 사람, 놓지 못하면 내 손만 다치죠.
- 둘째, 안전거리를 확보해야 해요. 부부도 365일 붙어 있으면 없는 갈등도 생겨요. 딱 붙어 있으려고 하면 상대가 질리는 건 시간 문제고요.
- 셋째, 손절할 지점이 확실히 있어야 해요. 예를 들어 상대에게 개선될 가능성이 전혀 없는 치명적 단점이 있어요. 그런데도 그동안의 신체적, 심리적, 물질적, 시간적 투자가 아까운 마음에 집착하다가는, 회복할 수 없을 정도로 인생의 큰 손실을 보죠.

관계를 지속할 수 없는 치명적 단점이 보이는데도 도박에 중독된 것처럼 멈추지 못하고, 상대에게 '올인' 한다면? 냉정하게 그 결과를 생각해 본 후, 적어 보세요.

선의의 거짓말이란?

#변명 #합리화 #불쾌감

몇 해 전 한 신문에 주로 어떤 상황에서 거짓말을 하는지를 조사한 결과가 보도된 적이 있는데요. 1위는 "상대방을 위한 선의의 거짓말을 한다."라는 답변이 51.8%로 가장 높았죠.

그런데 우리가 하는 거짓말이 선의의 거짓말이 되려면 조건이 있는데요. 무엇일까요? 내가 한 거짓말을 상대방이 알게 됐을 때 상대방이 고마움을 느껴야만 그게 선의의 거짓말이 되는 거예요. 단지 내가 편할 뿐, 상대방이 알게 되었을 때 불쾌감을 느낄 만한 거짓말은 선의의 거짓말이 될 수 없겠죠?

선의의 거짓말로 포장해서 습관적으로 하는 거짓말이 있나요?

가스라이팅의 덫에 걸리지 마세요

#마스크 #호의라는미끼 #동정심자극

마음 놓고 신뢰하며 대할 수 있는 사람만 있다면 인간관계가 얼마나 천국 같을까요? 그러나 그렇지 못한 게 현실이죠. 극단적인 이기심으로 가득 차 다른 사람을 이용하려 드는 사람이 많죠. 그들이 자신의 이익만을 생각하며 놓은 가스라이팅의 덫에 걸리지 않으려면?

- 첫째, 마스크에 속지 말아야 합니다. 가스라이팅하려 드는 사람은 대가 없이 누군가를 돕는 천사 마스크를 쓰고 접근하거든요.
- 둘째, 호의와 미끼를 구분해야 합니다. 타인을 조종하기 위해 호의라는 미끼를 던지는 것이죠. 미끼를 물어 덫에 완전히 걸려들면 그때부터는 요구 사항이 많아지죠.
- 셋째, 동정심 자극에 흔들리지 말아야 합니다. 자신을 불행한 과거의 피해자로 소개하면서 동정심을 자극합니다. 눈 하나도 깜짝하지 마세요.

가스라이팅에 취약한 것이 바로 내면의 결핍이에요. 가스라이팅하려 드는 사람은 그 결핍을 집요하게 파고들고요. 여러분이 가진 내면의 결핍은 무엇인가요?

2 2 3

'가스라이팅' 당하고 있는 증거

#자존감하락   #전전긍긍   #인맥다끊겨

누군가로부터 가스라이팅 당하고 있다면? 그 사람을 만난 이후로 이런 변화가 생길 거예요.

- 첫째, 점점 자존감이 낮아지고 원래 자기 모습을 잃어갑니다. 그 사람과 대화하면 할수록 자기 자신에 대해 의구심이 들고, 뭔가 잘못된 사람처럼 느껴집니다. 이기적이고 예민한 사람이라는 지적을 자주 받다 보니 죄책감마저 들고요.
- 둘째, 상대 앞에서 주눅이 들고 일방적으로 사과하는 일이 자주 생깁니다. 사소한 갈등이라도 생기면 번번이 '다 네 탓'이라는 일방적인 공격에 말문이 막히죠. 결국엔 "미안하다. 잘못했다."라고 말하게 되고, 그래야 갈등이 끝이 나고요.
- 셋째, 인간관계가 협소해지고 그런 나를 사람들이 걱정합니다. 동시에 상대에게는 점점 의존하게 됩니다.

점점 자신의 본래 모습을 잃어가고, 머리가 복잡해지고, 주위에서 걱정하는 연애를 하고 있지는 않나요? 또는 그런 경험이 있었다면 결과가 어땠나요?

제발, 진짜, 혼자 이러지 마세요!

#혼자잘해주고   #지나치게기대하고   #성급하게관계끊고

여러분, 제발, 진짜, 혼자 이러지 마세요. 혼자 이러는 것도 버릇이고, 결국 나만 손해에요.

- 첫째, 혼자 잘해 주고 상처받지 마세요. 내가 잘해 주면, 상대방도 알아서 잘해 주겠거니 하는 생각은 안타깝게도 치명적인 착각이에요. 사람이 이해 관계가 걸린 문제를 결정할 때는 상대가 나에게 얼마나 잘해 줬느냐는 중 요하지 않아요. 자신의 이익이 먼저죠.
- 둘째, 혼자 기대하고 실망하지 마세요. 타인은 나의 기대에 부응하기 위해 존재하지 않아요. 상대의 기대를 다 파악할 수 있는 사람은 없고요. 특히 사람은 다 자기 멋대로 살고 싶어 하지, 타인의 기대에 맞춰 살고 싶어 하 지는 않죠.
- 셋째, 혼자 미워하고 관계 끊지 마세요. 좋은 사람만 있으면 좋은데, 꼭 미 운 사람이 있죠. 그런데 누군가가 미워도 나에게 미워 보이는 점이 있는 거 지, 꼭 그 사람 자체가 나빠서 그런 것은 아닐 수 있어요. 그러니 그 사람에 대해 제대로 알기 전에 섣불리 판단해 미워하고, 마음 문을 닫아버리지 마 세요.

혼자 잘해 주고 상처받아 본 적이 있나요? 어떤 상황이었나요?

_____

'딱' 보면 '딱'인데, 마음 접고 대하세요

#빈말   #신뢰못함   #입이음쓰

인간관계가 중요하긴 하지만 늘 실망과 상처만 안겨 주는 사람하고까지 잘 지내려고 애쓸 필요는 없어요. 특히!

• 첫째, 빈말이 심한 사람
• 둘째, 약속을 잘 지키지 않는 사람
• 셋째, 늘 부정적이고 남 험담하기 좋아하는 사람

이런 사람들은 마음에서 한 번 접고 대하세요. 즉 기대하지 말고, 깊이 엮이지 말자는 거죠.

인간관계를 할 때 신뢰할 만한 사람이라고 판단하는 여러분의 기준은 무엇인가요?

_____

진짜 사과는 이렇게!

#진심이전달돼야   #찜찜함이남지않게   #행동으로보여줘야

"미안하다." 말 한마디 툭 던지는 건 사과가 아니죠. 진정한 사과가 되려면?

- 첫째, 잘못을 진심으로 후회하고 있다는 것을 표현해야 합니다.
- 둘째, 그 잘못이 자신의 책임이라는 것을 인정해야 합니다. '후회는 하지만, 네 책임도 좀 있잖아!' 이런 뉘앙스를 풍기면 안 돼요.
- 셋째, 절대 말로만 끝나면 안 되고 손해를 끼친 게 있으면 보상하고, 같은 잘못을 반복하지 않기 위해 어떤 노력을 할 것인지를 약속해야 합니다.

여러분이 그동안 사용했던 사과의 방식과 다른 점이 있다면 무엇이 다른가요?

기 빨리고 싶지 않다면 선 그으세요

#허무주의　#풍자적냉소주의　#나르시시즘

설령 외모가 매력적이고, 배경과 조건이 남다르다 해도 다음과 같은 유형의 사람들은 상대의 기가 쭉쭉 빠지게 만들죠. 삶의 동력을 상실하고 싶지 않다면 선 긋기가 최선인데요.

- 첫째, '니힐리즘(Nihilism)'에 빠진 사람입니다. 곧 허무주의에 빠진 사람이죠. "해 봐도 소용없어. 안 될 거야. 뭐 때문에 하니?"라는 말을 달고 삽니다. 이런 유형의 사람은 변화나 도전을 상식 밖의 일로 여깁니다.
- 둘째, '사르카즘(Sarcasm)'에 빠진 사람입니다. 곧 풍자적 냉소주의에 빠진 사람이죠. "잘되겠다, 그게.", "그걸 네가 할 수 있다면 해가 서쪽에서 뜨겠다." 격려는커녕 비꼬기밖에 할 줄 모르는 것이죠.
- 셋째, '나르시시즘(Narcissism)'에 빠진 사람입니다. 곧 자기애적 성격 장애에 빠진 사람이죠. 모든 관심사가 자기 자신입니다. 자기 자신밖에 모르는 사람이죠. 남에게 피해를 주면서까지 자신의 욕망을 채우는 데 혈안이 된 사람이죠.

여러분이 비꼬는 말투로 냉소적이게 말하는 대상이 있나요? 꼭 그래야만 하는 이유는 무엇인가요?

자녀 마음에 평생 상처로 남는 부모 행동

#편애 #본말전도 #험담

부모라고 해서 완벽할 수 없죠. 그러나 다음과 모습은 자녀 마음에 평생 씻을 수 없는 상처를 안겨 줍니다.

- 첫째, 편애입니다. 자녀들이 선택할 수 없었던 성격이나 외모까지도 비교하면서 편애하는 경우도 있어요.
- 둘째, 남한테는 그렇게 잘하면서 정작 자기 가족은 막 대하고, 막말하고, 인색하게 구는 것입니다.
- 셋째, 친척들에게 배우자나 자녀들의 흉을 보는 것입니다. 수치심과 모멸감으로 자녀들 마음에 씻을 수 없는 상처를 줍니다.

사랑하는 사람의 존재 자체를 긍정해 주기 위해 여러분이 쓰는 표현에는 무엇이 있나요?

———————————————————————————

통제적인 부모님 때문에 힘들어요

#부모자식관계   #선긋기   #경제적독립

서양에서는 가장 중요한 관계가 부부관계라고 한다면, 우리나라와 같은 동양에서는 부부관계보다 부모 자식 관계를 더 중요시합니다. 그래서 그런지 유난히 자식을 부모의 소유물처럼 여기는, 자녀들에 대해 통제적인 양육 방식을 가진 부모들을 많이 발견하게 되는데요.

자녀를 통제하고자 하는 부모의 욕구는 자녀가 결혼해서 물리적인 거리가 생겨도 쉽게 사그라지지 않아요. 자녀가 부모로부터 적극적으로 독립하려는 의지가 있어야 해요. 또한 정서적 독립뿐만 아니라 경제적으로도 독립해야 부모의 통제에서 벗어날 가능성이 열립니다. 무엇보다 자녀들이 나는 나로 살아가겠다는 확고한 신념을 가지고, 자신의 삶을 개척해 나가고자 하는 피나는 노력이 필요합니다.

성인이 되고 나서도 부모님에게 의존하고 있는 부분이 있다면 무엇인가요?

_____

문제아 No! 문제 부모 Yes!

#감정쓰레기통 #네인생보다내체면! #부모인생의부속물?

문제아가 먼저일까요? 문제 부모가 먼저죠. 다음과 같은 부모의 양육 태도는 자녀를 말 그대로 망가지게 하는 결정적인 요소들인데요.

- 첫째, 자녀들 보는 앞에서 부부가 자주 싸우고, 부부 갈등의 스트레스를, 자녀들에게 짜증 내는 것으로 해소하는 것입니다.
- 둘째, 자녀의 의견을 존중하기보다는 부모의 체면을 더 중요시하는 것입니다. 그래서 학업이나 진로 선택에 있어서 부모의 생각을 강요하고 가스라이팅합니다. 자녀의 자존감에 가장 중요한 자기 주도성을 빼앗아버리는 것이죠.
- 셋째, 부모가 가진 결핍이나 불안 때문에 자녀들의 행동을 통제하고 억압하는 것입니다. 그래서 자녀를 통해 대리 만족을 얻거나 부모의 불안을 해소하는 볼모로 삼는 것이죠.

어리석은 질문인데요. 부모가 자식을 낳았나요? 자식이 부모를 낳았나요? 자녀가 삐뚤어진 모습을 보이면 최소한 누구를 먼저 돌아보는 게 합리적인 선택일까요?

이러면 부모와 자녀 사이는 결국 파국!

#대리만족   #정서적의존   #파국적집착

부모와 자녀 사이를 망치는 역기능적인 행동인데, 많은 부모가 의식적으로든, 무의식적으로든 포기하지 못하는 일들이 있어요.

- 첫째, 자녀들을 통해 대리만족을 얻으려고 하는 것이에요. 부모가 이루지 못한 꿈을 자식을 통해 성취해 보려고 하는 것이죠.
- 둘째, 배우자에게 받지 못한 사랑을, 자식을 통해 채우려고 하는 경우도 있죠. 자식이 제2의 남편, 아내가 되는 거죠.
- 셋째, 그래서 결혼해 독립한 자녀조차 놓아 주지 못하고, 계속해서 통제하고 간섭하죠. 결국 부모, 자식 모두 각자의 인생을 살아가지 못한 채 파국을 맞거나 불행해지죠.

자녀 교육의 목적은 무엇일까요? 부모에 대한 복종일까요? 자녀의 독립일까요?

소중하고, 오랜 인연 잃지 않는 법

#말의절제 #소홀금물 #적극적으로표현

오랜 인연만큼 소중한 것도 없는데요. 오랜 사귄 소중한 사람일수록 조심하고 더 잘해야 하는 것이 있어요.

- 첫째, 말을 아끼는 것입니다. 말은 다해야 맛이 아니에요. 오랜 사이일수록 말을 가려야 해요. 무슨 말을 해도 다 받아 주겠거니 하다가 크게 상처 주는 말을 하게 되죠.
- 둘째, 익숙해졌다고 소홀히 대하지 않는 것입니다. 익숙함은 소홀함을 낳는다는 말이 있죠. 상대의 소중함을 아는 사람은 상대에게 절대 소홀하지 않아요. 더 잘하죠.
- 셋째, "고맙다. 미안하다."라는 말을 잊지 않는 것입니다. 다 알겠거니 하는 마음에 그냥 넘어가지 않고 "고맙다. 미안하다." 표현하는 게 오랜 인연에 대한 예의죠.

여러분에게 소중하고 오랜 인연이 있나요? 그에게 가장 고마운 점은 무엇인가요?

233

인간관계 맷집을 기르세요

#풀릴수없는꼬임 #유통기한수용 #절대라는옵션삭제

아무리 사람에게 데이고 치여도 인간관계를 안 하고 살 수는 없어요. 그러니 피할 사람은 피하더라도 힘든 인간관계를 버텨낼 맷집은 어느 정도 있어야 하죠. 이 세 가지를 기억한다면 힘든 인간관계로부터 오는 타격감을 줄이는 맷집이 될 거예요.

- 첫째, 애써도 안 풀리는 관계가 있어요. 나도 모든 사람을 다 좋아하지 못하는 것처럼 모든 사람이 나를 좋아하는 일은 없죠. 아무리 애써도 나를 싫어할 사람은 싫어해요.
- 둘째, 영원한 관계는 없어요. 모든 인간관계는 유통기한이 있어요. 그 기한이 길고 짧음만 있을 뿐이에요.
- 셋째, 공든 탑도 무너질 수 있어요. 열 길 물속은 알아도 한 길 사람 속은 모르는 거고요. "절대 그럴 사람이 아닌 것"은 없어요. 인간관계에서 '절대'란 없어요. "그럴 수 있다." 이것이 인간관계의 기본 값이에요.

인간관계에서 반복되는 배신과 실망을 겪고 있다면 그 이유는 무엇일까요?

연인 사이에 집착이 위험한 이유

#배려실종 #이기적욕망 #돌변

"나의 사생활을 인정하지 않는다.", "시도 때도 없이 연락해 감시하는 느낌을 준다.", "다른 인간관계는 못 하게 막는다." 그렇다면 분명히 집착이죠. 이런 집착이 위험한 이유는?

- 첫째, 상대에 대한 배려가 전혀 없고
- 둘째, 오로지 자신의 욕구를 채우는 데만 집중하며
- 셋째, 상대가 자신이 원하는 대로 통제되지 않을 때는 폭력이나 범죄로까지 이어질 수 있기 때문입니다.

집착이 위험한 이유는 무엇인가요?

쿨내 VS 짠내

#영향력범주에집중   #의사표현에일관성   #라떼절제

'쿨내'나는 사람 되고 싶지 않나요? '짠내'나는 사람 되고 싶나요? 집착하고, 질척거리고, 뒤끝 있고, 앙심 품고, 맨날 혼자 억울하고, 줏대도 없고, 속을 모르겠고, 그런 사람 되고 싶은 사람 없잖아요? 그러면 '쿨내'나는 사람이 되려면?

- 첫째, 내가 관심을 두는 일과 내가 실제로 영향력을 끼칠 수 있는 일을 구분하세요. 아무리 중요한 관심사여도 내가 당장 영향력을 발휘할 수 없는 일이라면 마음 접으세요.
- 둘째, "Yes!", "No!"가 분명하고 일관성 있는 사람이 되세요. 다른 사람 눈치 보며 이랬다저랬다 하고 같은 상황, 동일 인물인데 자기 기분에 따라 좋았다 싫었다 하는 사람? '쿨내'나요? '어쩌라는 거야?' 이런 생각이 들겠죠?
- 셋째, 옛날이야기, 지난 무용담 떠드는 것, 좋아하지 마세요. 사람이 오늘에 충실하고, 미래지향적인 말을 할 줄 알아야 '쿨내'나죠. 늘 과거에 있었던 일, 그게 뭐 영광이 됐든 굴욕이 됐든, 사랑이었든 상처였든, 이미 화석이 되어 버린 일이잖아요. 유물 발굴하는 것도 아니고 그 얘기 계속해서 뭐 해요?

선호나 취향, 의사를 밝힐 때 일관성을 상실하는 순간이 있다면 어떤 상황인가요?

솔직하면 '을'이 되는 이유

#약점노출 #낙인 #TMI

다른 사람에게 속에 있는 말을 다 하다가 곤란해지는 경우가 많은데요. 왜 그 럴까요?

- 첫째, 자신의 약점까지도 드러내 버릴 수 있기 때문입니다. 이것이 위험한 것은 그 약점을 악용하려 드는 사람이 꼭 있기 때문입니다.
- 둘째, 속내를 다 얘기하는 사람으로 인식이 되어버려요. 그래서 만약 그렇 지 않을 때는 무슨 꿍꿍이가 있는 것은 아닌가 하는 불필요한 오해를 받고 추궁을 받을 수 있습니다.
- 셋째, 솔직함이 언제나 환영받는 것은 아니기 때문이에요. 어떤 사람에게 는 'TMI'가 될 수 있고, 어떤 사람에게는 가십거리가 될 수 있습니다.

여러분의 생각이나 기분을 말하지 않고서는 견디지 못하는 경향이 있나요? 이유가 무엇일까요? 그 생각이나 기분을 다 말하고 난 후 여러분에게 어떤 도움이 되었나요?

가족이 끝까지 가족으로 남는 법

가족이라고 해서 늘 애틋하고, 좋을 수만은 없잖아요. 어떨 때는 남보다 못하다는 생각이 들기도 하죠. 남이면 그냥 넘어갈 일일 수도 있는데, 가족이 한 일이기 때문에 더 큰 상처가 되기도 하고요. 어떻게 하는 게 가족과 원만한 관계를 맺는 데 도움이 될까요?

- 첫째, 나를 헤쳐가면서까지 가족을 위해 희생하지 마세요. '언젠가 알아주겠지…'라는 생각이 나 자신을 위하는 마음보다 늘 위에 있으면 안 돼요.
- 둘째, 왜냐하면 언젠가 알아주는 일이 없으면 어떻게 할 것이며, 아무리 언젠가 알아준다고 해도 이미 갈아 넣은 내 지난 삶에 대한 보상이 될까요? 그러니까 80%만 잘해 주세요. 분에 넘치게 잘해 주는 게 가족에게 무조건 좋은 게 아니에요.
- 셋째, 너무 매정하다 할 수도 있지만, 가족도 타인이에요. 물론 중요한 타인이긴 하죠. 그러나 엄연한 타인이에요. 지나친 기대감을 심어 주지도 말고, 지나친 기대도 하지 마세요.

가족에게 120% 잘해 주려고 노력한 부분은 있었나요? 결과가 어땠나요?

할 줄 모르면 무조건 고난!

#사과   #반성   #용서

이 세 가지를 할 줄 모르기 때문에 인간관계가 고통스러운 것이 되고 마는데요.

- 첫째, 사과입니다. 사과란 진정으로 용기 있는 사람만이 할 수 있는 것인데요. 엎질러진 물을 주워 담을 수 없지만, 사과는 그 물이 흙탕물이 되지 않게 합니다.
- 둘째, 반성입니다. 반성할 줄 모르는 사람은 인간관계에서 같은 잘못을 반복할 것이고, 인간관계가 개선되지도 않을 거예요.
- 셋째, 용서입니다. 용서가 과거는 바꿀 수 없지만, 미래는 바꿀 수 있어요. 용서할 줄 모르면 인간관계를 하면 할수록 피해의식만 계속 쌓일 것이고, 가장 고통받는 것은 자기 자신이 될 거예요.

'사과, 반성, 용서' 가운데 가장 익숙하고 수월한 것과 반대로 그렇지 않은 것은 무엇인가요? 각각의 이유는 무엇이라고 생각하나요?

조언이라고 하기엔 말투가 빈정 상해요

#그건내가판단해 #봤어 #저런다

tvN 예능프로그램 〈유 퀴즈 온 더 블럭〉에서 나온 유명한 '짤' 있잖아요? 초등학생 둘을 길거리 인터뷰하는데 유재석 씨가 잔소리와 조언의 차이가 뭐라고 생각하냐 묻잖아요. 한 친구가 "잔소리는 왠지 모르게 기분 나쁜데, 충고는 더 기분 나빠요."라고 하죠. 사실 충고가 기분 좋긴 어렵죠. 더군다나 그 충고의 말끝에 덧붙이면 애정 어린 충고라도 상대방을 빈정 상하게 만드는 말들이 있어요.

- 첫째, "다 너 잘되라고 하는 말이야!" 잘되는 데 도움이 되는 말인지 아닌지는 듣는 사람이 판단하는 거죠. 어차피 그 충고대로 해서 잘될지 안될지는 듣는 사람이 살아내야 하는 문제고요!
- 둘째, "내 말이 틀려? 맞잖아. 내가 틀린 말 하는 거 봤어?" 상대의 반응을 차단해 버리는 말, 백번 맞는 말이라도 상대를 불쾌하게 만들죠.
- 셋째, "이런 말, 해 주는 사람 나밖에 없지?" 자아도취에 빠져 과시하듯 하는 말은 도움은커녕 상대의 마음 문이 닫히고, 말문이 막히게 만들죠.

주위 사람들이 여러분의 충고를 귀담아듣는 편인가요? 상대가 여러분의 충고에 진심으로 고마워하는 마음이 느껴졌나요? 그렇지 않았다면 이유가 무엇일까요?

우울증 앓는 이에게 이러지 마세요

#뇌질환   #세로토닌   #마음의골절

질병으로 인한 고통을 겪어보기 전에는 그 고통의 깊이와 너비를 알 수 없어요. 그러니 아픈 사람을 대할 때는 말과 행동에 더욱 주의해야겠죠. 만약 주위에 우울증을 앓는 이가 있다면?

- 첫째, 절대로 다그치거나 재촉해서는 안 됩니다. 우울증은 뇌 질환입니다. 우울증을 앓은 이나 곁에서 지켜보는 이의 마음처럼 빨리 벗어날 수 있다면 좋겠지만, 그렇지 못합니다.
- 둘째, "도대체 왜 그래? 이유가 뭐야?"라고 묻지 마세요. 우울증은 신경전달물질의 불균형으로 인한 질환입니다. 당뇨병 환자에게 "왜 혈당 조절이 안 돼?"라고 묻는 것과 마찬가지로 의미 없는 동시에 가혹한 질문입니다.
- 셋째, 우울증은 마음의 골절과도 같습니다. 몸의 뼈가 부러지면 물건을 들 수 없는 것처럼 우울증은 무기력을 가져옵니다. 마음의 뼈가 붙어 일상을 회복할 때까지 힘을 보태 주셔야 해요.

우울증에 직접적인 영향을 주는 신경전달물질 세로토닌이 만들어지는 데 쓰이는 재료가 트립토판이에요. 트립토판이 많이 들어 있는 식재료를 찾아 적어 보세요.

감사와 담쌓은 인간이 옆에 있어요

#반면교사 #연민 #거래였나?

호의를 베풀었는데도 도무지 감사라고는 할 줄 모르는 사람이 있죠. 감사가 어려운 것도 아닌데 말이에요. 만약 그런 이가 가까이 있다면 어떻게 이해해야 할까요?

- 첫째, 혹시 내가 놓친 감사는 없는지 돌아보는 기회로 삼으세요.
- 둘째, 그 사람을 불쌍히 여기세요. 자신 안에 갇혀 주위 사람들을 돌아보지 못하는 안타까운 사람입니다.
- 셋째, 만약 감사할 줄 모르는 그 사람 때문에 기분이 상했다면 나는 호의를 베푼 게 아니라 거래를 기대했던 것인지도 모릅니다.

인간다움이란, 은혜를 잊지 않고 감사를 표현할 줄 아는 것이겠지요. 여러분이 놓친 감사가 있다면 늦었더라도 그 대상에게 어떻게 감사를 표현하면 좋을까요?

속상해도 속내를 다 쏟아내지 마세요

#하소연금지   #결국남애기   #뒷감당불가능

사회생활을 하다가 속상한 일이 생기면 그 커뮤니티에서 친한 사람이나 공감해 줄 법한 사람에게 털어놓고 싶잖아요. 만약 속상한 이야기를 한대요 50%만 해야 해요. 왜냐면요.

- 첫째, 사람 마음이 다 내 마음 같지는 않아요. 충분히 공감받지 못했다고 서운해하지 말고, 애초에 속에 있는 얘기를 다 하지 마세요.
- 둘째, 남의 불행을 즐기는 이상한 심리를 가진 사람들이 있을까요? 없을까요? 여러분, 아무리 내 편 같아도, 그 사람 속 다 알아요? 내 힘든 사연을 오히려 즐기며 속으로 좋아하는 사람들이 있다니깐요. 힘들다고 이야기하면 5명 중의 3명은 관심 없고, 한 사람은 들어도 까먹고, 나머지 한 사람은 되게 좋아해요.
- 셋째, 이야기는 흘러가고 이야기가 흘러가는 동안 살이 붙어요. 속상한 마음에 쏟아낸 이야기가 돌고 돌아 나를 지독한 불행의 주인공으로 만들어 놓기도 하거든요. 만약 그 이야기에 뒷담이 들어 있으면 꼭 당사자에게 들어가게 되어 있어요.

여러분이 누군가에 관한 뒷담을 한 적이 있다면 주로 어떤 대상이었나요?

참 좋은 친구란?

#진심어린축하 #감사 #용납

인생을 살다 보면 여러 친구를 사귀기 마련인데, 그 가운데 참 좋은 친구라고 생각되는 사람이 있죠. 어떤 친구가 참 좋은 진짜 친구일까요?

- 첫째, 좋은 일이 생겼을 때 진심으로 축하해 주는 친구입니다. 안 좋은 일에 위로는 누구나 할 수 있습니다. 오히려 좋은 일을 진심으로 축하해 주기는 쉽지 않아요.
- 둘째, 감사할 줄 아는 친구입니다. 가까운 사이라고 해서 고마움을 표현하지 않는 경우가 많습니다. 작은 것에도 감사할 줄 아는 친구, 정말 좋은 친구죠.
- 셋째, 사과를 받은 후 다시는 탓하지 않는 친구입니다. 사과를 받았으면서도 틈만 나면 지난 일을 꺼내는 친구가 있죠. 친구의 잘못을 잊어 주는 친구, 참 좋은 친구입니다.

가장 기억에 남는 친구는 어떤 친구인가요? 그 친구의 어떤 면 때문인가요?

건강한 인간관계의 안전거리

#거절 #서운함 #다름

원래 인간이란 멀리하자면 불쌍하고, 가까이하자면 화가 나는 존재죠. 적당한 거리를 두는 게 건강한 인간관계의 비결이죠. 그러면 적당한 거리는 어느 정도일까요?

- 첫째, 상대가 거절해도 상처받지 않을 만한 거리.
- 둘째, 상대에게 서운해도 허물을 말하지 않는 거리.
- 셋째, 함께해도 서로의 다름을 인정할 수 있는 거리.

상대에 거는 기대는 낮추고, 상대에 대한 욕심은 버리고, 상대의 태도에 내 자존감이 휘둘리지 않는 용기를 길러 보세요.

상대방의 생각, 감정, 선택이 여러분과 다를 때, 여러분은 어떻게 반응하나요?

_____

이런 충고는 무시하세요

#말뿐인사람 #가스라이팅 #시기질투

모든 충고가 약이 되는 것은 아니에요. 굳이 귀담아듣지 않아도 될 충고가 있는데요.

- 첫째, 경험해 본 적 없는 사람의 충고입니다. 자신도 모르는 세계에 대해 주저리주저리 아는 척 떠들어 대는 말은 다 헛소리에 불과하죠. 그 분야에서 성공과 실패를 맛본 사람이라면 그 충고에 귀 기울일 만하겠죠.
- 둘째, 자신의 이익을 위해 가스라이팅하는 충고입니다. 자세히 살펴보면 의외로 많아요. "다 너를 위해서 하는 말인데…, 네가 진짜 걱정돼서 하는 말인데…." 하며 상대를 위한 조언으로 위장하죠. 하지만 자신에게 손해가 될 것을 염려하거나 자기에게 유리한 쪽으로 상황을 만들기 위해 하는 말이죠.
- 셋째, 내가 기쁠 때 진심으로 함께 기뻐해 주지 않는 사람의 충고입니다. 힘들 때 도와주는 사람도 정말 좋은 사람이지만, 내게 기쁜 일이 있을 때 자기 일처럼 진심으로 기뻐해 주는 사람이야말로 '찐'이에요. 그런 사람이 해 주는 말이라면 귀 기울일 필요가 있죠.

여러분에게는 어떤 사람의 충고가 약이 되었나요? 그리고 충고의 말을 전하는 그의 태도는 어땠나요?

연인이 속상해 울 때 극 'J'의 처세법

#묻지마 #답을원하는게아님 #함께

대체로 남자들은 연인이 눈물을 보일 때 어찌할 바를 모를 때가 많죠. 공감보다는 문제에 대한 해결책을 제시하면 울음을 그칠 거로 생각하기도 하고요. '그게 울 일인가?' 싶은 마음에 한마디 하고 싶은 걸 참는 게 표정에 드러날 때도 있죠. 그러나 연인에게 두고두고 서운한 마음을 주고 싶은 게 아니라면 이렇게 해 보세요.

- 첫째, 절대 심문하듯 "왜 울어?"라고 물으면 안 돼요. 답을 듣고 싶은 마음에 자꾸 "왜 울어?"라고 묻다가는 서로의 감정선에 금이 갈 수 있어요.
- 둘째, 일단 옆에 앉아 있어 주기만 해도 돼요. 문제를 해결하려고 하거나 이성적인 답을 주려고 하지 마세요.
- 셋째, 가만히 손을 잡아 주거나 어깨에 손을 얹어 주세요. 함께하고 있다는 비언어적 메시지만으로도 연인은 충분히 위로받습니다.

꼭 연인이 아니더라도 누군가 우는 모습에 괜스레 짜증이 난 적이 있지 않나요? 만약 그렇다면 다른 사람이 우는 모습에 여러분이 예민해지는 이유가 무엇일까요?

7월의 내 인생에 건네는 작별 인사

다음 글을 나지막한 목소리로 읽어 보세요. 여러분의 차분한 목소리가 귓가에 크게 울리고, 한 단어 한 단어가 겨울밤 첫눈처럼 여러분 마음에 소복이 내려 쌓이는 느낌이 들 때까지 여러 번 읽어 보세요.

"내 인생의 보호자는 바로 나 자신입니다.
타인과 소통하는 데에 유능하지만, 경계를 설정하는 데에도 능숙합니다.
나는 내 삶의 이야기와 내 인격이 충분히 존중받는 선택을 할 것입니다."

1. 단 한 번뿐인, 다시없을 올해 7월의 인생에

– 미안한 점 한 가지를 적어 보세요.

_____

– 고마운 점 한 가지를 적어 보세요.

_____

2. 단 한 번뿐인, 다시없을 올해 7월의 인생에 찾아왔던 일들이 여러분에게 무엇을 원하였는지 한 문장에 담아 보세요.

_____

3. 단 한 번뿐인, 다시없을 올해 8월의 인생이 여러분에게 무엇을 기대하는지 한 문장에 담아 보세요.

_____

나만 못하나?
나만 그런가?

> "하루에 3시간씩 걸으면
> 7년 후에 지구를 한 바퀴 돌 수 있다."

새뮤얼 존슨 Samuel Johnson

8월을 시작하는 긍정 확언

"나는 결코 포기하지 않을 것입니다."

나는 내게 주어진 인생을

충실하게 살아내야 할 책임이 있습니다.

미래를 알 수 없다고 할지라도

그것은 누구에게나 마찬가지입니다.

결과를 알 수 없더라도

그것이 나의 용기를 꺾을 수는 없습니다.

나는 어떤 시련과 역경이 와도

도전을 멈추지 않을 것이며,

내 인생을 멋지게 살아내는 일을

결코 포기하지 않을 것입니다.

인간관계 개선 팁

#노력 #역지사지 #황금률

정답이 없는 게 인간관계죠. 변수가 많아요. 사람이 다 다르다는 얘기죠. 그래도 인간관계를 잘하는 데에는 어느 정도 기본이 있죠.

- 첫째, 일단 인간관계를 잘하려고 꾸준히 노력해야 해요. 인간관계를 잘하고 싶다면서도, 잠깐 노력하다가 지쳤다고 포기하는 경우가 많아요. 포기하지 마세요.
- 둘째, 상대방이 중요하게 생각하는 것을 중요하게 생각해 줘야 해요. 사람들이 다 비슷한 듯해도 사람마다 신경 쓰는 포인트가 다르거든요. 말투, 표정, 인사 방식, 의견 물어보는 순서 등 가릴 것 없이 자기만의 포인트가 있어요. 내가 볼 때 별것 아닌 것 같아도, 상대에게는 중요할 수 있어요. 이를 의식하지 않고 말하거나 행동하면 관계가 틀어질 수도 있죠.
- 셋째, 인간관계도 투자예요. 인간관계를 잘하고 싶다며 상담을 받으러 온 한 내담자에게 사무실 동료들에게 커피라도 한 번 산 적 있냐 했더니, 한 번도 없다는 거예요. 인간관계가 잘될 리가 없죠. 관계에도 투자하세요. 뿌린 만큼 거두는 법이니까요.

여러분은 하찮게 생각하지만, 다른 동료들(친구들)은 중요하게 여기는 것이 있나요?

___

2 5 1

인간관계 때문에 고민하지 않는 법

#선긋기 #내마음의평화 #판단하지않기

인간관계의 고민을 줄이고 싶다면 이 세 가지를 꼭 기억하세요.

- 첫째, "상대방의 마음은 상대방에게 맡긴다." 다른 사람 마음을 내가 어떻게 할 수 없습니다. 상대방의 마음은 상대방의 것으로 인정하고 존중해 주세요.
- 둘째, "지지 않으려고 애쓰지 않는다." 인간관계를 하나의 전쟁으로 생각하고, 대화할 때도 자신이 이겼다는 느낌을 받아야만 하는 사람이 있습니다. 심신만 피곤해질 뿐, 얻는 것도 없어요.
- 셋째, "상대방을 판단하지 않는다." 사람의 외모가 다 다른 것처럼 사람의 성격도 다르고, 취향도 다 다릅니다. 내 마음에 안 든다고 하나부터 열까지 판단하기 시작하면 그것만큼 피곤한 것도 없지요.

유난히 부정적으로 보이고, 판단하게 되는 사람이 있나요? 누구이며 그 이유는 무엇인가요?

_____

건강한 인간관계 유지 비결

#선긋기 #비현실적기대금지 #집착경계

서로에게 안정감을 느끼고, 서로에 대한 배려를 잃지 않는 관계가 건강한 관계죠. 이런 관계를 유지하려면 무엇이 필요할까요?

- 첫째, 선 긋기에요. 보통, 상대에게 좋은 사람이라는 말을 듣는 걸 마다할 사람은 없죠. 하지만 좋은 사람 되겠다고 선 긋기를 못하면 그 관계가 붕괴하는 것은 시간문제예요. 모든 나라가 국경 없이 살면 지구에 평화가 올까요?
- 둘째, 선 긋기의 출발은 내가 상대를 완벽하게 만족시켜 줄 수 없듯이, 상대도 나를 완벽하게 만족시켜 줄 수 없다는 것에 대한 인정에서 출발해요. 이 점을 잊지 않아야 서로에게 부담이 되거나 지나친 기대로 상처를 주고받는 일을 줄일 수 있죠.
- 셋째, 선 긋기의 기준은 다양하지만, 상대방의 선 긋기를 자신의 존재 자체에 대한 거절로 받아들이지 않는 관계가 건강한 관계예요. '어떻게 그래?! 서운해. 내가 너한테 어떻게 해 줬는데!'라는 마음이 생기거나 말이 나오면 그 관계는 이미 선을 넘은 경우가 대부분이에요.

최근에 누군가에게 서운함을 느낀 적이 있나요? 그 서운함이 정당한지 감정인지 아닌지, 왜 서운했는지 생각해 본 후 적어 보세요.

같이 있으면 행복해지는 사람의 특징

#지지적결론   #진심어린경청   #격려와칭찬

함께 있는 것만으로도 행복해지는 사람이 있죠. 그런 사람은 일단 대화하는 태도 자체가 교양 있죠.

- 첫째, 어떤 주제로 이야기하든, 긍정적인 말로 대화를 끝맺어 줍니다. 무슨 이야기를 하든 부정적인 말로 대화를 끝내는 사람과 있으면 점점 불쾌해지죠. 더는 말하고 싶지도 않고요.
- 둘째, 중간에 말을 끊지 않고 끝까지 자신의 이야기처럼 들어 줍니다. 진심으로 경청해 주는 사람, 늘 고마운 사람이죠.
- 셋째, 절대로 남을 흉보는 일이 없고, 다른 사람을 세워 주고 높여 줍니다. 자존감이 높은 사람은 남의 허물을 들춰 내지 않고, 좋은 점을 찾아 칭찬해 주죠. 그런 사람과 같이 있으면 어깨가 으쓱해지는 좋은 기분이 들지 않나요?

여러분은 다른 사람의 장점을 보고 그 장점을 살릴 수 있도록 돕는 편인가요? 단점을 보고 그 단점을 고치려고 하는 데에 집중하는 편인가요?

주위에 원수밖에 없어요!

#자존감 #의심 #관계개선

남들은 별문제 없이 인간관계를 맺고 친한 사람도 많은데, 나는 왜 이렇게 인간관계가 힘들까 싶은가요? 사람을 새로 사귀는 일은 두말할 것도 없고요. 그렇다면 그것은 타인과의 문제가 아니라 자기 자신과의 문제일 수 있습니다. 타인과의 관계는 자기 자신과의 관계가 투영된 것입니다. 자기 자신과 사이가 안 좋은 사람은 타인과도 좋은 관계를 맺기 어렵습니다. 즉 자존감이 낮은 사람은 남이 나를 좋아해도 문제고, 안 좋아해도 문제기 때문이에요. 자존감이 낮으니 남이 나를 좋아해 줘도 그 동기가 의심돼서 문제고, 안 좋아하면? 당연히 더 힘들겠죠. 그러니 인간관계를 개선하고 싶다면 나 자신과의 관계를 회복하는 게 먼저입니다.

여러분을 사랑하는 사람의 동기나 진정성이 의심된 적이 있었다면 이유가 무엇이었나요? 그 의심은 정당한 것이었나요?

사람들이 나를 안 반겨요

#비난조 #존중없음 #미.감.인

직장이나 모임에서 내가 나타나면 사람들이 반기는 기색도 없고, 왠지 나를 꺼리는 느낌이 드나요? 이 세 가지를 적용해 보세요. 나를 대하는 사람들의 태도가 달라질 거예요.

- 첫째, 비난조의 말을 자주 하지는 않는지 점검해 보세요. 비난 들어서 기분 좋을 사람 없고, 비난한다고 절대로 사람이 바뀌지 않습니다. 오히려 더 공격적으로 반응하고 나를 싫어하겠죠.
- 둘째, 오해를 자주 하지는 않는지 점검해 보세요. 오해할 수는 있지만, 오해하지 않는 일이 거의 없다면 문제죠. 게다가 "지난번에 나한테 왜 그렇게 말했어요?"라며 혼자만의 왜곡된 해석으로 늘 따지고 들면 좋아할 사람 없죠.
- 셋째, 미소, 감사, 인정, 이 세 가지를 잊지 마세요. 웃는 얼굴에 침 못 뱉고, 감사하는 사람에 마음 문이 열리고, 사람은 나를 인정해 주는 사람과 가까이 지내고 싶어 합니다.

여러분은 함께 일하거나 자주 만나는 상대를 인정하고 높여 줄 때 어떤 표현을 사용하나요?

만만하게 보이지 않는 비결

#무조건허용적 #단절의두려움 #불가능

사람들이 나에게 함부로 대할 때는 먼저 나 자신을 돌아보아야 하는데요.

- 첫째, 사람은 누울 자리를 보고 다리를 뻗는다는 것을 기억하세요. 선을 그어야 할 때 선을 긋지 못하기 때문에 만만하게 대하는 것입니다.
- 둘째, 그러니 "No!"라고 말하는 것을 두려워하지 마세요. 관계가 틀어질까 봐 싫은데도 "No!"라고 말하지 못하는 상황이 계속되면 호구됩니다.
- 셋째, 즉 모든 사람에게 좋은 사람이 되려고 하지 마세요. 어차피 나를 싫어하는 사람은 어떻게 해도 나를 싫어하게 되어 있습니다.

수평적 관계인데도 여러분이 유독 "No!"라고 말하기 어려운 대상이 있나요? 이유가 무엇일까요?

어디 가나 환영받는 사람의 특징

#따뜻한관심 #안정감 #일관된긍정성

사람들이 유난히 좋아하는 사람이 있죠. 모임을 하거나 회식할 때면 꼭 참석해 주기를 바라고요. 이런 사람은 특별히 튀지는 않을 수 있어도 어디 가나 환영받는데요. 어떤 특징이 있을까요?

- 첫째, 상대방에게 진심으로 관심을 기울입니다. 어떤 사람은 인간관계를 할 때 상대에게는 관심이 없고, 상대가 자기에게 관심 가져 주기만을 바랍니다. 상대에게 따뜻한 관심을 보이는 법은 없으면서도 사람들이 자신을 반겨 주리라 생각하는 건 오산이죠.
- 둘째, 감정의 기복이 심하지 않아 안정감을 줍니다. 감정을 팔에 걸고 다니는 사람이 있죠. 심지어 변덕스러운 그 감정을 늘 태도로 나타내는 사람도 있죠. 결코 환영받을 수 없어요.
- 셋째, 일관되게 긍정적인 모습을 보여 줍니다. 어떤 상황에서도 긍정성을 잃어버리지 않는 사람, 다른 사람을 긍정적으로 말해 주는 사람은 어디 가나 환영받습니다.

직장 내 같은 부서에서 근무하는 동료들 또는 지인들 가운데 불편한 관계가 된 사람이 있다면 그의 장점 세 가지를 적어 보세요.

———————————————————————

인간관계 망치는 망상증

#색정망상 #과대망상 #박해망상

망상증에는 여러 가지가 있고, 그 특성상 사회생활에 지장을 줄 수밖에 없습니다. 이런 망상증에는 어떤 종류가 있을까요?

- 첫째, 색정망상형입니다. 유명 인사나 친구, 동료가 자신을 사랑하고 있다는 믿는 증상입니다.
- 둘째, 과대망상형입니다. 자신이 굉장히 중요한 사람인데 다른 사람들이 이를 모르고 있다고 믿는 증상입니다.
- 셋째, 박해망상형입니다. 자신이 다른 사람이나 조직에 의해 계속해서 괴롭힘을 받고 있다는 믿는 증상입니다.

어느 커뮤니티를 가나 유난히 여러분을 싫어하고, 힘들게 하는 사람이 무조건 있다는 생각이 드나요? 그렇게 생각할 만한 충분한 근거가 있나요?

자신의 평판을 깎아 먹는 안 좋은 습관

#생색내기 #저속한말씨 #잘난체하며흉보기

인간관계를 하루 이틀만 하고 마는 것이 아니기 때문에 다른 사람의 평가에 연연할 필요는 없죠. 그러나 다음과 같은 말과 행동으로 자신의 평판을 깎아 먹을 필요는 없지 않을까요?

- 첫째, 누군가를 돕고 지나치게 생색을 내는 것.
- 둘째, 대화할 때 말 사이사이에 비속어나 욕을 섞는 것.
- 셋째, 남들이 다 좋은 사람이라고 말하는데 굳이 그 사람의 흉을 보는 것.

이 모든 행동은 자신을 과시하려는 그릇된 욕망에서 비롯되는 것인데요. 있어 보이려 하지 말고, 상대방을 배려하고 세워 준다면 어딜 가든 좋은 인상을 주겠죠?

여러분이 남들의 시선을 지나치게 의식하고 뭔가 있어 보이려고 한다면 언제 그런 모습을 보이나요?

상사와 감정 격투기, why?

#원가족 #권위자 #역기능

일하는 것도 나쁘지 않고 동료들과도 친하게 지내는데, 유독 상사하고는 관계가 잘 안 풀리나요? 우리에게 가장 중요한 타인이자, 가장 먼저 만나는 권위자인 부모와의 문제가 해결되지 않아서 그럴 수 있습니다. 부모님의 일관성 없고, 자녀를 존중하지 않는 양육 방식은 자녀에게 큰 상처를 남기죠. 자녀가 성장한 후에 만나는 권위자와의 관계를 어렵게 만드는 원인이 되고요. 첫 권위자인 부모의 비인격적인 말과 행동은 자녀로 하여금 권위자에 대한 비판적이고, 부정적인 색안경을 쓰게 만들죠.

여러분이 불편해하는 권위자가 있다면 구체적으로 그 이유가 무엇인가요?

261

타인에게 존중받는 비결

#실수 #거절 #차이

이 세 가지를 잘 소화할 수 있다면 여러분은 다른 사람들에게 존중받게 될 거예요.

- 첫째, 실수예요. 타인의 실수를 보편적인 것으로 보지 않고, 그 상황에 국한된 것으로 볼 줄 아는 아량이 필요해요. 그래야 곁에 있는 사람들에게 안정감을 줍니다.
- 둘째, 거절이에요. 사람들이 제일 두려워하는 것 가운데 하나가 거절감인데요. 내 의견에 대한 거절을 나라는 존재에 대한 거절로 받아들이지 않는 게 중요해요. 반대 의견을 말하는 것을 자신의 존재에 대한 반대로 받아들이는 사람들이 화를 달고 살죠.
- 셋째, 차이예요. 나는 그가 아니고, 그도 내가 아닙니다. 서로 다를 수 있잖아요? 사람마다 성격, 기질, 성장 배경의 차이가 있고, 의견의 차이는 언제든지 발생할 수 있어요. 차이를 받아들일 수 있는 포용력, 다른 사람들이 나를 존중하게 만듭니다.

여러분이 가족, 직장 동료, 친구 등으로부터 존중받는 사람이 되기 위해 보완해야 할 점은 무엇인가요?

'나, 이런 사람이야!'라는 어리석음

#자기객관화 #겸손함 #신중함

"나, 이런 사람이야."라며 자신에 대해 확신하며 주장하는 사람은 어리석은 사람입니다. 왜냐하면 사람은 자신에 대해 다 알 수 없기 때문이죠. 보세요. 사람에게는?

- 첫째, '나도 알고, 남도 아는' 나가 있어요.
- 둘째, '나는 알지만, 남은 모르는' 나가 있어요.
- 셋째, '나는 모르지만, 남은 아는' 나가 있어요.
- 넷째, '나도 모르고, 남도 모르는' 나가 있어요.

즉 내가 아는 내가 전부가 아니라는 말이죠. 따라서 자신에 대해 말할 때는 겸손함을, 타인에 대해 말할 때는 신중함을 잊지 말아야 해요.

여러분이 생각하는 나와 연인이나 배우자, 또는 절친이 생각하는 여러분과 얼마나 일치하는지 이야기 나눠 보고, 가장 큰 차이를 보인 점을 적어 보세요. 그리고 그 이유도 적어 보세요.

점점 피하게 되는 사람의 특징

#늘자랑질 #내로남불 #감정기복

처음에는 가까이 지냈더라도 시간이 갈수록 점점 피하게 되는 사람이 있죠.
어떤 특징이 있을까요?

- 첫째, 대화의 주제와 상관없이 자기 자랑을 꼭 빼놓지 않습니다.
- 둘째, 자기 잘못은 인정하는 법은 없으면서 타인의 잘못은 끝까지 물고 늘어집니다.
- 셋째, 감정 기복이 심해 주위 사람들을 피곤하게 합니다.

여러분은 사람들이 갈수록 더 좋아하는 쪽에 속하나요? 아니면 갈수록 피하는 축에
속하나요?

비난하기 전 일시 정지!

#나는옳은가   #나는깨끗한가   #나는실천하고있는가

누군가를 비난하고 싶다면 다음 세 문장을 먼저 떠올려 보세요.

- 첫째, "옳은 말을 한다고 옳은 사람이 아니다."
- 둘째, "다른 사람에게 먹물을 던진다고 내 옷이 하얘지지는 않는다."
- 셋째, "세상을 깨끗이 하고 싶다면 자기 집 앞마당부터 쓸어라."

누군가를 변화시키는 힘이 비난에서 나오지 않아요. 상대의 긍정적인 변화를 원할 때 여러분이 생각하는 가장 효과적인 방법은 무엇인가요?

___

번호 차단 일 순위

#비인격적 #성취중독 #극단적결과중심주의

이런 사람이 되면 주위 사람들이 힘들어요. 번호 차단 일 순위이고요.

- 첫째, 상대를 존중하지 않는 사람입니다. 자기 생각, 감정만 중요하게 생각하는 사람이죠. 그래서 쉽게 화내고, 소리 지르고, 다른 사람의 입장에 대한 배려를 찾아볼 수 없어요.
- 둘째, 실패를 수용하지 않는 사람입니다. 늘 상한가를 치는 사람은 없어요. 실패와 좌절이 있기 마련이죠. 특히 자신의 실패를 수용하지 않고 남 탓, 환경 탓을 하면서 주위 사람을 힘들게 하는 사람이 있어요.
- 셋째, 과정을 인정하지 않는 사람입니다. 어떻게 항상 결과가 좋겠어요. 원치 않는 결과가 찾아올 수 있는 게 인생이죠. 그런데 결과가 안 좋다고 노력한 과정마저 부정해 버리는 사람이 있어요. 결과가 안 좋았더라도 함께 수고한 사람들을 위로하고, 격려해 줄 줄 아는 사람이 되세요.

자신의 지위 자체가 리더십이라고 생각해 업무 지시와 평가 때 부하직원을 윽박지르기만 하는 상사가 있어요. 여러분이 생각하는 탁월한 리더십의 조건 세 가지를 적어 보세요.

위로가 될 수 없는 위로

#죽이는말   #살리는말   #공감

내가 위로라고 한다고 해서 다 위로가 되는 건 아니에요. 힘들어하는 사람을 더 힘들게 하는 위로 아닌 위로, 이 세 가지는 피해 주세요.

- 첫째, 속담을 들려주는 것이에요. "세월이 약이다.", "고진감래라잖아."
- 둘째, 무턱대고 긍정적으로 생각하라고 말하는 것이에요. "긍정적으로 생각해.", "오히려 잘된 일인지도 모르잖아."
- 셋째, 공감은 없이 일방적인 격려의 말로 상대의 감정을 누르는 것이에요. "뭘 그런 걸 가지고 그래. 너무 우울해하지 마. 금방 좋아질 거야!", "그만 힘들어해. 좋은 일도 있겠지!"

위로라고 생각하며 한 말이었지만, 상대에게 오히려 상처가 됐던 말이 있었나요?

_____

267

위로의 정석

#위로 #함께 #솔직함

힘들어하는 이를 진정으로 위로해 줄 수 있는 방법은 무엇일까요?

- 첫째, 상대의 손을 따뜻하게 잡아 주세요.
- 둘째, 아무 말 없이 곁에 앉아 있어 주기만 해도 돼요.
- 셋째, 상대에게 자신의 솔직한 마음을 전달해 주세요. "뭐라고 말해야 할지 모르겠다. 내가 어떤 도움이 될지 모르겠지만 내가 할 수 있는 게 있다면 도와줄게."라고요.

여러분이 위로가 필요한 상황이라면 어떤 위로가 가장 마음에 와닿을까요?

___

인간관계 못하는 사람들의 오류

#잘하는기술이아니라   #오류에빠지지말것   #중간도못감

특별한 기술을 터득해야만 인간관계를 잘할 수 있는 것은 아니에요. 먼저 인간관계에 악영향을 끼치는 오류부터 내 안에서 제거해야 해요.

- 첫째, 성급한 일반화의 오류입니다. 한두 번의 만남이나 많지도 않은 사례를 가지고 다른 사람을 '이런 사람, 저런 사람'이라고 단정 지어 버리는 것이죠.
- 둘째, 인신공격의 오류입니다. 상대가 하는 말 자체가 아니라 상대의 됨됨이를 문제 삼으며 그의 말을 무시하거나 비판하는 것이죠. 예를 들어 누가 무슨 말을 하면 "야, 시끄러워. 공부도 못하는 게. 집에서 노는 게. 나이도 어린 게. 여자가." 이런 식이죠.
- 셋째, 역공격의 오류입니다. 다른 말로 피장파장의 오류라고도 하는데요. 쉽게 말해 상대가 어떤 지적을 하면 그 점에 관해 자기 입장이나 생각을 말하지는 않고, "너는 안 그래? 너도 그래!" 하고 이야기의 초점을 흐리거나 자신을 합리화해 버리는 것이죠.

여러분이 자주 빠지곤 하는 오류가 있나요?

269

인간관계가 안 될 수밖에!

#자기객관화   #이기적   #투자

인간관계가 내 마음대로 안 된다고 한탄만 하지 말고, 자신이 이런 유형에 속하지는 않은지 살펴보세요. 다음과 같은 유형은 인간관계가 잘 안 풀리기 마련이거든요.

- 첫째, 인간관계 자체를 피곤해하는 유형입니다. 특히 인간관계 무용론에 빠져 인간관계 자체를 터부시하는 거죠. 그러나 우리가 사람에게 상처도 받지만, 결국 사람을 살리고 위로해 주는 건 사람이에요.
- 둘째, 지극히 자기 편의대로 인간관계를 하는 유형입니다. 자기 좋을 때만, 자신에게 이익이 될 때만 인간관계에 힘쓰는 유형이죠. 한두 번 만나는 상대라면 모를까 늘 보는 사람이 그 시커먼 속을 모를까요?
- 셋째, 노력하지 않거나 미미한 노력에 큰 보상이 따르기를 바라는 유형입니다. 인간관계 역시 투자입니다. 투자한 이상 돌아올 때도 있고, 손실을 볼 때도 있죠. 그런데 조금 투자해 놓고 그걸 대단하게 생각하면서 남들이 많이 돌려주길 바라는 건 헛된 바람이죠.

인간관계가 잘 안 풀렸을 때를 돌아보면 이유가 무엇이었나요?

화를 내면 화를 더 잘 내는 사람이 돼요

#노르아드레날린 #뇌과학 #습관

'화'를 안 내는 사람은 없어요. 그러나 화내서 좋을 것도 없으니 어떻게 다루는 게 좋을까요?

- 첫째, 먼저 자신이 화가 났다는 사실을 인정하세요. 화난 사실을 의식하고 인정하는 것만으로도 화가 진정됩니다.
- 둘째, 화가 났다고 소리를 지르면 안 됩니다. 어떤 사람은 화가 나서 소리를 지르는 게 아니라 소리를 지르려고 화를 냅니다. 자신의 감정을 폭력적으로 표현하기를 좋아하는 것이죠.
- 셋째, 15초만 참아보세요. 화가 났을 때 분비되는 노르아드레날린은 분비된 지 15초가 지나면 소멸하기 시작해요. 그러나 노르아드레날린의 분비가 계속되면 혈압이 올라가요. 드라마에서도 "뭐야!" 하며 분노하던 사람이 목덜미 잡고 쓰러지는 건 과장된 설정이 아니에요.

그러니 화가 났을 때 1분만 참으면 더 큰 화를 부르지 않을 수 있어요. 되도록 화를 내지 않는다면 더 좋고요. 사실 화를 내지 않으면 화는 존재하지도 않거든요.

여러분이 반복적으로 화를 내는 상황이 있다면 어떤 상황인가요?

아주 예쁜 말투

#감정태도   #친절한청유형   #감사표현

말을 예쁘게 하는 사람들은 어디 가나 환영받는데요. 말을 예쁘게 하는 사람들의 특징은 뭘까요?

- 첫째, 감정이 태도가 되지 않습니다. 설령 대화하다가 기분이 나빠도 태도가 돌변하지 않고 차분히 말할 줄 압니다.
- 둘째, 명령조로 말하지 않고 웃으며 권유합니다. 함부로 말하는 것을 자신이 가진 지위를 누리는 것으로 생각하는 사람들도 많은데요. 말을 예쁘게 하는 사람은 명령조가 아닌, "해 보는 건 어때요?"라고 친절히 말합니다.
- 셋째, "감사합니다. 고맙습니다."라는 말을 자주 사용합니다. 고맙다는 사람에게 화낼 사람은 없는데요. 감사를 표현하는 데에 익숙한 사람, 늘 열린 마음으로 다가가게 되는 사람이죠.

여러분은 감정이 태도가 되지는 않나요? 주로 누구에게 그런가요?

_____

아주 기분 나쁜 말투

#끼어들어잘난척   #무시하기   #잘라먹기

사람이 참 고치기 어려운 게 버릇이죠. 그 가운데서도 한번 입에 붙은 말버릇은 더욱 버리기 쉽지 않고요. 만약 다음과 같은 말버릇을 가지고 있다면 재활용이 안 될 정도로 완전히 소각시켜 버려야 해요. 상대의 기분을 굉장히 상하게 하고 무안하게 만드는 말버릇이거든요.

- 첫째, 불쑥 던지는 "아니, 근데.", "아니, 그게 아니라."라는 말이죠. 상대의 말을 끊으면서 결국 "너는 틀렸고, 내가 옳아!"라는 말을 하고 싶어 하는 거죠.
- 둘째, "생각 좀 하고 말할래!" 자기 생각과 다르거나 상대의 말에 기분이 상하면 무턱대고, 다짜고짜 "생각 좀 하고 말해!"라고 상대방을 무시하고 무안을 줍니다.
- 셋째, "그래서 뭐? 결론부터 말해!" 상대방의 말을 듣기 싫다는 표현을 그런 식으로 합니다.

상대방의 말이 논점을 잃고 길어질 때 여러분은 어떤 표현으로 상황을 조정하나요?

싫은 소리 삼 원칙

#현실성 #즉시성 #일관성

살다 보면 누군가에게 싫은 소리를 해야 할 때가 있잖아요. 아이들 키우다 보면 혼내야 할 때가 있고, 직장 생활을 하다 보면 후배 잘못 지적해야 할 때도 있고 그렇잖아요. 이렇게 싫은 소리를 해야 할 때 중요한 원칙이 있어요.

- 첫째, 현실성이에요. 애들한테 "너 스마트폰 그렇게 쥐고 살면, 스마트폰 없앤다!" 불가능해요. 아이 손에 스마트폰 없으면 부모가 더 불안해서 뺏었다가도 다시 쥐여 줘요. 결국 못 지키니까 권위만 떨어지죠.
- 둘째, 즉시성이에요. "김 대리, 내가 언제부터 이야기하려고 했는데, 이제 말해야겠네." '라떼'의 향기가 풍깁니다. 문제가 된다면 쌓아둘 게 아니라 바로 말해 줘야죠. 아니 누가 쌓아두랬나? 마일리지도 아니고. 그래 놓고 한 번에 감정적으로 쏟아놓으면 무슨 말이든 들리나요?
- 셋째, 일관성이에요. 아이들이 같은 잘못을 했는데, 아빠가 맨정신일 땐 뒤지게 혼나요. 그러나 술 마시고 들어온 날은 다 괜찮아요. 그러다 또 자기 기분 안 좋다고 혼날 일도 아닌데 혼내고 그래봐요. 아이들 마음에 반감만 키우죠.

실수한 누군가에게 충고나 조언할 때 여러분이 중요하게 생각하는 원칙이 있나요?

유능한 인간관계에 필요한 눈

#장점 #결핍 #비전

사람을 대할 때 상대방의 어떤 점을 볼 줄 알아야 인간관계가 수월해질까요?

- 첫째, 상대방의 장점을 보는 눈을 기르세요. 상대방의 장점보다 단점이 먼저 보인다면 실망스러운 마음에 관계가 오래가기 어려울 거예요.
- 둘째, 상대방의 결핍을 보는 눈을 기르세요. 누구나 내면의 결핍이 있습니다. 그 결핍을 알고 그 결핍을 채워 주려 노력하고, 그 결핍을 부정적으로 자극하지 않는다면 관계에 도움이 될 거예요.
- 셋째, 상대방의 비전을 보는 눈을 기르세요. 나의 꿈을 응원해 주고 지지해 주는 사람, 곁에 오래 두고 싶겠죠? 상대의 비전을 조건 없이 응원해 주세요.

여러분은 다른 사람에 대해 말할 때 그의 어떤 점을 가장 먼저 말하나요(예: 장점, 단점, 스펙, 가능성, 외모, 집안 배경 등)?

_____

직장에서 사랑받는 말씨

#I-message #격려 #인정

직장에서 유독 동료들이 좋아하고, 잠깐 나눈 대화에서도 상대를 웃음 짓게 해 주는 사람이 있죠. 살펴보면 말씨부터 다른데요. 어떤 말씨를 쓸까요?

- 첫째, "와 마음에 들어요." 업무 평가할 때 "잘했어요. 좋아요." 이런 말보다 상대방의 기를 훨씬 더 세워 주는 말이에요.
- 둘째, "오늘 좋아 보이네요." 하며 사소한 것, 한 가지라도 치켜세워 주는 거죠. 듣는 사람의 입가에 미소가 번집니다.
- 셋째, "같이 일해서 너무 좋아요." 하며 상대방을 인정해 주는 사람, 호감을 얻지 않을 수가 없죠.

여러분이 누군가를 격려할 때나 부정적인 감정에서 벗어나도록 도울 때 하는 말은 무엇인가요?

_____

우울증 앓는 이를 죽이는 말

#우울증   #인내   #마음의뼈

우울증만큼 주위 사람들의 인내가 필요한 질환도 없죠. 그러나 우울증이 어떤 특징이 있는지 제대로 아는 사람은 많지 않아요. 그래서 지켜보다 못해 우울증으로 고통받는 이를 더욱 힘들게 하는 말들을 쏘아붙이곤 하는데요.

• 첫째, "너만 힘든 거 아니잖아! 남들도 다 힘들어."
• 둘째, "언제까지 그럴 거야? 이제 정신 좀 차려 봐!"
• 셋째, "사람이 왜 이렇게 무기력하고 게을러?"

우울증은 단순히 사고방식이나 태도를 바꿔 고칠 수 없어요. 삶의 에너지를 무한대로 빨아들이는 블랙홀과 같은 질환입니다. 마음의 뼈가 부러진 것과 같고요. 붙을 때까지 시간이 필요합니다.

우울증으로 힘들어하는 사람이 주위에 있다면 그를 대할 때 가장 필요한 것은 무엇일까요?

반드시 갖춰야 할 대화법

#흐름유지 #깜빡이도안켜고끼어들기있기없기 #듣고싶은지의사확인

대화의 기본이 뭘까요? 주고받는 거예요. 서로의 의견과 정서가 오가며 소통하는 게 대화죠. 그러면 대화를 주고받고, 대화가 오가는 데 있어서 무엇이 가장 중요할까요? 흐름이죠. 따라서 좋은 대화법은 흐름을 잘 타고, 끊지 않는 것이죠. 이와 같은 좋은 대화법은?

- 첫째, 절대로 말을 중간에 끊지 말아야 하는 건 누구나 다 아는 상식이죠. 고개를 끄덕이는 것과 같은 비언어적 메시지로 호응하면서 인내심을 갖고 들어 주세요.
- 둘째, 상대방의 말은 듣는 둥 마는 둥 하다가 "근데!" 하면서 상대방의 말을 무시하거나 딴 얘기하지 마세요. 예를 들면 "근데! 그게 네 생각대로 되는 게 아니야!", "근데! 내 얘기 좀 들어 봐." 이런 거죠.
- 셋째, 내가 하고 싶은 말이 있을 때는 상대가 가까운 사이라도 무작정 그 얘기를 막 해대지 말고, 상대에게 의사를 물어보세요. "나 요즘 회사에서 스트레스받는 일이 있는데 그 얘기 잠깐 해도 될까?"라고요. 상대가 굉장히 존중받는다고 느끼게 해 줍니다.

만약 상대가 무턱대고 자신이 하고 싶은 말을 하는 게 아니라 먼저 그 이야기를 들어 줄 수 있는지 여러분의 의사를 물어본다면 어떤 기분이 들까요?

인간관계 망치는 트리플 악셀

#의심 #분노 #원망

인간관계를 잘하는 기술을 배우고, 내 것으로 만드는 과정은 참 어렵죠. 반면에 인간관계를 망치는 요소는 우리 곁에 너무나도 가까이 있어요.

- 첫째, 의심이에요. 의심은 의심을 낳습니다. 상대가 인내심의 한계를 느껴질리게 만드는 게 바로 의심이죠. 분명한 사실을 확인한 후에도 의심을 못 버리는 사람이라면 인간관계를 망치는 건 시간 문제죠.
- 둘째, 분노에요. 물론 화를 안 내는 사람은 없죠. 그러나 분노를 어떻게 표현하느냐가 중요하죠. 화가 나면 무조건 이성을 잃고, 폭력적인 말과 행동으로 이어지는 사람? 누가 곁에 남겠어요!
- 셋째, 원망이에요. 물론 나의 정당한 기대를 물거품으로 만드는 사람이 있다면 원망이 생기죠. 그러나 원망한다고 상황이 달라지는 것도 아니고, 내 마음만 상할 뿐이죠. "원수는 물에 새기고, 은혜는 돌에 새기라."라는 말이 있어요. 원망할 거리는 흘려보내고, 감사한 일은 잊지 않고 보답하는 것은 나의 성숙한 인격을 보여 주는 일입니다.

여러분이 미처 감사를 표현하지 못한 대상이 있다면 누구인가요?

말이 안 통하는 사람의 특징

#교만　#자기객관화불가　#무관심

인간관계를 하다 보면 말이 통하지 않아 스트레스를 받는 경우가 많은데요.
말이 안 통하는 사람들은 어떤 특징이 있을까요?

- 첫째, 자신의 부족한 경험을 절대화합니다. 자신의 부족한 경험을 절대화
  해서 다른 사람의 의견은 헛수고일 뿐이라고 깎아내립니다.
- 둘째, 자신을 돌아볼 줄 모릅니다. 자기반성이 없는 사람하고는 대화하기
  가 어렵습니다. 늘 "나는 옳고, 너를 틀렸어!"라는 식으로 밀어붙이기 때문
  입니다.
- 셋째, 자신 말고는 관심이 없습니다. 자신이나 자신의 관심사에 외에는 흥
  미를 보이지 않고, 절대로 다른 사람의 말을 경청하는 법이 없습니다.

자신의 얕은 경험을 절대화하며 다 아는 식으로 말하는 사람을 보면 어떤 기분이 드
나요?

_____

'라떼'(꼰대) 속성반

#무족권들어 #하차니즘 #오직일방통행

'꼰대'라는 말은 원래 권위주의적이고 소통이 안 되는 기성세대를 비꼬는 말로 쓰이는데요. 요즘은 젊은 꼰대가 더 무섭다고 하더라고요. 꼰대가 되고 싶다면 이 세 가지를 충실히 실천해 보세요.

• 첫째, 자신의 경험을 절대화하세요. 내 경험만이 모범답안, 정석이라고 우기고 다른 사람의 경험은 값어치 없는 것을 여기세요.
• 둘째, 우월감으로 무장하세요. 우월감은 열등감의 다른 이름이지만 신경 쓰지 말고, 다른 사람의 의견이나 생각 따윈 하찮게 여기세요.
• 셋째, 묻지 않은 일에도 꼭 훈계하고, 공감 따윈 쓰레기통에 버려야 해요. 할 말이 얼마나 많은데, 공감 따위에 쓸 시간이 어디 있겠어요?

여러분은 부하직원, 또는 나이가 어린 사람과 대화할 때 혼자만 긴 시간 이야기한 적이 있지는 않나요? 그때 여러분의 그런 모습을 스스로 의식할 수 있었나요?

8월의 내 인생에 건네는 작별 인사

다음 글을 나지막한 목소리로 읽어 보세요. 여러분의 차분한 목소리가 귓가에 크게 울리고, 한 단어 한 단어가 겨울밤 첫눈처럼 여러분 마음에 소복이 내려 쌓이는 느낌이 들 때까지 여러 번 읽어 보세요.

"나는 인간관계를 맺고, 유지하는 능력이 탁월합니다. 나는 강하고 건강한 내면을 가졌고, 소통과 화합을 이끌어내는 대화의 기술이 있습니다. 나는 내가 소속된 조직에서 탁월함과 유능함을 인정받는, 꼭 필요한 사람입니다."

1. 단 한 번뿐인, 다시없을 올해 8월의 인생에

– 미안한 점 한 가지를 적어 보세요.

_____

– 고마운 점 한 가지를 적어 보세요.

_____

2. 단 한 번뿐인, 다시없을 올해 8월의 인생에 찾아왔던 일들이 여러분에게 무엇을 원하였는지 한 문장에 담아 보세요.

_____

3. 단 한 번뿐인, 다시없을 올해 9월의 인생이 여러분에게 무엇을 기대하는지 한 문장에 담아 보세요.

_____

나도 상처
안 받고 싶다

"내가 세상에서 한 가지 두려워하는 것이 있다면
그것은 내 고통이 가치 없는 것이 되는 것이다."

도스토옙스키 Fyodor Mikhailovich Dostoevskii

9월을 시작하는 긍정 확언

"나는 거절을 두려워하지 않습니다."

나는 내 생각, 내 감정, 내 선택을
귀하게 여깁니다.

동시에 모든 사람이
나와 같을 수 없다는 사실도 이해하고 존중합니다.

나는 거절당할 수 있지만,
거절을 두려워하지는 않습니다.

내가 두려워하는 것은 거절이 아니라
거절이 두려워 나 자신을 표현하지 못하는 것입니다.

나는 나만의 독창성과 특별함을 지키면서도
사람들과 조화를 이루며 살아갈 것입니다.

나는 상처 안 받아요

#상처 #내적강도 #자존감

상담실을 찾는 분들이 호소하는 가장 큰 고통은 역시 사람에게 받은 상처예요. 그래서 "상담사님은 상처 안 받으세요?"라고 꼭 묻죠. 저는 상처 안 받아요. 그게 뭐 좋은 거라고 받아요? 한번 생각해 보세요. 누군가 날 무시해서 상처받았어요. 그러면 내가 나쁜 사람이에요? 그 인간이 못된 거잖아요. 내가 스펙이 딸려서 무시당한 거라고요? 그러면 그 인간이 더 쓰레기죠. 단지 스펙으로 사람 판단하고 함부로 대한 거니까! 내 문제가 아니에요.

그렇다면 내 문제가 아닌데 왜 상처를 받을까요? 내 자존감이 낮으니까 그렇죠. 스스로 자기가 못났다고 생각하니까 누가 나를 함부로 대할 때 그게 마음에 콱 박히는 거예요. 결국, 상처받는 것도 내 자존감 문제예요. 내가 스펙 되고, 돈 많고, 빽 좋았으면 그 인간이 함부로 못했을 거라고요? 그게 원인이라고 생각되면 죽어라 노력해서 나를 업그레이드하면 되죠. 세상일이 그렇게 쉽냐고요? 안 쉬워요. 그러니 더 정신 바짝 차려야죠.

누군가 여러분을 무시한다는 생각이 들면 어떻게 반응하나요?

내면이 약한 사람의 인간관계

#소문에민감 #선입견과편견 #비난에취약

내면이 약한 사람은 인간관계에서 유난히 그 약함을 드러내는데요. 특히 다음 세 가지 특징이 두드러지죠.

- 첫째, 소문에 민감합니다. 남이 하는 말에 예민하고 쉽게 흔들립니다. 이것은 자신뿐만 아니라 다른 사람에게도 마찬가지인데요. 직접 경험하거나 확인하기보다는 남이 하는 말을 듣고 그대로 믿어 버리는 경향이 있습니다.
- 둘째, 선입견과 편견이 강합니다. 내면이 약한 사람은 자신을 보호하려는 경향이 강하기 때문에, 다른 사람에 관한 판단을 서둘러 내리려 합니다. 그래서 얕팍한 정보를 근거로 선입견을 품고 다른 사람을 대하고, 한번 굳어진 편견을 좀처럼 포기하지 않습니다.
- 셋째, 비난에 취약합니다. 비난이 항상 독이 되는 것은 아니에요. 비난에는 어느 정도 나에 대한 객관적 정보가 들어 있기 마련이죠. 그러나 내면이 약한 사람은 비난을 무조건 공격으로 인식하고 분노하는 경우가 많습니다.

여러분이 들었던 비난 가운데 여러분에 대한 진실이 들어 있다고 생각해 본 적이 있나요? 그 진실은 무엇이었나요?

_____

286

독이 되는 인간관계 습관

#독   #시한폭탄   #지뢰

인간관계에서 상처를 피할 수 없게 만드는 것들이 있어요.

- 첫째, 지나친 기대는 인간관계의 독입니다. 타인은 내 기대를 충족시키기 위해 존재하지 않습니다.
- 둘째, 불필요하게 자세한 사생활 공유는 인간관계의 시한폭탄입니다. 관계가 틀어지는 순간, 내 사생활이 상대의 무기가 될 수 있습니다.
- 셋째, 무심코 내뱉은 뒷담이나 비난은 인간관계의 지뢰입니다. 언제고 내 발목을 잡을 수 있습니다.

독이 되는 지나친 기대를 내려놓고, 경계를 분명히 하며, 불필요한 말은 삼가는 것. 이 세 가지만 실천해도 더 건강하고 단단한 인간관계를 만들어 갈 수 있습니다.

가까운 사람들과 대화할 때 주된 화제가 다른 사람에 대한 험담이었던 적이 있나요? 만약 여러분이 다른 사람들의 대화 속에서 험담의 대상이었다는 사실을 알게 된다면 어떤 기분이 들까요?

심보가 삐뚤어진 사람 대처법

#원데이투데이그런게아니에요 #중심유지 #뼈때리기

몸의 자세가 조금 삐뚤어졌다고 해서 남에게 피해를 주지는 않죠. 하지만 마음의 자세가 삐뚤어진 사람은 주위 사람을 어지간히 힘들게 하죠. 말도 밉고, 하는 행동도 거칠고요. 그렇다면 이런 사람과 어떻게 대처해야 할까요?

- 첫째, 일일이 수정하려 들거나 충고하려고 하지 마세요. 사람 심보가 하루아침에 삐뚤어진 게 아니듯, 하루아침에 변하지도 않습니다.
- 둘째, 휘둘리지 마세요. 심보가 삐뚤어진 사람이 피곤하게 굴어도, 절대 거기에 맞출 필요가 없습니다. 맞춰 주다 보면 감정 소모는 물론이고, 스트레스만 쌓이게 됩니다.
- 셋째, 직설적으로 경고하세요. 변하지 않으면 관계 개선은 어렵고, 결국 손해는 본인 몫이라는 걸 분명히 해야 합니다. "당신이 안 변하면 나도 당신에게 잘해 줄 생각 없어!"

심보가 삐뚤어진 사람과 자꾸 엮이지 마세요. 나도 결국 심보가 삐뚤어집니다.

여러분 주위에 있는 심보가 고약한 사람에게 영향받은 점은 없는지 적어 보세요.

프로 뒷담러, 프로 요리법

#모른척태연 #화내면끝 #반대정신

상상하기도 싫지만, 사회생활을 하다 보면 꼭 내 뒷담하는 사람이 나타납니다. 제대로 알지도 못하면서 도대체 왜 그러는지는 이해가 안 되지만요. 어쩌겠어요. 대처해야지요.

- 첫째, '뒷담'하는 사실을 알고 있다는 티를 내지 마세요. 내가 알아챘다는 걸 눈치채면 그 사람은 오리발을 내밀거나 또 다른 뒷담으로 자신을 방어하려 들 거예요.
- 둘째, 사람들 앞에서 화를 내지 마세요. 화내는 순간, 뒷담러는 즉시 피해자 코스프레를 시작합니다. 사람들도 그 사람이 뒷담했다는 사실보다, 내가 감정적으로 대응했다는 점에 더 주목하게 됩니다.
- 셋째, 오히려 그 사람을 공개적으로 칭찬하세요. 일대일로 다투거나, 똑같이 뒷담하는 것보다 공개적인 자리에서 그 사람을 칭찬하는 것이 훨씬 강력한 한 방이 될 수 있어요. 사람들 앞에서 좋은 말을 듣게 되면 뒷담러는 당황할 수밖에 없고, 더 이상 내 뒤에서 나쁜 말을 하는 것이 어색해질 것입니다.

누군가 여러분을 뒤에서 비난하는 일이 전혀 없을 수는 없어요. 그 사실을 알게 됐을 때 여러분이 그동안 사용했던 방법은 무엇이었나요? 긍정적 효과가 있었나요?

말을 거슬리게 하는 사람 대처법

#미끼물지않기 #맞대응삼가 #감정쌓아두지않기

사회생활 하다 보면 유난히 말을 거슬리게 하는 사람이 있죠. 어떻게 상대하면 좋을까요?

- 첫째, 절대 미끼를 물면 안 됩니다. 말을 거슬리게 하는 사람은 내 신경을 자극하는 한마디씩을 꼭 던집니다. 그 말에 반응하는 순간, 이미 그의 전략에 걸려든 셈이죠. 언쟁을 시작하려고 미끼를 던지는 것이니까 무시하는 것이 최선입니다.
- 둘째, 절대로 같은 수준으로 대응해서는 안 됩니다. 상대가 말을 거슬리게 한다고 나도 똑같이 받아치면, 결국 내 감정만 망가집니다. 그런 대화 끝에는 내 기분만 더러워지고요.
- 셋째, 어제의 감정을 오늘로 가져오면 안 됩니다. 말을 거슬리게 하는 사람에 대한 감정을 계속 쌓아두지 말자는 뜻입니다. 감정을 쌓아두다 보면 결국 폭발해 버려서 내 이미지만 손해를 봅니다.

불편하고 불쾌한 감정을 쌓아두고 있는 상대가 있나요? 만약 한 번에 그 감정을 쏟아내면 어떤 일이 벌어질까요?

_____

인간관계는 언제부터 꼬일까요?

#당연함 #감사 #인연

사람들 마음이 다 내 마음 같고, 나랑 잘 맞는 사람들만 만나고, 내 주변에는 괜찮은 사람들만 있었으면 좋겠잖아요? 천국도 그러지는 않을 것 같아요. 만약 그런 걸 바라면 인간관계가 안 좋고, 상처받고, 인생도 불행해요. 왜냐하면 당연한 걸 당연하게 받아들이지 못하고, 당연하게 생각하지 말아야 하는데 당연하게 여기면 뭐가 됐든 꼬이기 시작하거든요.

예를 들어 볼까요? 사람들이 내 마음과 같지 않은 건 당연하죠. 하지만 누군가 내 마음을 잘 알아준다면 그건 당연한 일이 아니죠. 나랑 안 맞는 사람들이 있는 건 당연하죠. 하지만 나와 호흡이 잘 맞는 사람들을 만나는 건 당연한 일이 아니죠. 내 주변에 성격 이상한 사람이 한둘 있는 건 당연하죠. 하지만 예의 바르고, 성실하고, 배려 잘하는 사람이 내 곁에 있다는 건 당연하게 여길 일이 절대로 아니죠. 그러니까 몰라주고, 안 맞고, 못된 사람 있으면 '그러려니' 하고 넘기세요. 반대로 알아주고, 잘 맞고, 좋은 사람 있으면 그건 축복이니깐 감사하세요. 그 인연을 소중히 여기세요.

여러분의 마음을 잘 알아주고, 여러분과 잘 맞고, 여러분을 아껴 주는 사람은 누구인가요?

왜 사람을 오래 못 만날까요?

#대상항상성 #거절감수용 #마음의온도

사람을 오래 사귀기가 힘든가요? 그것은 바로 사람에 대한 일종의 '대상 항상성'이 부족하기 때문일 수 있어요. 대상 항상성이란, 타인에 대해 일정한 마음의 온도를 유지하는 능력을 말해요. 사람은 향기만 나는 게 아니라 냄새도 나고, 장점이 있으면 단점이 있기 마련이죠. 또 내 생각과 의견에 동의해 줄 때도 있지만 그렇지 않을 때도 있고요.

그런데 대상 항상성이 부족하면 그 사람의 부족함, 허물, 단점을 보거나 거절감을 느끼면 마음이 냉담해지면서 그 사람과의 관계를 단절해 버리는 것이죠. 따라서 다른 사람과 오랜 관계를 유지하려면 다른 사람의 부족함, 허물, 단점을 수용하고, 거절감을 소화할 줄 아는 대상 항상성을 높여야 해요. 관계란 완벽한 사람을 찾는 것이 아니라, 서로의 불완전함을 받아들이며 함께 성장해 가는 과정이기 때문이죠.

상대의 많은 장점에도 불구하고, 거슬리는 한 가지를 참지 못해 관계를 끊어 버린다면 그 이유는 무엇일까요?

292

이중인격자 소화하기

#여유 #아량 #마음건강

사람은 원래 겉과 속이 다를 수밖에 없어요. 속마음이 다 보이면 어떻게 이 험한 세상에서 상처받지 않고 살 수 있겠어요? 누군가를 이중인격자라고 비난하는 것도 좀 야박한 것 같아요. 세상에는요. 여기서는 이렇게 말하고, 저기서는 저렇게 말하고, 상황에 따라 다른 모습을 보이는 사람이 흔해요. 이중인격 정도면 훌륭한 셈 쳐 줘야 해요. 처지가 입장을 대변한다는 말이 있죠. 각자가 처한 상황이 있는 것 아니겠어요? 그러니 사람을 대할 때 여유와 아량을 가질 필요가 있어요. 세상을 너무 날카롭게 보지 말자고요. 그게 복잡한 세상, 가지각색인 사람들 속에서 내 마음의 건강을 지키며 사는 비결입니다.

누군가의 성격이나 말과 행동을 지나치게 엄격한 잣대로 판단하고, 편견을 지닌 채 대한 적은 없나요? 그와 같은 성향이 인간관계에 어떤 도움이 되었나요?

_____

마음이 병들었을 때 공통점

#자기집중 #과거지향적 #남탓

마음이 병들어 있다면 다음과 같은 모습을 보여요. 또 이런 모습을 계속 보인다면 마음이 병들 수 있고요.

- 첫째, 자기 집중 현상입니다. 주위 사람에 관한 관심이 현격히 떨어집니다. 자신의 감정과 자신이 처한 환경에만 지나치게 집중합니다.
- 둘째, 과거 지향적입니다. 현재의 소중함을 잊고, 미래를 향한 희망도 찾지 못합니다. 오로지 지난날 상처받았던 사실이나 힘들었던 시간에 머물러 있습니다.
- 셋째, 지나치게 남 탓을 많이 합니다. 오늘의 내 모습이나 감정에 내 책임은 없고, 모든 게 다른 사람의 그릇된 말과 행동 때문이라고 생각합니다.

자기를 확장해 타인의 삶에 관심을 기울이고, 자기를 초월해 타인의 삶에 기여하는 것은 오직 인간만이 할 수 있는 일입니다. 여러분은 타인의 삶에 어떤 관심을 보이고, 어떤 기여를 하고 있나요?

_____

'유리 멘탈(?)' 극복하는 비결

#정신력　#맷집기르기　#나에게떳떳

나는 왜 이렇게 '유리 멘탈'일까 고민인가요? 직장에서는 연차가 쌓이는데, 동료들과의 관계는 여전히 어렵게 느껴지나요? 자존감이 바닥을 치는 것 같을 때도 있고요.

- 첫째, 가슴을 활짝 펴고 시선을 절대로 떨구지 마세요. 신체가 정신을 지배합니다.
- 둘째, 거절이나 반대를 지레 피하지 마세요. 맷집은 펀치를 맞아야 생깁니다. 거절이나 반대가 두려워 피해 다니다가는 '유리 멘탈'을 탈출할 수 없습니다.
- 셋째, 자기 자신에게 떳떳해지세요. 나 자신에게 부끄러운 일을 하지 마세요. 특히 남의 시선에 얽매여 남의 인생 살지 마세요. 왜 다른 사람의 혀 위에 내 인생을 올려놓아야 해요?

여러분 자신에게 떳떳하지 못한 일을 한 적 있거나, 지금 그런 일을 하고 있나요? 어떤 이유에서 비롯된 것인가요?

295

상담 효과를 보기 어려운 유형

#공감중독   #불신   #과거지향적

상담하다 보면, 아무리 도우려고 애를 써도 상담의 효과가 나타나지 않는 경우가 있어요.

- 첫째, 공감받기를 원하지만 자기 생각은 조정하려 하지 않는 경우입니다. 왜곡된 시각을 부드럽게 짚어 주어도 쉽게 받아들이지 않습니다.
- 둘째, 주변 사람들에 대해 불신이 가득한 사람입니다. 대부분 문제는 인간관계에서 비롯되죠. 그런데 기본적으로 인간에 대한 신뢰가 극도로 낮은 경우 관계를 개선하는 것이 어려워 상담 효과도 줄어듭니다.
- 셋째, 과거의 상처만 반복해서 말하는 사람입니다. 과거의 아픔은 충분히 공감받아야 하지만, 상담의 목표는 그 아픔을 딛고 앞으로 나아가는 데 있습니다. 스스로 변화하려는 노력이 없이는, 상담도 한계를 가질 수밖에 없습니다.

혹시 듣고 싶은 말만 듣고 싶어 하고, 사람을 이유 없이 불신하고, 과거지향적인 모습이 여러분에게도 있지 않나요?

실망을 극복하는 자가 치유법

#기대치 #결핍 #실망

살다 보면 사람에게 실망하는 일이 많죠. 그렇다면 이런 실망을 어떻게 소화하면 좋을까요?

- 첫째, 기대치를 수정하세요. 사람에 대한 기대치가 높아 자꾸 실망할 수 있어요. 기대치를 조금 낮춰 보세요.
- 둘째, 반복해서 실망하는 부분이 있다면 그것은 내 결핍 때문일 수 있어요. 예를 들어 내가 인정에 대한 결핍이 있다면 사람들이 나를 인정해 주지 않을 때마다 실망을 겪을 거예요. 만약 그렇다면 그건 타인의 문제가 아니라 내 결핍의 문제겠죠?
- 셋째, 120%는 금물! 80%만 잘해 주세요. 착한 마음에 너무 잘해 주려고 하는 것도 실망을 겪게 되는 원인입니다. 80%만 잘해 주세요. 서로가 부담스럽지 않고 적당한 거리를 유지할 수 있는 비결이에요. 혼자 잘해 주고 상처받지 마세요.

여러분이 누군가에게 실망을 겪은 후 여러분과 그 사람과의 사이에서는 어떤 일이 벌어지나요?

내면이 단단한 사람의 특징

#자기객관화   #공감능력   #도전

근육이 필요한 것은 몸만이 아니에요. 마음에도 단단한 근육이 필요하죠. 마음의 근육이 단단한 사람은 어떤 특징이 있을까요?

• 첫째, 자기 객관화가 잘되어 있습니다. 타인의 말에 쉽게 흔들리는 이유는 자기 객관화가 부족하기 때문인데요. 나 자신을 객관적으로 볼 줄 알면 타인의 비난이나 오해에 쉽게 무너지지 않습니다.

• 둘째, 타인의 아픔에 진심으로 공감할 줄 압니다. 마음 근육이 약한 사람은 타인의 아픔을 있는 그대로 받아들이지 못합니다. '나도 힘들어, 자기만 힘든 줄 알아?' 하며 외면해 버리죠.

• 셋째, 시기 질투하기보다는 자극을 받아 성장합니다. 마음 근육이 단단한 사람은 자신보다 더 나은 능력을 보이는 사람을 보면 자극을 받아 성장하려고 합니다. 그렇게 자신을 발전시키며 성취를 이루고, 결국 다른 사람에게도 긍정적인 영향을 미치는 사람이 됩니다.

여러분보다 더 나은 업무 능력이나 대인관계 능력을 보이는 사람이 있을 때 여러분은 어떻게 반응하나요?

_____

어디 가나 환영받는 비결

#미소 #말씨 #리액션

어디 가나 환영받는 사람에게는 이 세 가지가 있어요.

- 첫째, 미소를 잃지 않습니다. "웃는 얼굴에 침 못 뱉는다."라는 말이 괜히 있는 게 아니에요. 먼저 웃어 보세요. 웃음이 돌아옵니다.
- 둘째, 같은 말이라도 기분 좋게 합니다. 상대방을 존중하는 태도로 잃지 않고 부드럽게 말할 줄 아는 것이죠. 죽고 사는 문제가 아니라면 무슨 말을 하든 따뜻하게, 긍정적으로, 힘을 실어 주는 말을 해 주세요.
- 셋째, 리액션을 아끼지 않습니다. 고개를 끄덕이며 상대의 말에 공감해 주는 사람, 눈을 바라보며 경청해 주는 사람, 어떻게 반갑지 않고 환영하지 않을 수 있겠어요?

함께 일하거나 가깝게 지내는 사람에게 여러분이 자주 하는 말은 무엇인가요? 상대는 그 말을 기분 좋게 듣나요? 아니면 불쾌하게 여기나요? 이유는 무엇일까요?

사랑받고 자라 자존감이 높은 사람의 특징

#스트레스청정멘탈 #꼬아듣지않음 #나눔을좋아함

양육 과정에서 부모의 사랑으로 채워진 자녀의 마음은 높은 자존감을 낳습니다. 이런 높은 자존감은 인생의 든든한 디딤돌과 버팀목이 되어 주는데요. 이렇게 사랑받고 자라 자존감이 높은 사람은 어떤 특징이 있을까요?

• 첫째, 인간관계에 대한 스트레스가 현저히 적습니다. 충분히 사랑받은 경험으로 인해서 힘들게 하는 사람에 대한 내성이 강합니다.
• 둘째, 괜한 피해의식으로 타인의 말을 곡해하지 않습니다. 부모님과의 신뢰 관계가 잘 형성되어 있어서 상대방의 말을 의심부터 하는 사람들과는 다릅니다.
• 셋째, 베풀 줄 압니다. 사랑받아 본 사람이 사랑할 줄도 안다는 말이 그대로 적용되는 것이죠.

인간관계에 대한 스트레스가 심할 때 어떤 생각이 가장 먼저 떠오르나요? 만약 인생이 불행하다는 생각, 무시당하고 있다는 생각, 또는 자신이 못났다는 생각이 든다면 과연 그 생각을 뒷받침하는 근거는 무엇이며 합리적인가요?

남 탓 잘(?)하는 것도 능력

#내면건강 #합리적분석 #낮은자존감

우리는 보통 남 탓하지 않은 것을 좋게 여기고, 남 탓하는 사람을 부정적으로 보잖아요. 그러나 늘 내 탓이라고 말하는 사람이 무조건 내면이 건강한 사람은 아니에요. 어떤 의미에서 그렇냐면요.

- 첫째, 내면이 건강한 사람일수록 내 탓, 네 탓을 잘 구분해요.
- 둘째, 내 탓, 네 탓을 잘 구분한다는 것은 벌어진 상황을 합리적으로 분석하고 책임의 경계를 분명히 할 수 있다는 의미죠.
- 셋째, 책임의 경계를 분명히 하지 않거나 하지 못하는 건 왜일까요? 무턱대고 자기 탓이라고 하는 자존감이 낮은 사람이죠. 부정적인 결과를 받아들일 용기가 없거나, 단순히 갈등을 피하고 싶은 나약한 내면의 소유자일 수 있고요. 그래서 내 탓이라고만 할 뿐, 그 개인이나 집단의 실질적인 개선은 이뤄지지 않죠.

혹시 여러분에게 문제가 생기면 재빨리 자기 잘못으로 인정하지만, 실제적인 개선이 이뤄지지 않는 패턴이 있지는 않나요? 혹은 그런 경향을 자주 보이는 사람이 있나요?

부모라고 쓰고 트라우마라고 읽는다

#나와같은인간 #기여한부분 #대물림하지않기

저는 어린 시절, 아버지의 폭언과 폭력에 고통스러운 시간을 보내야 했어요. 두려웠고, 고통스러웠던 그 순간들을 생각하면 가끔 아찔해요. 만약 누군가 그와 같은 트라우마를 어떻게 극복했느냐 묻는다면 이렇게 답할 수 있어요.

- 첫째, 부모란 이름에 과도한 전능성을 부여하지 마세요. 부모도 흠과 실수가 있는 인간일 따름입니다.
- 둘째, 시야를 넓혀 보세요. 부모님에 대해 부정적으로 제한된 시야가 내 사연을 더 비극적으로 만듭니다. 아무리 나를 힘들게 한 부모라도 내 인생에 기여한 부분이 있어요.
- 셋째, 어떤 부모를 만날지는 선택할 수 없지만, 어떤 부모가 될지는 선택할 수 있어요. 상처를 대물림하지 않는 것이야말로 지난날 트라우마에 보내는 가장 빛나는 작별 인사입니다.

성장 과정에서 부모님에게 받은 상처를 자녀에게 대물림하고 있지는 않나요? 그 아픔의 역사를 여러분 대에서 끊어 버리려면 어떤 노력이 필요할까요?

내면이 강한 사람의 사회생활은?

#팔랑귀졸업   #선긋기   #화절제

사회생활을 하려면 무엇보다 강한 내면이 필요하죠. 업무의 양은 둘째 치고 그에 대한 평가를 피할 수 없으니까요. 사람과 부딪히는 일도 적잖고요. 그렇다면 내면이 강한 사람은 사회생활에서 어떤 특징을 보일까요?

- 첫째, 뜬소문에 예민하지 않습니다. 즉 사람들의 무책임한 입방아에 자신의 자존감을 맡기지 않습니다.
- 둘째, 비인격적인 비난을 개인적으로 받아들이지 않습니다. 상대의 무례함에 선을 긋고 내 문제로 여기지 않는 것이죠.
- 셋째, 사소한 일로 화를 내지 않습니다. 화내고 소리 지르는 게 높은 직급의 권리처럼 생각하는 천박한 사람들과는 다른 것이죠.

여러분은 '팔랑귀'인가요? 판단을 주체적으로 하지 못하고, 다른 사람의 생각과 견해에 의존적이라면 그 이유는 무엇일까요?

내 마음은 상처 맛집?

#결핍 #기대치 #의존

왜 우리가 상처받을 때 보면 주로 비슷한 이유로 상처받지 않나요? 그렇다면 '왜 이렇게 내 인생은 개떡 같지? 왜 주변에 이런 인간들만 계속 꼬이는 거야?'라고 생각하지 말고, 한 번쯤은 먼저 내 안에 해결되지 않은 결핍이 있지는 않은지 점검해 볼 필요가 있어요. 왜냐하면 반복해서 상처받는 그 지점이 내 결핍일 수 있거든요.

예를 들어 내가 상처받고 사람들이 싫어지는 경우를 봤을 때 그들이 내 노력에 대해 알아주지 않는 것이 주된 이유였다면? 인정에 대한 결핍이 내 안에 있는 거죠. 따라서 반복되는 상처의 굴레에서 벗어나려면 다른 사람에 대한 기대치를 낮출 필요가 있어요. 타인에 대한 지나친 기대는 결국 내 안의 결핍이 만들어 내는 것이거든요. 더불어서 내 결핍을 타인의 힘을 빌려 해결하려고 하지 말아야 하죠. 타인은 내 결핍을 다 채워 줄 수 없을뿐더러, 내 결핍을 채워 주기 위해 존재하지 않기 때문이죠.

여러분이 반복해서 받는 상처가 있다면 무엇인가요?

왜 그 인간에게 화가 날까요?

#상처   #투사   #번아웃

모든 화가 정당한 것은 아닙니다. 화가 나는 게 무조건 상대방의 탓만이 아니라는 의미죠. 만약 누군가에게 화가 났다면 이 세 가지의 경우를 떠올려 보세요.

- 첫째, 그 사람에게 상처가 있을 수 있습니다. 상처는 분노를 불러오는 가장 큰 원인 가운데 하나인데요. 해결되지 않은 상처가 있을 때 분노하게 됩니다. 그런데 여기서 말하는 상처는 나의 지나친 기대나 오해가 불러온 상처를 말해요.
- 둘째, 투사일 수 있습니다. 사람은 자신에게 못마땅한 모습이 있을 때 불만의 채찍질이 다른 사람에게 향할 때가 있어요. 자신의 못마땅한 모습과 같은 모습을 보이는 사람에게 분풀이하듯 비난하기도 하죠. 그런 걸 보고 투사라고 합니다.
- 셋째, 번아웃일 수 있습니다. 현재 내가 처한 상황이나 내가 하는 업무에 지쳐서 짜증이 나고, 짜증이 커져 화를 내는 일이 잦을 수 있습니다.

해 주는 것 없이 미운 사람이 있나요? 그 사람의 모습에서 여러분의 모습을 본 적이 있지는 않나요?

하트 시그널

#통제할수없는짜증   #미칠것같은공포   #생각의뫼비우스띠

자동차에 문제가 생기면 계기판에 불이 들어오잖아요? 만약 마음이 고장 났다는 신호는 무엇일까요?

- 첫째, 말 그대로 그냥, 아무런 불쾌한 일이 없었는데도 그냥 짜증이 납니다.
- 둘째, 감정 조절이 힘들어지고 원인을 알 수 없는 불안감에 어찌할 바를 모를 때가 생깁니다. 특히 이러다 미쳐버릴 것만 같은 공포감이 듭니다.
- 셋째, 생각이 끝없이 계속되거나 생각 자체를 하는 게 힘들어 말문이 막혀버립니다. 그래서 발표해야 하는 상황이나 대화를 지속하는 게 너무 두렵고 고통스럽게 느껴집니다. 만약 '어, 내 이야기인데?' 하는 분이 있다면, 전문가의 도움을 꼭 받아야 해요.

여러분이 통제하지 못하는 부정적이고 극단적인 생각과 감정 때문에 힘들고, 두렵고, 불안하다면 어떻게 하는 게 좋은 방법일까요?

_____

요즘 꿈을 많이 꾸세요?

#숙면장애 #심리적고통 #잦은각성

요즘 들어 꿈을 많이 꾼다는 생각이 드나요? 이 세 가지를 참고해 보세요.

- 첫째, 꿈을 많이 꾼다는 것은 깊은 잠을 자지 못한다는 증거에요. 깊은 잠에 못 들기 때문에 그만큼 꿈을 기억하는 일도 많아지는 것이죠.
- 둘째, 우울증이나 외상 후 스트레스 장애 등 심리적 문제가 심하다면 꿈을 많이 꿀 수 있어요. 고통스러운 감정이나 사건이 생생한 꿈을 꾸게 만들거든요.
- 셋째, 불면증, 수면 중 무호흡증 등으로 인해 수면 중 잦은 각성이 일어나 꿈을 너무 많이 다는 느낌이 들 수 있어요.

꿈을 덜 꾸고 깊이 자려면 카페인이 많이 들어 있는 음료를 줄여 보세요. 잠들기 전 명상도 도움이 되고요. 퇴근 후 가벼운 산책을 해 보는 것도 좋겠습니다. 잠잘 시간이 되었다고 잠자리에 들기보다는 잠이 들 만큼 피곤해졌을 때 눕는 게 도움이 되고요. 잠이 오지 않는 상태로 잠자리에 누워 있는 시간이 길어지면, 잠에 들어도 수면의 질이 떨어질 수 있거든요.

수면의 질을 높이기 위해 여러분이 당장 실천할 수 있는 일을 적어 보세요.

이해가 안 돼요. 이해가!

#몰상식   #무례함   #극단적이기심

사회생활을 하다 보면 정말 이해가 안 되는 사람이 있죠. 어떤 사람이 그렇죠?

- 첫째, 몰상식하고
- 둘째, 무례하고
- 셋째, 극단적으로 이기적인 이런 사람

이해 안 되죠. 도대체 무슨 생각으로 그러는지 알 수가 없어요. 그러니까 애당초 이해하려고 애쓰지 마세요. 세상에는 이해 못할 말과 행동으로 다른 사람의 기운을 빨아들이는 블랙홀과 같은 사람, 너무 많아요. 만약 이런 사람이 주위에 있다면 '자기 모습을 전혀 알아차릴 수 없을 만큼 병든 사람이구나!'라고 생각하고 넘기세요.

몰상식한 사람을 어떻게 해석하는 게 좋을까요?

무시하고 깔보나?

#표정변화금지　#미소날리기　#눈똑바로보고침묵

은근히 사람 무시하고, 깔보는 사람 만나기 마련인데요. 제가 어느 대기업 강의를 갔는데, 행사 담당 직원이 무명 강사인 저와 눈도 마주치지 않고 인사조차 건네지 않더라고요. 이런 사람은 지뢰 같아서 마음의 준비를 하고 대처하지 않으면 된통 당하기 쉽죠. 만약 그런 사람을 만났다면?

- 첫째, 절대 흔들린 감정이 일그러진 표정으로 나타나면 안 됩니다. 그러면 상대는 더 의기양양해집니다.
- 둘째, 고개를 두어 번 끄덕이며 미소를 날리세요. 난 당신이 얼마나 수준 낮은 사람인지 알겠으며, 당신의 무례함에 흔들리지 않는다는 표현이죠.
- 셋째, 절대 시선을 피하지 말고 상대의 눈을 응시하면서 잠시 침묵하세요. 무시당했다는 생각에 더 자신을 어필하려고 많은 말을 하면 오히려 역효과가 납니다. 쓸데없이 가벼운 사람으로 보이고 마는 거죠. 때로는 침묵이 몰상식한 사람에게 날리는 가장 강력한 펀치입니다.

무시당했다는 기분이 들면 여러분은 어떻게 반응하나요?

어디 가나 비호감형인 사람의 특징

#비꼬기 #생색내기 #평가질

사람들이 누군가를 반기지 않는 데는 다 이유가 있어요. 사람 마음이 느끼는 것이 크게 다르지 않기 때문에 그 이유도 비슷하고요. 사람들에게 호감을 사지 못하는 사람은 어떤 이유에서일까요?

- 첫째, 비꼬는 말을 툭툭 던집니다. '사르카즘'이라고 하죠? 냉소적으로 비꼬는 사람 있잖아요. "네가 언제부터?", "네가 그걸 한다고?" 비호감이죠.
- 둘째, 자기가 산 것은 두고두고 생색내면서 남이 베푼 건 기억 못해요. 인색하기 짝이 없으면서도 타인의 호의는 금세 까먹는 사람, 비호감이죠.
- 셋째, 지난 실수를 들먹이면서 말과 행동이 다르다고 자꾸 깎아내립니다. 자기가 뭐라도 된다는 듯이 타인의 인격을 잣대질하고 평가질하는 사람, 비호감이죠.

혹시 여러분에게 냉소적으로 비꼬는 말투가 있지는 않나요? 있다면 주로 어떤 때, 누구에게 그런 말투가 나오나요?

부모에게 사랑받지 못한 과거? NP!

#자존감 #스스로돕는자 #나를사랑하기

부모님께 사랑받지 못한 게 너무 상처고 한인가요? 그건 하나도 문제가 안 돼요. 진짜 문제는 부모님이 나에게 보여 준 그 사랑이 나라는 존재가 세상에 태어나 처음 경험한 사랑이라는 것이에요. 그래서 부모님에게 사랑받은 그 경험이 내 사랑의 방식과 수준을 결정하는 일종의 밑그림이 되는 거죠. 그 밑그림을 바탕으로 내가 나를 사랑하게 되는 것이고요. 부모님이 나를 대접해 준 대로 내가 나를 대접하고, 부모님이 나를 아껴 준 만큼 내가 나를 아껴 주게 된다는 말이에요. 듣고 보니 어이가 없다고요? 그런 논리라면, 부모님께 사랑받지 못한 게 어떻게 문제가 안 되냐고요? 예! 그건 문제가 안 돼요! 부모님이 내 사랑의 밑그림을 잘 그려 주지 않아서 내 자존감이 낮았던 것일 수 있으니까, 이제부터 내가 나를 사랑해 주면 되죠. 내가 나의 조력자가 되고, 내가 나의 위로자가 돼서 나를 아낌없이 지원해 주면 되죠. 그러면 부모님께 사랑받지 못한 과거는 아무것도 아닌 게 되는 거죠.

지금 여러분 자신에게 선물을 준다면 어떤 선물을 주고 싶나요?

'그러려니' 넘어가세요

#분노의폭주   #사회성결여   #부정적이기로작정

설득하거나 이해하려고 애쓰지 말고 '그러려니' 하면서 넘어가야 하는 사람이 있어요.

- 첫째, 무턱대고 화내고 소리 지르는 사람입니다. 공격적으로 반응하는 데 길든 사람과 합리적인 대화는 불가능해요.
- 둘째, 사회생활의 빈도 자체가 부족해 사회성이 현저히 떨어지는 사람입니다. 기본적인 사회성마저 갖추지 못하고 자신 안에 갇혀 있는 사람과는 소통 자체가 어렵습니다.
- 셋째, 매사에 부정적이고 비판적인 사람입니다. 이런 사람은 타인에 대한 경계심마저 높은 경우가 많은데요. 호의마저도 그냥 받아들이지 않죠. 저의를 의심하면서 관계를 불편하게 만듭니다. 설득하려고 하지 말고 그러려니 해야 해요. 무엇보다 그로부터 나 먼저 자신을 보호하는 것이 현실적입니다.

누군가 변하지 않아서 스트레스를 받는 것일까요? 아니면 변하기 어려운 그가 언젠가 극적으로 달라질 거란 이상적 기대를 포기하지 못해서 스트레스를 받는 것일까요?

불통도, 이런 불통인 남편이 없어요

#두괄식 #눈물샘차단 #목구멍공략

다 그런 것은 아니지만 보통 남편들과는 긴 대화가 좀 어렵죠. 아내의 말이 길어진다 싶으면 "결론부터 말해!"라고 짜증 투로 말하든지 그런 메시지를 담은 눈빛이 강렬해지곤 하죠.

- 첫째, 두괄식으로 말하세요. 남자는 두괄식이에요. 즉, 결론부터 명료하게 말하세요. 그다음에 설명하세요. 대화가 훨씬 잘 풀리는 거예요.
- 둘째, 절대 눈물로 호소하면 안 돼요. 무뚝뚝하거나 자기표현이 적은 남편은 아내가 우는 상황 자체가 부담스러워 대화 자체를 피할 수 있어요.
- 셋째, 목구멍이 열려야 귓구멍이 열린다는 사실을 기억하세요. 아내에 대한 남편의 사랑은 남편의 위(stomach)에서 나온다는 말이 있어요. 남편이 TV를 보거나 스마트폰을 하고 있는데 대뜸 정색하며 대화하자고 하지 마세요. 먼저 먹이세요. 남편이 평소 좋아하는 음식을 해 주면서 자연스럽게 대화를 시도해 보세요. 귓구멍이 반드시 열릴 거예요.

배우자(연인)와 대화할 때 어려움을 겪는 부분은 무엇인가요? 혹시 상대가 쉽게 알아듣지 못한다면 여러분의 화법에 개선되어야 할 점은 무엇일까요?

그놈의 시기 질투!

#직장생활 #시기 #성품

직장 생활하는 후배들이 자주 털어놓는 고민이에요. 그냥 자기는 죽으라고 열심히 해서 윗사람들한테 인정받는 것뿐인데, 자기만큼 노력하지도 않는 사람들이 시기 질투한다는 거예요. 그래서 너무 짜증 나고 힘들다고 하소연하는 거죠. 일 그만두고 이직하고 싶다면서요. 그때마다 제가 그 친구들한테 이렇게 말해요. "시기 질투하는 사람은 어디 가나 있어. 안 그래? 그런데 너는 못나 빠져서 잘 나가는 사람 시기 질투나 하는 사람인 게 낫니? 아니면 차라리 일 잘해서 시기 질투를 받는 사람인 게 낫니?" 그리고 이렇게 덧붙여요.

"삼류는 노력도 안 하면서 잘 나가는 사람을 늘 시기 질투만 하는 사람이다.
이류는 잘해서 시기 질투를 받는 사람이다.
일류는 잘하면서 시기 질투 안 받는 사람이다.
그런데 그 일류는 실력만 아니라 인성도 되는 사람들이더라. 특히 겸손과 배려!"

여러분은 삼류, 이류, 일류 가운데 어디에 속하나요?

9월의 내 인생에 건네는 작별 인사

다음 글을 나지막한 목소리로 읽어 보세요. 여러분의 차분한 목소리가 귓가에 크게 울리고, 한 단어 한 단어가 겨울밤 첫눈처럼 여러분 마음에 소복이 내려 쌓이는 느낌이 들 때까지 여러 번 읽어 보세요.

"나는 타인에 대해 일정한 마음의 온도를 유지하는 대상 항상성이 뛰어납니다.
나는 시련을 딛고 일어서는 회복 탄력성이 탁월합니다.
나는 상대의 입장을 헤아릴 줄 아는 조망 수용성이 월등합니다."

1. 단 한 번뿐인, 다시없을 올해 9월의 인생에

– 미안한 점 한 가지를 적어 보세요.

_____

– 고마운 점 한 가지를 적어 보세요.

_____

2. 단 한 번뿐인, 다시없을 올해 9월의 인생에 찾아왔던 일들이 여러분에게 무엇을 원하였는지 한 문장에 담아 보세요.

_____

3. 단 한 번뿐인, 다시없을 올해 10월의 인생이 여러분에게 무엇을 기대하는지 한 문장에 담아 보세요.

_____

지금, 이 순간
가해자는 누구일까?

"다른 사람이 당신을 행복하게
만들어 주기를 기대한다면
당신은 끊임없이 실망하게 될 것이다."

스콧 펙 Morgan Scott Peck

10월을 시작하는 긍정 확언

"나는 내 결핍에 집중하지 않습니다."

나는 내 결핍에 집중하지 않습니다.

나는 이미 내 삶을 꾸려갈 충분한 축복을 받았고,
그 축복을 마음껏 누리고 있기 때문입니다.

나는 볼 수 있습니다.
나는 들을 수 있습니다.
나는 먹고, 마실 수 있습니다.
나는 걸을 수 있습니다.
나는 숨 쉴 수 있습니다.

내게 익숙한 이 축복이
누군가에게는 평생 소망하는 기적일 것입니다.

이 축복이 익숙하다고 소홀히 여기고,
내 결핍만 바라보며 불평한다면
그것은 누군가에게 큰 죄를 짓는 일이 될 것입니다

나라는 내 인생의 가해자?!

#과거   #용기   #가해자

과거에 받은 상처와, 그 상처 준 사람 때문에 여전히 괴롭나요? 다음 세 가지를 말을 곰곰이 생각해 보세요.

- 첫째, 과거의 나도, 나에게 상처 준 사람도 모두 과거에 존재하죠. 다시 말해 과거의 나도, 그리고 그도 과거라는 시간과 함께 죽어버린 것이죠. 바꿀 수 없어요. 모두 화석처럼 굳어졌어요.
- 둘째, 오늘 내가 용기를 내어 감당해야 할 일을 회피하고, 오늘 내가 사랑하며 품어야 할 사람들에 대한 책임을 다하지 않고 있나요? 그 이유를 과거의 그 사람과 그 상처 때문이라고 말한다면 죽었던 그를 오늘의 내가 부활시켜 놓은 거예요.
- 셋째, 과거에 죽어버린 그 사람을 부활시킨 장본인은 나 자신이죠. 그런데도 피해의식에 갇혀 그저 그 사람 탓만 하고 있나요? 하지만 모난 성격으로 다른 사람들에게 상처 주고, 주어진 일에 최선을 다하지 않고 있는 사람은 누구인가요? 내 인생을 망치는 사람은 과거에 상처 준 그가 아니라 오늘의 나예요. 내가 바로 내 인생의 가해자 된 거예요.

여러분이 붙잡고 놓아 주지 않는 과거의 상처는 무엇인가요?

내가 내 인생에 죄를 짓는다

#자존감 #개성 #비교

내가 나를 싫어하고, 응원하지 못하며, 나에 대한 희망을 놓아버린다면? 그 누구도 내 인생을 구원해 주지 못해요. 내가 나를 싫어하는데 누가 나를 좋아해 주겠으며, 내가 나를 응원하지 않는데 누가 나를 지지해 주겠으며, 내가 나에 대한 희망이 없는데 누가 나에 대한 기대를 품겠어요?

여러분은 여러분의 생각보다 훨씬 더 소중한 존재예요. 남들과 비교하거나 남들 따라 하려고 맞지 않는 가면을 쓰지 마세요. 여러분만의 향기와 색깔을 찾으세요. 여러분에게 맞는 보폭과 속도로 여러분의 길을 꾸준히 걸어가세요. 내가 나로 살아가는 것만으로도 인생의 충분한 성취를 이룬 것임을 잊지 마세요.

여러분만의 향기와 색깔, 곧 개성이 무엇이라고 생각하나요?

320

낮은 자존감 때문에 보이는 행동

#척척척   #가짜나   #자존감치명타

자존감이 낮으면 자신을 솔직히 드러낼 용기가 없죠. 그래서 '가짜 나'라는 탈을 쓰고?

- 첫째, 있는 척
- 둘째, 아는 척
- 셋째, 센 척을 하는 것이죠.

이와 같은 '있는 척, 아는 척, 센 척'은 언제가 들통나죠. 들통만 나요. 척하는 내내 자신도 불편함에 시달려야 하죠. 결국 또다시 자존감에 치명타만 받게 되는 거죠.

여러분이 유난히 있는 척, 아는 척, 센 척을 하는 대상이 있나요? 그 이유는 무엇인가요?

Not Braking, Not Happy

#포르쉐 #인생관 #self-control

5억짜리 포르쉐가 있는데 브레이크가 고장 났어요. 그래도 포르쉐니까 올림픽대로 신나게 한 번 달려 보는 거죠? 장례식장 예약부터 하고 시동 걸어야겠죠. 마찬가지로 인생에 사고가 나는 건 너무 빨리 달려서가 아니라 브레이크가 고장 나서인 경우가 대부분이에요. 특히!

• 첫째, 욕심
• 둘째, 후회
• 셋째, 핑계

이 세 가지에 브레이크를 잡지 못하면 인생길에 대형사고 나는 건 피할 수 없어요. 욕심 멈추지 못하면 인생 말아먹는 건 시간문제죠. 후회 멈추지 못하면 의욕이 마비되는 건 시간문제죠. 핑계 멈추지 못하면 인생의 발전이 끝나고 루저로 전락하는 건 시간문제죠.

욕심, 후회, 핑계 가운데 여러분이 가장 멈추기 어려운 것은 무엇인가요?

우울증 예방하려면 보충하세요

#비타민D   #햇볕   #감사

우울증의 원인은 단 하나로 특정할 수는 없어요. 그러나 이 세 가지가 부족하면 우울증에 걸릴 가능성이 높아집니다.

- 첫째, 비타민D입니다. 아일랜드에서 실시된 연구 결과에 따르면 비타민D가 부족한 사람이 그렇지 않은 사람보다 우울증에 걸릴 확률이 75%나 높았다고 해요.
- 둘째, 햇볕입니다. 햇볕에 노출되는 시간이 적을수록 행복 호르몬 세로토닌의 분비 역시 줄어들어 우울증을 유발할 수 있습니다.
- 셋째, 감사입니다. 연구에 따르면 사람이 감사할 때 뇌에서 세로토닌 분비가 활발해진다고 하죠. 그러니 역으로 생각해 보면 매사에 원망과 불평하는 습관은 우울증을 유발할 수 있겠죠?

여러분의 언어 습관을 생각해 보세요. 원망과 불평을 많이 하며 짜증을 내는 편인가요? 아니면 작은 일에도 감사하며 즐거워하는 편인가요?

나의 트라우마 해방일지

#트라우마는없다 #내가필요로하고 #트라우마를추앙하는것일뿐

저는 유년 시절 공감 능력이 전혀 없고, 지극히 자기중심적인 아버지의 폭언과 폭행에 시달렸어요. 학교에 가서는 부모가 돈봉투를 가져오지 않는다는 이유로 담임 선생님들의 폭언과 폭행에 아팠죠. 제 유년 시절을 말할 때 '폭력'이라는 단어를 빼면 이야기 전개가 불가능해요. 트라우마였겠다고요? 물론 그래서 고통스러웠죠. 그런데 지금은 그 트라우마가 1도 없어요. 어디로 갔냐고요?

한 번은 제가 언제 트라우마를 떠올리는지 봤더니 인생이 잘 안 풀릴 때 꼭 그 트라우마를 끄집어내더라고요. 달리 말해 인생이 안 풀리는 이유를 그 트라우마에서 찾고 있더군요. 인생이 안 풀릴 때 '내가 충분히 노력했나?', '실수한 건 없나?' 이런 생각은 안 하고, 그 트라우마를 핑곗거리로 삼아 원망만 하고 앉아 있더라고요. 그러니까 저는 그 트라우마가 사실 되게 필요했던 거죠. 이런 생각이 드니까 저는 그게 좀 '제 인생에 비겁한 짓이다.'라고 느껴졌죠. 결국 내 인생인데! 그래서 그 트라우마를 더는 핑곗거리로 삼지 않았더니 그 트라우마가 제 인생에서 사라졌어요.

여러분이 삶의 주인으로 책임감 넘치는 삶을 살고자 한다면 살아낼 용기가 필요한 것일까요? 트라우마가 필요한 것일까요?

자존감이 높은 사람에겐 없어요

#생고집　#분노의질주　#말도안되는확대해석

자존감이 높다는 거 뭐예요? 자기 자신이 마음에 들고, 자기 자신에 자신이 있다는 거예요. 그래서 자존감이 높은 사람은 이 세 가지가 없죠.

- 첫째, 생고집이 없어요. 자존감이 낮으니까 자기 생각을 굽히는 게 안 되는 거예요. 피해의식 때문에 괜히 지는 것 같고, 무시당하는 것 같으니까 고집 피우는 거예요.
- 둘째, 맹목적 분노가 없어요. 자존감이 낮은 사람은 공격성이 높아요. 조금만 기분 나쁘면 소리 지르고, 화내고 그러죠. 그게 '파워'인 줄 아니까요. 그런데 자존감 높은 사람이 열받으면요? 감정이 태도가 되지 않아요. 그냥 웃고 말아요.
- 셋째, 부정적인 확대 해석이 없어요. 자존감이 낮으니까 소위 '오버'를 많이 하는 거예요. 별것도 아닌 일에 버럭 화를 내는 것처럼요. 또 자기 자신에 자신이 없으니까 별일 아닌 일에도 전전긍긍하고, 그냥 넘겨도 될 말에 멘탈이 '와르르' 무너지죠.

돌아보면 별말도 아니었는데 멘탈이 와르르 무너지고, 신경이 곤두서 주위 사람들에게 까칠하게 굴었던 적은 없나요? 그때 여러분의 자존감 상태가 어떠했나요?

내 감정을 결정하는 것은?

#사고방식 #자존감 #경험

감정이란 게 외부 자극의 유형에 따라 마음에서 올라오는 종류가 정해져 있는 것일까요? 아니요. 그렇지 않아요. 감정을 결정하는 것은 바로 이것입니다.

- 첫째, 사고방식이에요. 감정 다음에 생각이 오는 게 아니라 생각 다음에 감정이 오죠. 내 사고방식이 피해의식에 절어 있다면 타인의 가벼운 농담에도 불쾌함과 분노가 올라오겠죠?
- 둘째, 자존감이에요. 자존감이 높은 사람일수록 긍정적인 감정을 많이 느끼는 건 당연하죠. 내가 나를 싫어하면 온 세상이 내 원수가 되거든요. 그러면 늘 감정 상하는 일밖에 없는 거죠.
- 셋째, 경험이에요. 사랑받은 경험, 지지받은 경험, 사랑과 지지의 경험을 바탕으로 뭔가 성취한 경험이 많다면 긍정적인 감정을 훨씬 더 많이 느끼겠죠.

따라서 부정적인 감정을 자주 느낀다면 그 감정 자체를 믿지 말고, 내 사고방식, 자존감, 경험을 먼저 돌아볼 필요가 있어요.

여러분이 감정을 선택하고 결정할 때 무엇이 가장 많은 영향을 주나요?

_____

Never, Never, Never Give up!

#빅터프랭클   #죽음의수용소에서   #의미치료

의미치료의 창시자 빅터 프랭클 박사는 제2차 세계대전 당시 유대인이라는 이유로 나치 수용소에 갇혀, 인간이 감당하기 어려운 고통을 직접 겪었어요. 수없이 매를 맞고 혹독한 막노동에 시달렸죠. 발가벗겨진 채 온몸의 털이 밀리며 조롱당하는 모멸감도 견뎌야 했고요. 이렇게 신체적, 심리적으로 사망 선고를 받은 것이나 마찬가지인 그 상황에서 그는 자신 안에 선명하게 빛을 내는 밝은 빛을 발견해요. 그것은 그의 정신이었죠. 신체적으로나 심리적으로나 죽은 것과 같은 그 상황 속에서도 그의 정신은 삶의 의미를 일깨워 주고, 고통에 굴복하지 않는 태도를 잃지 않도록 그를 붙들어 준 것이죠. 여러분 안의 꺼지지 않는 밝은 빛, 그 정신의 힘을 믿으세요. 어떤 순간에도 마침표를 찍지 마세요. 쉼표를 찍으세요. 복싱에서도 쓰러졌다고 그대로 끝이 아니죠. 심판이 열까지 세주죠. 기회는 늘 남아 있어요. 인생이 지옥이라면 더더욱 거기서 멈춰서는 안 되잖아요. 나아가세요. 끝내 좋은 날을 보고야 말 거예요. Never! Never! Never give up!

여러분이 결코 포기할 수 없는, 여러분이 성취해야만 할 인생의 사명은 무엇인가요?

의외의 우울증 증상

#감정조절안됨 #짜증 #세로토닌

'우울증' 하면 그 증상으로 막연히 우울감만을 떠올리는 수가 많은데요. 사람들이 잘 모르는 우울증 증상은 바로, 짜증이 느는 것입니다. 평소에는 아무렇지 않던 일이 귀찮게 느껴지나요? 또는 말로 설명하기 어려운 불쾌한 감정이 불쑥 들면서 짜증이 난다면 우울증을 의심해 볼 수 있어요. 이렇게 짜증이 나는 이유는 우리 기분과 감정의 지휘자 역할을 하는 신경전달물질 세로토닌의 분비와 흡수에 문제가 생겼기 때문이에요. 이렇게 짜증이 느는 증상과 함께 우울감이 2주 이상 지속된다면 정신건강의학과나 상담센터를 찾아 전문가의 도움을 꼭 받아보아야 합니다.

최근 들어 감정 조절에 어려움을 겪고, 유난히 짜증을 자주 내는 사람이 있다면 누구인가요?

_____

요즘 들어 고개가 처져요

#우울증   #중력   #구부정한자세

'항중력근'이라고 들어 보셨어요? 말 그대로 중력이라는 어마어마한 힘을 버티게 해 주는 근육이라는 뜻인데요. 우울증이 생기면 이 항중력근에 힘이 빠져요. 그래서 우울증에 걸리면 자세가 구부정해지죠. 특히 고개가 처집니다. 왜냐하면 목 주변에 근육도 항중력근이기 때문이죠. 목뼈와 함께 머리를 지탱하는 역할을 하죠. 우울증에 걸리면 이 항중력근에 힘이 빠지기 때문에 고개가 처지는 것입니다. 만약 어느 날부터인가 고개를 푹 숙인 채 땅만 보고 걷는다거나 앉아 있을 때 고개가 좌우로 처진다면 우울증의 영향일 수 있어요. 전문가의 도움을 받아 여러분 마음의 상태를 확인해 보세요.

최근에 삶이 허무하고 무의미하다고 느낀 적이 있다면 어떤 상황이었나요? 여러분은 그 허무감과 무의미함에 어떻게 대처했나요?

사랑도, 우정도, 행복도 기대하지 마세요

#자기객관화   #자기확장   #자기초월

이 세 가지가 안 되면 결국엔 자기 자신이라는 우물 안에 갇힌 개구리 신세가
돼요. 타인과의 교류도, 조화도, 협력도 불가능한 무인도의 마른 막대기 같은
사람이 되고 마는 것이죠.

- 첫째, 자기 객관화에요. 쉽게 말해 자기를 남 보듯 할 수 있어야 해요. 늘
  자기방어적으로 굴고, 자기 합리화에 빠진 사람이 있죠. 개선과 발전이 있
  을 수 없어요.
- 둘째, 자기 확장이에요. 자기를 늘려야 해요. 자아의 경계를 넓혀서 타인
  의 생각, 감정에 닿을 수 있어야 해요. 딱 자기 자신이라는 국경을 한 번도
  넘어보지 못한 사람이 있어요. 그런 사람을 문외한이라고 하잖아요. 문 '외'
  밖으로, 나가본 적이 없는 '한' 한량이라는 거죠.
- 셋째, 자기 초월이에요. 자기 자신을 넘어서야 해요. 자기밖에 모르고 사는
  게 아니라 타인의 삶이 개선되는 데 기여하는 일을 할 줄 알아야 해요.

혹시 "너 때문에 내가 이렇게 된 거야!"라고 말한 적이 있다면 어떤 상황이었나요?

변하지 않을 사람은 누구?

#성품 #변화 #기대

신도 도와줄 수 없는, 변할 거라는 기대를 빨리 접으면 접을수록 좋은 사람이 있어요. 절대 변하지 않을 사람이죠.

- 첫째, 부정적이기로 작정한 사람이에요. 명확히 보이는 희망적인 요소마저 도 절대 인정하지 않아요. 어떻게든 절망적인 요소를 찾아내 늘 비관적으로 말하는 사람이죠. 바꿀 방법이 없어요.
- 둘째, 피해의식에 절어 있는 사람이에요. 자신은 지독히 고통스러운 일들의 피해자이기 때문에 바뀔 이유가 없다고 생각하죠. 세상과 주위 사람들이 자신의 편에 서서, 늘 자신의 기분과 비위를 맞춰야 한다고 굳게 믿고 있죠.
- 셋째, 남과 늘 비교하며 시기 질투에 곧잘 빠지는 사람이에요. 사실 비교 자체가 마음 건강에 도움이 되지 않지만, 비교해서 도전받고 자신을 개선하면 그나마 낫죠. 그러나 자기 발전은 없이 늘 시기 질투하고 험담하기 바쁜 사람? 답이 없어요.

여러분에게 피해의식이 있다면 어떤 것일까요? 어떤 상황, 어떤 사람에게 유독 그 피해의식이 작용하나요?

내면이 건강하지 못한 사람은?

#비합리적신념 #부실한내적지반 #세상불쌍한나

한번 망가진 내면의 건강은 쉽사리 회복되지 않아요. 딱 내 얘기다 싶다면 이른 시일 내에 상담실 문을 두드려 보세요.

- 첫째, 특수한 상황을 일반적인 상황으로, 일시적인 상황을 영구적인 상황으로 받아들입니다. 예를 들어 한 번의 이별이나 실패를 가지고 인생 전체를 조망하는 것이죠. 그래서 "내 인생은 망했어. 안 돼. 앞으로도 계속 이럴 거야."라고 말합니다.
- 둘째, 거절을 받아들이지 못합니다. 자신의 제안이 거절되면 그것을 자신의 존재에 대한 거절로 받아들여 지나치게 상처받고 억울해합니다. 거절감을 준 상대와 인간관계를 단절하기도 하죠. 계속 봐야 하는 사이라면 불쾌한 감정을 대놓고 드러내거나, 봐도 외면합니다.
- 셋째, 자기 삶에 대해 말할 때 지나친 자기 연민을 기반으로 서술합니다. 불행을 타고나, 불행 속에서 고통받으며 살았다고 말합니다. 주위 사람들은 다 자신의 가해자라고 말합니다.

여러분이 자기 연민이 심하다면 자기 연민에 빠질 만한 근거는 무엇인가요?

___

부정적인 감정이 떠나질 않아요

#파도상상하기 #움직여야산다 #믿을걸믿어라

불안, 절망, 분노, 우울, 자기연민 또는 자기혐오…. 이 같은 부정적인 감정이 들 땐 이 세 가지를 기억하세요.

- 첫째, 어떤 감정도 영원하지 않아요. 감정은 파도와 같아요. 밀려왔다가 밀려 나가요. 계속 머무르지 않아요. 사라져요.
- 둘째, 몸을 움직이세요. 감정과 신체는 연결되어 있어요. 부정적인 감정을 해소하려면 일단 움직이세요. 스트레칭도 좋고, 산책도 좋고요. 스트레스로 경직된 근육을 풀어 주는 거죠.
- 셋째, 부정적 감정도 습관이에요. 부정적 감정에 내가 길들어져 있는 거예요. 그 감정, 진리가 아니에요. 그 감정에 함몰되거나 위축되지 마세요.

부정적인 감정이 들 때는 이렇게 해 보세요. 1단계: "창문을 열고 환기하며 심호흡을 해 본다." 2단계: "책상 또는 옷장 정리를 하거나 바닥을 걸레로 '박박' 닦아 본다." 3단계: "페브리즈를 방 안에 뿌리거나 향수를 손목에 조금 뿌려 본다."

앞에서 소개된 3단계를 실험해 보고 결과가 어떤지 적어 보세요.

말실수를 줄이는 방법

#소재고갈입틀막   #빈말의비극적결말   #일시정지잠시멈춤

자꾸만 말실수해서 입을 꿰매 버리고 싶을 때가 있지 않나요? 한번 쏟아진 말은 주워 담을 수도 없으니, 말실수를 줄이고 싶다면?

- 첫째, 할 말이 없을 때는 말하지 마세요.
- 둘째, 빈말을 남발하지 마세요. 아무리 농담처럼 가볍게 지나치며 하는 빈말이라도 듣는 사람에 따라 크게 상처가 될 수 있어요.
- 셋째, 인간관계를 파국으로 몰고 가는 폭탄선언은 반드시 감정이 북받쳐 올랐을 때 나온다는 것을 잊지 마세요. 감정이 통제되지 않을 때는 침묵하거나 생각할 시간을 달라고 요청하는 게 좋겠죠?

여러분이 했던 가장 치명적인 말실수는 무엇이었나요? 그 실수 후 말할 때 어떤 점이 개선되었나요?

334

사랑받고 자란 티가 나는 사람의 특징

#예의   #은혜   #공감

집에서 키우는 화초도 관심과 애정을 많이 받은 화초는 다른 화초보다 잘 자라고 표가 나죠. 식물도 이런데, 사람은 오죽할까요? 사랑받고 자란 사람은 티가 나요.

- 첫째, 예의가 바릅니다. 인사성도 밝고 늘 웃는 얼굴로 사람을 대합니다.
- 둘째, 은혜를 잊지 않습니다. 고마움을 표현하는 데 익숙해 인간관계가 좋습니다.
- 셋째, 공감을 잘합니다. 그래서 사람들이 자주 찾고 주위 사람들이 갈등할 때 중재자 역할을 합니다.

사랑받고 자라지 못했다면 어떻게 해야 하냐고 묻는 분도 많아요. 만약 여러분 스스로 예의 바른 인성을 갖고, 감사를 잊지 않고, 공감 능력을 키운다면 사랑받지 못한 결핍의 과거가 문제가 될까요?

너무 착한 사람 되지 마세요!

#할많하하   #거절도실력   #상한선80%

상담실을 찾는 분들 가운데 대다수가 너무 착해서 문제에요. 그 문제란?

- 첫째, 상대방 기분 맞추느라 하고 싶은 말을 못해요.
- 둘째, 특히 거절을 못해요. '싫다' 소리를 못해서 자기 몫도 아닌 짐을 다 짊어지죠. 그래서 자기만 속병 들고, 골병드는 거죠.
- 셋째, 공통으로 하는 말이 "내가 잘해 주면 그 사람이 나에게든, 자기가 하는 일에서든 잘해 줄 거로 생각했다."라는 거예요. 세상에 그런 사람들만 있으면 얼마나 좋겠어요? 누구에게든 120% 잘해 주지 마세요. 80%만 잘해 주세요.

만약 누군가의 부탁을 거절하는 게 불편하고, 불안하다면 이유가 뭘까요? 언제부터 그랬나요?

자존감이 낮은 부모는?

#자격지심   #통제   #비난

자존감이 낮은 부모는 양육 방식에서도 그 낮은 자존감이 필연적으로 드러날 수밖에 없는데요. 자존감이 낮은 부모의 특징은?

- 첫째, 쉽게 무시당한다고 생각합니다. 자녀들이 말 안 들을 수 있고 때론 잘못할 수 있는데 그 모든 이유가 자신을 무시하기 때문이라고 생각하는 것이죠.
- 둘째, 통제가 심합니다. "시키면 시키는 대로 해!", "내 말대로 해!"라는 말을 자주 사용하죠. 자녀가 자신의 통제력을 벗어나는 것을 자신에 대한 거절과 반항으로 받아들입니다.
- 셋째, 자식 탓을 자주 합니다. 자녀와 조금만 불편한 일이 생기면 "다 너 때문이야!"라는 말을 자주 사용합니다. 자존감이 낮은 부모는 무언가 책임을 지는 일이 힘들기 때문입니다.

부모가 자녀를 지나치게 통제하고 간섭하려고 하는 이유가 무엇일까요?

왜 저래? 저럴 일이야?

#극단적흥분   #편도체납치   #힘잃은전두엽

주위에 별것도 아닌 일에 흥분하는 사람이 있죠? 한번 흥분하면 도무지 말도 안 통하는 데다가 죽자 살자 덤비잖아요? 왜 그러는 걸까요? 바로 편도체 때문입니다. 우리 뇌 가장 안쪽에 콩알만 한 '편도체'라는 게 있어요. 보통 '본능의 뇌'라고 불리죠. 위기 상황이 닥치면 '맞서 싸울 것인가? 도망칠 것인가?'를 결정하는 부위예요.

만약 이 편도체가 활성화된 경험이 지나치게 많으면 모든 문제를 죽고 사는 문제로 반응합니다. 작은 자극도 자신의 생존이 걸린 문제로 여기는 거죠. 또 편도체가 작동하면 이성의 뇌인 전두엽도 힘을 못 씁니다. 쉽게 말해 골이 빈 상태가 되는 것입니다. 그래서 말도 안 통하고, 사람을 죽일 듯이 죽자 살자 덤비는 것입니다.

별것도 아닌 일에 불같이 화를 내고, 다른 사람이 공포감을 느낄 만큼 폭력적으로 돌변하는 사람이 있나요? 혹시 여러분이 그러진 않나요?

우울증 VIP초대장

#잠이보약   #일단나가라   #소가아니다

우울증이 얼마나 고약한 불청객인지 직접 겪어보면 단순히 '힘들다, 지친다.' 정도로 끝나지 않아요. 내 마음의 집을 엉망으로 만들어 놓죠. 이런 생활 방식은 우울증에 내 마음 집의 열쇠를 맡기는 것이나 마찬가지인데요.

* 첫째, 불규칙한 수면 패턴입니다. 특히 잠잘 시간에 스마트폰을 하면서 빛에 노출되는 일이 반복되면 숙면 호르몬 멜라토닌의 수치가 떨어지죠. 멜라토닌 수치의 하락은 행복 호르몬 세로토닌 수치의 하락을 불러와 우울증을 유발할 수 있습니다.
* 둘째, 외부와의 접촉이 차단된 생활입니다. 이는 축소된 인간관계, 햇볕을 쬐는 외부 활동의 부족도 포함합니다. 이 두 가지의 부족은 행복 호르몬 세로토닌 수치의 하락을 불러와 우울증을 유발할 수 있습니다.
* 셋째, 지난 일을 반복해 되새기며 후회하는 것입니다. 후회되는 지난 일을 되새길수록 슬픔의 감정에 지배당할 수 있어요. 이런 되새김은 끝이 없기 때문에 결국 우울증을 유발하고 악화시킬 수 있습니다.

지난날 상처와 아픔을 곱씹어 생각하면 할수록 마음에 약이 될까요? 독이 될까요?

거만한 사람이 풍기는 착각의 냄새(?)

#오만한우월감   #착각은자유지만   #판단의보는사람몫

어디 가나 특유의 거만함으로 주변 사람들을 불쾌하게 만드는 사람들이 있죠. 그들의 착각은 무엇일까요?

- 첫째, 자신이 남들보다 모든 면에서 우위에 있다고 착각합니다. 물론 객관적 근거는 없죠. 그들의 생각이 그럴 뿐이에요.
- 둘째, 자신은 뭐든 다 알고 있고, 자신의 판단은 늘 옳다고 착각합니다. 심지어 다른 사람의 생각도 훤히 다 들여다보고 있다는 듯이 행동하죠.
- 셋째, 그래서 남의 얘기는 들어 볼 필요도 없다고 착각합니다. 앞뒤로 꽉 막힌 사람이죠. 생각만 해도 피곤하네요.

여러분이 다른 사람과 비교하며 우월감을 느낄 때가 있나요? 근거는 무엇인가요?

___

탈옥도, 출소도 불가능한 감옥

#나라는감옥 #미움이라는감옥 #집착이라는감옥

다양한 인간관계를 하다 보면 교도소에 '몸'이 갇혀 있는 것보다 더 무서운 징역을 사는 이들을 보게 돼요.

- 첫째, 자기 자신이라는 감옥에 갇혀 있는 사람이에요. 시야에 자기 자신밖에 없어요. 자기 생각, 감정, 기분에 갇혀 있죠. 남 생각은 눈곱만큼도 못 해요.
- 둘째, 특히 미움이라는 감옥에 갇혀 있는 분들이 있어요. 물론 누군가를 미워할 수 있죠. 그런데 미워하면 그 사람이 내 미움을 100% 느끼고 알까요? 그 미움을 단 1%의 손실도 없이 체험하고, 미움이라는 쇠고랑을 차고 있는 사람은 누구일까요?
- 셋째, 집착이에요. 나에게 마음이 떠나버린 인연에 대한 집착, 특히 과거에 겪었던 결핍에 대한 집착, 그 집착이란 감옥의 창살에 갇혀 다른 누구의 손도 잡지 못한 채 지옥을 살죠.

'자아, 미움, 집착' 가운데 여러분이 갇혀 있는 감옥은 무엇인가요?

___

성급함은 후회만 남길 뿐!

#사람다알아? #인생끝났어? #그사람확실해?

성급할수록 후회할 일이 늘죠. 사람 일은 한 치 앞을 알 수 없고, 사람의 판단력과 지혜는 한계가 있기 때문이죠. 이 세 가지에 대한 성급함은 인생의 곤란을 자초해 깊은 후회를 남길 수 있는데요.

• 첫째, 타인에 대한 평가에요. 사람은 몰라요. 다 알 수가 없어요. 아무리 좋은 사람에게도 나쁜 점이 있고 아무리 나쁜 사람에게도 좋은 점이 있어요. 친구가 적이 되고, 원수가 친구가 되기도 하는 게 인간관계에요.
• 둘째, 인생에 관한 판단이에요. 사람 인생 몰라요. 당장 눈앞에 문이 닫혔다고 모든 문이 닫힌 게 아니에요. 반대로 지금 잘된다고 영원히 잘 나간다는 보장 없어요.
• 셋째, 결혼이에요. 결혼은 약속인데 급하게 잡은 약속, 제대로 지키기가 쉬울까요? 오랜 기간 사귀다 확신을 가지고 한 결혼도 살다 보면 힘든데, 급하게 확신 없이 한 결혼이 쉬울까요?

아무리 세상이 달라졌어도 결혼이 '인륜지대사'라는 위상을 유지하는 걸 극구 부정할 만한 이유는 별로 없어 보여요. 결혼 상대를 고를 때 잘못된 동기는 어떤 것들이 있나요?

극도의 무기력에 빠져 있다면?

#채찍질무효과 #대계획금지 #비교중단

아무것도 하고 싶지 않고 누워 있고만 싶을 때가 있죠. 이러한 극도의 무기력에 빠져 있다면 이 세 가지는 절대 금물입니다.

- 첫째, 무기력한 자신을 채찍질하지 마세요. 신체적, 심리적 에너지가 고갈 상태일 때 자신을 몰아세우면 자아가 손상될 수 있습니다. 즉 자존감 자체가 무너질 수 있어요.
- 둘째, 무기력했던 시간을 만회하겠다고 거창한 계획을 세우면 절대로 안 돼요. 이는 결국 좌절로 이어지기가 쉽고, 그러면 무기력이 더 심해지죠. 아주 작은 계획을 세우고 성취함으로써 조금씩 활력을 되찾는 게 더 낫습니다. 청소한다면 '대' 청소 말고 '소' 청소를 하세요.
- 셋째, 남들과 비교하지 마세요. 특히 무기력으로 아무것도 할 수 없을 때 다른 사람과 자신을 비교하며, SNS를 떠도는 것은 자존감에 치명타가 됩니다.

무기력은 살면서 누구나 경험할 수 있어요. 여러분이 몸과 마음의 무기력함을 느낄 때 자주 느끼는 감정은 무엇인가요? 부정적인 감정이 든다면 왜 그런 감정이 드는지 적어 보세요.

_____

진짜 어른은 이걸 잘 소화해요

#퇴행   #벗어나지못한유아기적행태   #비난속냉정한평가

사람은 겉사람이 있고, 속사람이 있거든요. 그런데 겉사람만 컸다고 어른이 되는 건 아니죠. 진짜 어른은 속사람이 어른인 사람이 진짜 어른이죠. 겉은 다 커서 어른 같아도, 속사람이 안 자라서 마음 씀씀이나 하는 짓이 어린애 같으면 그 사람을 두고 누가 어른이라고 해요?

특히 속사람이 어른이 되려면 이 한 가지를 잘 소화해 낼 수 있어야 해요. 비난이에요. 비난을 잘 소화해 내야 어른이 될 수 있고, 비난을 잘 소화해 내는 사람이 어른이고요. 애들 봐요. 애들은 무조건 칭찬만 받고 싶어 해요. 속사람이 어른이 되지 못한 사람은 무조건 자기편만 되어 달라고 하죠. 그게 얼마나 사람을 피곤하게 하는지 모르는 사람 없을 거예요.

사람은 비난을 소화하는 능력과 비례해 내면이 성장하는 거예요. 비난을 잘 소화해 내는 방법요? 바나나는 먹고 껍질은 버리면 돼요. 그렇다고 아기까지 목욕물과 함께 버리면 안 돼요.

여러분이 누군가에게 비판의 말을 들은 후 비판의 과녁이 되었던 부적절한 말과 행동, 좋지 못한 습관을 개선하기 위해 어떤 노력을 해 보았나요?

_____

상담실을 찾는 이들의 공통된 후회

#왜싫다고말을못해! #가스라이팅당하느니외톨이가낫다 #나라도나를사랑하자

상담받으러 오는 분들이 가장 많이 후회하는 게 뭔지 아세요? 다 인간관계에 대한 것인데요.

- 첫째, 자신을 함부로 대하는 사람이 있었는데 똑 부러지게 말 한마디 못했던 것이고요.
- 둘째, 타인의 평가가 너무 두렵고, 외톨이가 될까 봐 또는 연인이 나를 떠날까 봐 착한 아이 콤플렉스를 안고 살아온 것이고요. 특히 이용당하는 거 알면서도 그 사람을 빨리 끊어내지 못했던 게 정말 후회된다고 하고요.
- 셋째, 자신을 사랑하지 못하고 살아온 것이에요. 자신이 너무 못났고, 별볼 일 없다고 생각돼서 자기 비하, 자기혐오, 자기 연민에 빠져 살았다는 거죠. 그래서 정말 하고 싶었던 일에 도전도 못하고, 사니까 그냥 사는 무기력한 세월을 보냈다는 거예요.

단순히 이해관계의 차원이 아니라 상식, 도덕, 윤리 등 어느 면으로나 건강하지 못한 사람인데 끊어내지 못하고 있는 관계가 있나요?

345

회복탄력성을 높이는 비결

#유연성 #자동적사고 #감사

인생의 시련을 딛고 다시 일어서는 능력을 회복탄력성이라고 하죠. 회복탄력성을 높이려면?

- 첫째, 생각이 유연해야 해요. '인생이 이럴 수도 있고, 저럴 수도 있지. 꼭 내 마음대로 되라는 법은 없잖아.' 이렇게 생각할 필요가 있어요. 그래야 마음이 안 부러져요. 이빨이 잘 부러지나요? 혀가 잘 부러지나요?
- 둘째, 부정적인 자동적 사고를 믿지 말고, 자신과 긍정적인 대화를 할 줄 알아야 해요. 힘든 상황이 오면 자동적으로 떠오르는 부정적인 생각이 있거든요. '하, 망했다. 끝났다. 역시 난 안 돼.' 이런 거죠. 이런 부정적인 자동적 사고를 긍정적 자기 대화로 이겨내세요. 자신에게 '넌 할 수 있어! 넌 끝내 일어서고야 말 거야!'라고 말해 주세요.
- 셋째, 감사할 줄 알아야 해요. 감사할 때 행복 호르몬 세로토닌 분비가 활발해지고, 부정적 감정에 지배받지 않을 수 있어요.

여러분 자신을 여러분의 가장 소중한 친구라고 생각한다면 그 친구에게 지금 어떤 격려와 지지의 말을 해 주고 싶나요?

_____

딸에게 상처를 대물림하는 엄마

#편애의칼 #같은상처 #용서못함의악순환

딸이라는 이유로 편애를 당한 상처 때문에 상담실을 찾은 어느 여대생이 있었어요. 세 살 위인 오빠보다 어느 면에서든 나았지만, 늘 편애에 시달렸죠. 그런데 딸보다 아들을 편애한 게 아빠였을까요? 엄마였을까요? 엄마였어요. 엄마니까 아들보다 딸을 더 아낄 것 같은데 전혀 그렇지 않았죠. 더 의외였던 건 뭔지 아세요? 그 여대생의 엄마 역시 외할머니에게 딸이라고 편애를 당한 상처가 깊은 분이었다는 거죠.

왜 이런 일이 일어날까요? 아들이 아니라 딸이라는 이유로 편애를 당한 상처가 있으니 자기 딸에게는 그렇지 않을 것 같잖아요? 그런데 그렇지 않다는 거죠. 치유되지 않은 상처는 대물림됩니다. 그리고 나에게 상처 준 사람을 용서하지 못하면 나에게 상처를 준 사람을 닮게 된다는 사실 잊지 마세요.

"나도 못 받아본 아빠 사랑을 감히 지가 받아?!"라며 아빠에게 사랑받는 딸을 향해 서슴없이 분노를 쏟아놓는 엄마를 본 적이 있나요? 왜 이런 웃지 못할 일이 벌어지는 걸까요?

망가지는 인간관계의 신호

#아첨꾼에포위   #무관심과비꼼사이   #너한테는말안해

주변 사람들과의 관계에서 이 세 가지가 나타나고 있다면 내 인간관계가 망가지고 있다는 신호인데요.

- 첫째, 듣기 좋은 말만 하는 사람들이 점점 늘어납니다. 내가 충고나 직언을 들으면 관계를 끊어 버리거나, 불이익을 주는 인격이 부족한 사람으로 낙인이 찍혔기 때문이죠.
- 둘째, 내가 하는 말에 관심을 보이지 않거나 비꼬는 사람들이 늘어납니다. 이유는 내 말에 신빙성, 진실성, 진정성이 없기 때문인데요. 특히 말과 행동이 달라 우습게 보이기 때문이죠.
- 셋째, 자신의 속 얘기를 하는 사람들이 점점 줄어듭니다. 이는 사람들의 신뢰를 잃었다는 얘기죠. 말해도 도움이 안 되거나, 공감을 못 받는다고 상대가 느끼는 거고요. 제일 창피한 점은, 내가 입이 가벼워 소문을 낼 거로 생각하기 때문이죠.

여러분의 입을 무게로 따지면 몇 킬로그램 정도 될까요? 보통 새의 깃털 하나는 1그램 정도 되고, 골드바 하나는 보통 1킬로그램으로 만들죠. 깃털인가요? 골드바인가요?

우울증 앓는 이에게 보내는 편파적 응원

#회복을위한이기심   #남들은모름   #밥잘먹기

우울증을 앓고 계세요? 그렇다면 이 말에 귀를 기울여 주세요.

- 첫째, 남 눈치 보지 마세요. 당분간 이기적으로 행동하세요. 남들에게 폐가 된다고 죄책감에 빠지는 것보다 나를 잘 챙겨 회복에 힘쓰는 게 훨씬 낫습니다.
- 둘째, 남들이 몰라 준다고 너무 서러워 마세요. 우울증에 걸려 보지 않은 사람은 우울증이 얼마나 힘든 병인지 잘 모릅니다.
- 셋째, 혹시 식욕이 떨어지셨다면 아픈 것도 서러운데 밥 굶지 마세요. 탄수화물을 잘 섭취해야 해요. 흔히 하는 말로 당이 떨어지면, 뇌가 더 힘들어 해요. 우울증이 더 심해지죠.

가까운 사람 가운데 우울증을 앓는 이가 있나요? 만약 그렇다면 여러분은 우울증에 대해 얼마나 알고 있나요?

10월의 내 인생에 건네는 작별 인사

다음 글을 나지막한 목소리로 읽어 보세요. 여러분의 차분한 목소리가 귓가에 크게 울리고, 한 단어 한 단어가 겨울밤 첫눈처럼 여러분 마음에 소복이 내려 쌓이는 느낌이 들 때까지 여러 번 읽어 보세요.

"나의 지난날은 풍부한 내적 자산이 되었고,

나의 앞날은 다양한 도전의 기회를 줍니다.

나는 오늘의 나를 축복하고, 오늘의 내 삶을 주도합니다."

1. 단 한 번뿐인, 다시없을 올해 10월의 인생에

– 미안한 점 한 가지를 적어 보세요.

_____

– 고마운 점 한 가지를 적어 보세요.

_____

2. 단 한 번뿐인, 다시없을 올해 10월의 인생에 찾아왔던 일들이 여러분에게 무엇을 원하였는지 한 문장에 담아 보세요.

_____

3. 단 한 번뿐인, 다시없을 올해 11월의 인생이 여러분에게 무엇을 기대하는지 한 문장에 담아 보세요.

_____

내 삶의 의미는
무엇일까?

"자신을 힘 나게 만드는 가장 좋은 방법은
다른 사람이 힘 나도록 만드는 것이다."

마크 트웨인 Mark Twain

11월을 시작하는 긍정 확언

"내 삶이 마감될 때 이런 모습이기를 원합니다."

나는 내 삶이 마감될 때
이런 마음이었으면 합니다.

누구도 미워하는 사람이 없기를 원합니다.
누구도 용서하지 못한 사람이 없기를 원합니다.

후회보다는 보람이,
원망보다는 감사가,
서러움보다는 만족함이 가득하기를 원합니다.

이 소망을 이루기 위해
나에게 다가오는 모든 순간을
가장 의미 있고 보람된 일에 쓰고,
내 삶에 찾아오는 모든 인연을 반갑게 맞이하며
온 마음과 정성을 다해 사랑할 것입니다.

내 삶의 의미는 무엇일까요?

#프로이트 #아들러 #빅터프랭클

'의미치료'(Logotherapy)라고 들어 본 적이 있나요? 생소한가요? 의미치료는 정신분석의 프로이트, 개인심리학의 아들러와 더불어 오스트리아 빈 심리요법 3대 학파 가운데 하나로 불리는, 빅터 프랭클이 창시한 심리치료법입니다. 프로이트는 인간을 '쾌락을 추구하는 존재'로 봤고, 미움받을 용기로 잘 알려진 아들러는 인간을 '권력을 추구하는 존재'로 봤어요. 반면 빅터 프랭클은 인간을 '의미를 추구하는 존재'로 정의했습니다. 사람은 삶의 의미, 곧 살아야 할 이유와 목적을 상실하면 살아갈 수가 없다고 본 것이죠. 니체 역시 "살아야 할 이유를 아는 사람은 어떤 시련도 이겨낼 수 있다."라고 말했습니다. 여러분은 여러분의 삶의 의미를 발견하였나요?

여러분의 삶의 이유와 목적은 무엇인지 세 가지를 적어 보세요.

삶의 의미를 찾고 싶다면?

#의미 #이유와목적 #기여

사는 게 재미있나요? 사람이 사는 게 재미있어야 살죠. 사는 게 재미없으면 무슨 재미로 살아요. 그러나 사람은 재미만 가지고는 못 살아요. 사람은 삶의 의미가 있어야 해요. 즉 내가 살아야 할 이유와 목적이 분명해야 살아요.

그러면 삶의 의미는 어디서 찾을 수 있을까요? 타인의 삶이 개선되는 데 기여할 때 찾을 수 있어요. 누군가의 삶이 나로 인해 개선될 때 '아, 나도 살만한 가치가 있구나.' 이런 생각을 하게 되는 거죠. 타인의 삶이 개선되는 데 기여하는 것, 어렵게 생각하지 마세요. 오늘 만나는 사람에게 말 한마디라도 기분 좋게 해 보세요. 그것만으로도 충분한 기여에요. 그러면 나도 힘이 날 거예요. 잊지 마세요. 만고불변의 진리에요. 남을 살리는 게 나를 살리는 거예요.

정기적으로 기부하는 NGO 구호 단체나 사회 복지 단체가 있나요? 한 달에 3만 원이면 아프리카 아이의 한 달 생활비를 책임져 줄 수 있습니다.

삶의 고통과 무의미를 마주할 때

#태도의선택 #삶의요구 #삶의의미

삶이 고통스럽고 무의미하게 느껴지나요? 그렇다면!

- 첫째, 고통의 종류는 선택할 수 없을지라도 고통에 대한 태도는 선택할 수 있다는 것을 잊지 마세요.
- 둘째, 무작정 삶이 달라지기를 바라기보다는, 주어진 삶이 나에게 무엇을 요구하는지 생각해 보세요.
- 셋째, 그 답이 여러분의 삶의 의미를 발견하도록 도와줄 거예요.

의미 없는 인생은 없습니다. 여러분이 이 세상에 존재하는 순간, 여러분은 의미 있는 존재입니다. 여러분은 여러분이 성취해야 할, 여러분만이 성취할 수 있는 사명을 가지고 태어난 것이에요. 여러분 안에 있는 삶의 의미가 여러분에게 발견되기를 기다리고 있어요.

여러분이 공허감, 허무감을 느낄 때가 언제인가요? 왜 공허감, 허무감이 찾아왔다고 생각하나요?

어떤 상황에서도 살아내야 할 이유!

#삶의의미 #삶의요구 #사명

힘들고 고되기만 한 삶, 살아야 할 이유가 뭘까요? 여러분이 이 세상에 존재한다는 것 자체가 의미가 있습니다. 세상에 의미 없는 존재는 없어요. 힘들고 고통스러울수록 내 삶이 달라지기를 바라기보다는 지금까지의 내 삶이 나에게 무엇을 요구하고 있는지 찾아보세요.

저는 폭력 가정에서 자랐어요. 말로 다 표현 못할 상처들로 점철된 유년 시절을 보냈죠. 저는 상처로 가득한 제 삶이 저에게 무엇을 요구하는지를 고민했어요. 제 삶은 저와 같은 아픔을 가진 이들을 치유하는 치유자의 삶을 살아가라고 요구하고 있었죠.

내게 주어진 삶이 나에게 요구하는 바가 바로 나만이 성취할 수 있는 사명이에요. 여러분을 통해 성취기를 기다리는 사명이 있습니다. 그 사명을 찾고 수행하는 것이 바로 우리가 살아야 할 이유와 목적입니다.

이 세상에 유일무이한 여러분의 삶이, 그 모든 경험이, 여러분이 어떤 사람이 되기를 요구하고 있나요?

나를 살리는 약이 되는 말은?

#자조정신 #사람됨됨이 #기여

자신을 살리는 말을 가지고 계세요? 저는 삶이 고될 때 꺼내어 곱씹는 세 가지 말이 있습니다.

- 첫째, "하늘은 스스로 돕는 자를 돕는다." 힘들 때 자책하며 좌절하면 출구가 더 멀어지더라고요. 스스로 돕는 자가 돼서 주어진 환경에 최선을 다할 때 비로소 출구가 보이더라고요.
- 둘째, "사람은 자기가 가지고 있는 것을 준다." 나를 잘 알지도 못하면서 비난하고 욕하는 사람 때문에 힘들 때가 있죠. 그럴 때 저는 "사람은 자기가 가지고 있는 것을 준다."라는 이 말을 늘 생각합니다. 가진 게 없으니 다른 사람한테 인색하고, 깎아내리는 것밖에 할 줄 모르는 거죠.
- 셋째, "남을 살리는 게 나를 살리는 것이다." 힘들 때 보면 나 자신에 너무 집중하고 있는 것을 발견하게 됩니다. 힘들 때일수록 타인의 삶에 기여할 거리를 찾아서 실천해 보면, 내 도움을 받고 힘을 얻는 이를 보면서 나 역시도 힘이 나더라고요.

여러분 자신을 동기 부여할 때 자주 사용하는 어록이 있다면 무엇인가요?

357

열등감을 극복한 사람의 특징

#배움의자극제 #정중한사과 #이타적승화

열등감을 자기 성장의 발판으로 삼는 멋진 사람들이 있는데요. 어떤 특징이 있을까요?

• 첫째, 늘 배우려고 합니다. 자신보다 뛰어난 사람을 시기 질투하기보다는 그의 장점을 배우려고 합니다.

• 둘째, 사과하는 일을 부끄러워하지 않습니다. 자기 잘못이 맞는다면 겸허히 인정하고 사과하는 한편, 실수를 반복하지 않으려고 무척 애를 씁니다.

• 셋째, 타인을 도우려 합니다. 열등감을 공감의 능력으로 승화해 좌절에 빠진 이를 도와줍니다. 멋진 사람이에요!

열등감을 극복한 경험이 있나요? 무엇이 계기가 되어 극복할 수 있었나요?

_____

교도소에 강의 다니며 깨달은 한 가지

#교도소 #목표가아니라 #방법이문제

제가 교도소에서 강의할 때 재소자분들에게 꼭 하는 질문이 있어요. "여러분의 삶의 의미, 그러니까 여러분이 살아가는 이유와 목적은 무엇인가요?" 이걸 꼭 물어봐요. 가장 많이 나오는 대답은 가족이에요. 그리고 행복, 자아 성취로 이어져요. 대부분 그래요.

저는 이 대답을 들을 때마다 이런 생각을 해요. '가족, 행복, 자아 성취를 위해 살았다면 거기 안 계셔야 맞지 않나…' 하는 거죠. 그래서 제가 깨달은 건 이거예요. 사람이 죄를 짓는 건 그가 원하는 것 '자체'를 잘못 선택해서라기보다는, 그가 원하는 것을 얻는 '방법'을 잘못 선택해서 그런 거더라는 것이죠. 목표보다 중요한 것은, '목표를 성취하는 방법이 정당하고, 올바르며, 타인에게 해가 되지 않느냐'입니다. 물론 자신에게도 해가 되어서도 안 되고요.

여러분이 목표를 이루고자 할 때 중요하게 생각하는 가치(예: 정직, 성실, 공헌, 기여, 윤리, 공평 등)가 있다면 무엇인가요?

359

인생의 의미를 찾고 있나요?

#스토리 #인격 #기여

우리 인생에 정말 의미 있는 것은 무엇일까요? 돈, 명예, 권세, 학벌, 인맥일까요? 여러분은 돈, 명예, 권세, 학벌, 인맥이 있는 사람을 보면 무조건 "의미 있게 사네."라고 말하나요? 우리 삶을 의미 있게 하는 것은?

- 첫째, 스펙이 아니라 스토리예요. 삶의 스토리에 의미가 있는 거지, 내가 갖춘 스펙 자체에 있지 않아요. 스펙 좋으면 끝인가요? 인생 스토리가 엉망이면 그 스펙에 의미가 있을까요?
- 둘째, 인격이에요. 재벌 집 아들이어도, 인격이 엉망이면 그 사람을 진심으로 존경할 사람이 있을까요?
- 셋째, 타인의 삶에 대한 기여에요. 나 혼자 잘 먹고 잘 사는 게 의미가 있을까요?

여러분의 삶의 스토리가 사랑하는 사람들에게 또는 자녀들에게 어떤 교훈을 주고 있나요?

_____

360

마음만큼은 부자가 되려고요

#칭찬격려   #웃음유머   #용납용서

요즘은 마음이 넉넉하고 여유 있는 사람, 내면이 풍요로운 사람을 찾기가 힘든 것 같아요. 다들 사는 게 팍팍하니까 그렇겠지만요. 그러나 세상인심 각박하다며 한탄만 할 건 아닌 것 같고요. 나라도 내면이 풍요로운 사람 되면 좋지 않을까요? 내면이 풍요로운 사람이 되려면?

- 첫째, 칭찬과 격려에 인색해지지 마세요.
- 둘째, 웃음과 유머에 인색해지지 마세요.
- 셋째, 누군가의 부족함, 연약함, 실수를 봤을 때 '어떻게 인간이 그럴 수 있어!'라는 생각보다는 '사람이 살다 보면 그럴 수 있지', '로봇이 아니라 사람이니까 그럴 수 있지, 나라고 완벽한가?', '지구에 80억 명이 산다는데 어떻게 사람 다 똑같나, 별사람 다 있는 거지 머⋯.'라는 생각에 좀 더 무게를 두면 좋겠죠?

여러분 마음의 풍요로움, 곧 내적 자산을 돈으로 환산한다면 얼마라고 말할 수 있나요?

3 6 1

삶의 의미를 상실하게 만드는 집착

#행복 #완벽 #공평

사람이 살면서 꼭 필요한 게 삶의 의미죠. 삶의 의미가 충만하고 충족될 때 우리는 비로소 자신의 존재감과 살아 있음을 느낄 수 있는데요. 그러나 다음과 같은 집착은 삶의 의미를 상실하게 만들어요.

- 첫째, '행복'에 대한 집착이에요. 행복은 삶의 본질이 아닙니다. 행복은 오늘에 충실한 사람에게 찾아오는 선물과 같은 것입니다. 오히려 행복에 집착하는 사람일수록 쉽게 공허감에 빠지게 됩니다.
- 둘째, '완벽'에 대한 집착이에요. 이 세상에 완벽은 존재하지 않아요. 완벽의 추구는 불만족만을 낳습니다.
- 셋째, '공평'에 대한 집착이에요. 안타깝게도 세상은 공평하지 않아요. 불공평을 원망하는 것보다 불공평에 노출된 타인의 삶에 기여할 수 있는 일을 찾아보세요. 그것이 내 삶을 의미 있게 만듭니다.

행복은 과정에도 있을까요? 결과에만 있을까요? 완벽이 가능할까요? 불가능할까요? 세상이 공평할까요? 그렇지 않을까요?

필연 운명의 노예 VS 선택 운영의 개척자

#폭력가정   #모멸감   #태도의자유

아버지와 사이좋으세요? 제 아버지는 알코올 의존 문제가 심각했고, 알코올 의존 문제가 있으면 당연히 가정폭력이 따라왔겠죠? 많이 맞았죠. 또 의심병인 편집성 성격 장애가 있어서 사람을 믿지 못하니, 의처증도 심하셨고요. 지금 제 나이쯤인 사십 대 중반을 넘어서는 경제활동을 아예 안 하셨죠. 그래서 지금도 기억나는 게 초등학교 때 준비물이 필요하다고 하면 같은 동네 사는 고모한테 가서 천 원, 이천 원 빌려서 사게 하셨죠. 불행했겠다고요? 불행이라…. 살고 싶었을까요?

그런데 어쩌겠어요. 제가 아버지를 선택한 것도 아니잖아요. 그럴 수도 없고요. 그러나 사람에게는 선택할 수도, 피할 수도 없는, 자신의 선택과 상관없이 주어진 필연 운명만 있는 게 아니에요. 필연 운명의 거친 파도를 넘어, 자신의 운명을 개척할 수 있는 선택 운명이라는 게 있거든요. 예를 들어 어떤 부모를 만나느냐는 선택할 수 없지만, 어떤 부모가 되느냐는 선택할 수 있죠. 선택 운명의 개척자가 되어 진정 내가 원하는 삶의 주인공이 되세요.

필연 운명을 딛고 일어서는 선택 운명의 승리를 맛본 적이 있다면, 어떤 것인가요? 콕 집어 말할 수 있는 승리가 없다면 여러분이 충분히 극복할 수 있다고 생각하는 필연 운명은 무엇인가요?

내면이 강한 사람이 되고 싶어요

#도망치지않아   #바나나는먹고껍질은버리자   #사과와용서의용기

고된 인생, 견뎌내고 살아내는 힘은 강한 내면에서 나오죠. 강한 내면의 소유
자는 어떤 모습일까요?

- 첫째, 과거의 상처를 현실의 어려움에서 도망칠 도피처로 사용하지 않습니
  다.
- 둘째, 타인의 비난에 쉽게 위축되지 않으면서도 자신이 개선할 점을 찾습
  니다.
- 셋째, 자신의 실수는 진심으로 사과할 줄 알고, 타인의 실수는 과감히 용서
  할 줄 압니다. 내면이 허약한 사람일수록 자신에게 관대하고 타인에게 엄
  격한 법이죠.

현실의 어려움을 마주할 때 여러분의 내면에서는 어떤 일이 벌어지나요? 과거의 트
라우마가 떠올라 심란해지나요? 아니면 위기를 극복하려는 노력에 마음의 힘이 응
집되나요?

인생이 안 풀리는 게 문제가 아니에요

#삐뚤어지는건   #전성기가오지않아서가아니라   #자신에대한과대평가탓

대학 때 '융 심리학'을 가르치셨던 교수님의 친구 중에 성품, 성적, 대인관계, 어느 면에서든 누구에게도 뒤지지 않는 친구가 있었다고 해요. 그 자신도 늘 자신감에 차 있었던 것은 물론이고요. 그런데 웬일인지, 대학원까지 우수한 성적으로 졸업한 그 친구가 그 이후론 인생이 잘 안 풀려서 지인들이 다 안타까워했대요. 최근에 그 친구 소식을 들었는데, 상상할 수 없는 일탈을 반복하다 결국 큰 죄를 짓고 교도소에 가게 되었다는 거예요. 그러면서 하시는 말씀이, "자기가 능력 있다고 믿는데 그 능력만큼 인생이 풀리지 않으면 사람이 삐뚤어진다."라는 거예요. 교수님은 학생들에게 이렇게 당부하셨죠.

- 첫째, 자신의 재능과 능력을 믿되, 과신하지는 말고
- 둘째, 꿈과 열정을 잃지 말되, 내 뜻대로 안 풀린다고 쉽게 좌절하건 분노하지 말 것이며
- 셋째, 늘 최선은 다하되, 나는 신이 아니라 유한성을 지닌 인간이라는 것을 잊지 말라고 하시더라고요.

여러분은 여러분의 능력만큼 인생이 풀리지 않는다고 생각될 때, 어떤 모습을 보이나요?

불행을 부르는 어리석은 집착

#주는사랑   #함께하는인연   #바꿀수있는것

하루 24시간이 매일 우리에게 선물로 주어집니다. 억만금을 주고도 살 수 없는 이 소중한 선물을 행복으로 채워야겠죠? 그러나 이 세 가지 집착은 행복은 멀어지고, 불행은 가까워지게 만들어요.

- 첫째, 주는 사랑보다 받는 사랑에 집착하면 불행해져요.
- 둘째, 지금 나와 함께하고 있는 인연보다 떠나간 인연에 집착하면 불행해져요.
- 셋째, 바꿀 수 있는 것보다 바꿀 수 없는 것에 집착하며 불행해져요.

받는 사랑은 마음대로 못하지만, 주는 사랑은 얼마든지 가능하죠. 주는 사랑을 통해 얼마든지 행복할 수 있잖아요? 지금 나와 함께하는 사람과 행복하게 사는 것보다 중요한 것은 없고요. 내가 영향력을 끼치는 일에 집중해 최선의 결과를 얻는다면 그만큼 행복한 일도 없지요.

여러분이 받는 사랑에 예민해지는 대상과 주는 사랑에 풍요로워지는 대상은 누구인가요? 각각의 이유는 무엇인가요?

어떻게 사랑이 변하니?

#라면먹고갈래요?   #봄날은무조건간다   #냄비와가마솥의차이

'찐' 사랑은 어떤 사랑일까요? 사랑하는 사람을 얻은 후에도 '그 사람을 계속 원하는지 아닌지'에 따라 결정될 거예요. 뭐든 그렇지 않나요? 간절히 원하던 것을 얻었었지만, 얻은 후에는 그것에 대한 관심과 열정이 점점 식지 않던가요? 사랑이 식는 것도 마찬가지겠죠. 사랑을 얻으려고 할 때는 "당신만 있으면 돼!" 하면서 별도 달도 다 따 줄 것 같이 굴죠. 그러나 사랑을 얻고, 내 사람이 된 다음에는 그 사람을 처음만큼 원하지 않죠. 사람 심리가 그래요. 그러면 사랑의 유통기한을 늘리려면 어떻게 해야 할까요?

• 첫째, 다 주지 마세요.
• 둘째, 절대로 120% 잘해 주지 말고, 80%만 잘해 주세요.
• 셋째, 영원히 변하지 않는 사랑에 대한 환상을 버리세요.

시간이 지날수록 더 좋아지고, 소중한 친구처럼 여겨지는 사람을 만나세요. 내가 그런 사람이 된다면 그것은 엄청난 축복이고요.

뜨겁기만 했던 사랑과 성숙함에 이른 사랑, 무엇이 그 차이를 만들어 낼까요?

성숙한 사람이란?

#나만잘난게아니고 #나라고특별히다르지않고 #내개성만중요한게아니다

누구에게나 빛이 있으면 그림자도 있고, 향기 날 때가 있으면 냄새날 때도 있고, 강점이 있으면 약점도 있죠. 완벽한 사람은 없어요. 다만 완벽이 아니라 성숙에 이른 사람은 있어요. 어떤 사람일까요?

- 첫째, 자신의 빛, 향기, 강점에 취해 교만하지 않고
- 둘째, 타인의 그림자, 냄새, 약점을 너그러이 포용할 줄 알며
- 셋째, 사람은 모두 자신만의 색깔이 있다는 것을 인정하고 그 색깔을 존중해 줄 수 있는 사람입니다.

이런 사람은 완벽하지 않을 수는 있으나, 분명 성숙한 사람입니다.

여러분은 성숙에 이른 사람인가요? 성숙을 위해 보완해야 점이 있다면 무엇인가요?

내 자아가 붕괴되는 것 같아요

#돌아보면순간일뿐 #신에게는아직열두척의배가 #기어코살아내는수밖에

자존감이 하염없이 추락하고, 멘탈이 탈탈 털리는 일이 생길 때가 있죠. 그때는 이 세 가지를 기억하세요.

- 첫째, 영원한 것은 없어요. 맞아요. 행복도 영원하지 않고, 불행도 영원하지 않아요. 영원히 머무는 것은 없어요.
- 둘째, 하늘이 무너져도 솟아날 구멍이 있어요. 힘들 때 힘들다고 생각하면 더 힘들고, 사고마저 경직돼요. 잃은 것에 집중하지 말고, 남은 것을 최대한 활용해 보는 거예요.
- 셋째, 한 번뿐인 내 인생이에요. 누가 대신 살아 줄 수 있는 것도 아니고, 어차피 종점이 있어요. 이 악물고 살아내는 거예요.

가장 큰 상실을 경험한 순간을 떠올려 보세요. 그때도 여러분의 삶에 여전히 남아 있었던 것은 무엇이었는지 다섯 가지만 적어 보세요.

_____

사랑이란 뭘까요?

#가치관존중   #발전에대한관심   #혜택보다는존재

사랑이란?

- 첫째, 그 사람의 가치관과 우선순위를 존중하는 것이에요.
- 둘째, 그 사람의 발전에 관심을 갖는 것이에요.
- 셋째, 그 사람이 나에게 주는 혜택이 사라져도 여전히 그 사람과 함께할 수 있는 능력이에요.

사랑하는 사람에게 애정이 식었던 적이 있다면 그 이유가 무엇이었나요? 혹시 그가 나에게 주는 혜택이 줄어들거나 크게 의미 없다고 느껴졌던 탓은 아니었나요?

_____

나는 왜 행복하지 않을까요?

#비교라는악마   #후회라는지옥   #파랑새라는허상

행복은 우리 인생길에 정해진 자리에만 있는 것은 아니에요. 다시 말해 그 지점에 도달해야만 행복이 찾아오는 것은 아니죠. 여행 가면 목적했던 명소에 머물며 감탄하는 시간은 잠깐이지 않던가요? 거기까지 가는 건 정말 일이고요. 따라서 인생길을 걷는 그 과정에서도 행복감을 채우는 게 중요해요. 그렇다면 길 위의 행복, 여정 가운데 행복을 찾으려면?

- 첫째, 남들과 비교하는 습관을 버리세요. 비교해 봐야, 남의 떡이 더 커 보이는 결론뿐이죠.
- 둘째, 지나가 버린 기회를 두고 지나치게 후회하지 마세요. "그때 그랬더라면…" 하는 부질없는 상상은 오늘의 현실을 불행하게 생각하도록 만들죠.
- 셋째, 평범한 일상의 소중함을 잊지 마세요. 사람의 어리석음은 잃어보기 전에는 그 소중함을 모른다는 데 있죠. 보고, 듣고, 걸을 수 있다는 것, 함께할 가족과 일할 직장이 있다는 것, 어떤 이에게는 기적과 같은 일입니다.

여러분에게는 평범한 일상일지 모르나 누군가에게 간절히 이뤄지길 바라는 기적 같은 일상이 있다면 어떤 것들이 있을까요?

이 일을 계속하는 게 맞을까요?

#유보람 #이타성에도유재미 #번아웃일수도

일하다 보면 "이 일을 계속하는 게 맞나?" 하는 고민이 생기잖아요. 물론 "이게 정답이다." 하는 것은 없지만, 그런 고민이 있을 때 이 세 가지를 고려해 보세요.

- 첫째, 일단 어떤 일을 지속하려면 내가 하는 일이 타인의 삶에 기여한다는 생각이 들어야 해요. 그래야 보람을 느껴서 동기부여가 유지되죠. 자기만족만은 영원하지 않으니까요.
- 둘째, 그러면 타인의 삶에 기여한다는 보람만 있으면 되냐? 그건 또 아니죠. 사람이 무슨 일을 계속하려면 그 일에 재미를 느껴야 해요. 남을 위한다는 마음이 가득해도 재미가 없으면 오래 못해요.
- 셋째, 모든 일에는 꼭 한 번은, 아니 그 이상으로 번아웃이 와요. 일에 대한 고민이 들 때는 번아웃도 한 번 의심해 봐야 해요.

혹시 여러분의 직업과 직장 생활에 너무 이상적인 기대를 하는 것은 아닌가요? 여러분 삶의 필요를 채워 주고, 가족을 돌보는 데 필요한 재정이 공급되는 것만으로도 충분하지 않나요?

직장 생활을 통해 여러분의 삶에 유익이 되는 점 세 가지를 적어 보세요.

'스펙, 연봉'보다 뭣이 중헌디?!

#스펙 #존경 #성품

한 번뿐인 인생을 사는 우리에게 가장 중요한 과제가 뭐라고 생각하세요? 어떤 일을 해서 먹고 살 것인가를 결정하는 것 아닐까요? 그러니까 사람들이 스펙에 목을 매고, 전공과 상관없이 어쨌든 대기업에 들어갔다고 하면 다들 축하해 주는 거겠죠. 하지만 그것보다 더 중요한 과제는 정말 없는 걸까요? 있지 않을까요? 그것은 바로 어떤 사람이 될지를 결정하는 것이에요. 여러분이 마음 깊은 곳에서부터 진심으로 존경하고 사랑하는 사람이 있나요? 그 이유가 그의 연봉과 스펙 때문인가요? 만약 여러분에게 잊지 못할 누군가가 있다면 그를 잊지 못하는 이유가 뭘까요? 그의 따뜻한 성품과 그가 여러분에게 베풀어 준 고마운 사랑 때문이 아닐까요?

여러분의 무덤 비문에 여러분에 대한 글귀를 새긴다면 어떤 글귀를 새기고 싶은지 적어 보세요.

슬퍼서 우울증에 걸리는 게 아니에요

#억눌림 #감정차단 #우울한무감각

우울증은 우울한 일이 있어서 걸린다고 생각하죠. 우울한 일이 있어서 우울한 건 우울증이 아니죠. 당연한 거죠. 오히려 고통스러운 일이 있을 때 그에 대한 적절한 정서적 반응을 나타내지 못하는 게 우울증을 불러올 수 있어요. 어떤 의미냐면요.

• 첫째, 슬퍼서 우울증에 걸리는 게 아니라 슬픔을 표현하지 못해서 우울증에 걸립니다. 우울증이란 슬픔이 표현되지 못하고 억눌린 채로 있어 유발될 수 있다는 것이죠.
• 둘째, 이렇게 슬픔이 해소될 때까지 실컷 울 수 없거나 또한 감정이 차단된 상태가 지속되면 우울한 무감각 상태가 됩니다. 즉 어떤 감정도 느끼지 못하게 되는 것이죠.
• 셋째, 그렇게 되면 삶의 활력을 상실하게 되고, 나 자신조차 잃어버린 것 같은 자아 상실감마저 느끼게 됩니다.

누구에게도 방해받지 않는 조용한 공간에서 여러분의 마음이 하는 이야기를 들어 보세요. 편안한 마음으로 마음이 해 주는 이야기가 들릴 때까지 명상하는 시간을 가져 보세요. 그 이야기 가운데 여전히 표현하지 못하는 슬픔이 있다면 무엇인가요?

심보가 저런다!

#귀가삐었나　#사과나무밑에서입벌리고있기　#심리적자린고비

돈 드는 것도 아닌데 마음 씀씀이가 넉넉하면 얼마나 좋을까요? 그러나 저런 못된 심보도, 심보가 없다는 소리가 절로 나오는 사람이 있죠.

- 첫째, 말을 곡해해서 듣습니다. 좋은 말도 해 줘도 저의를 의심하며 늘 꼬아 듣습니다.
- 둘째, 자신은 친해지려고 노력하지 않으면서 사람들이 소외시킨다고 곧잘 원망합니다.
- 셋째, 희생이라는 개념이 전혀 없고, 조금이라도 손해 보는 것 같으면 불같이 화를 냅니다.

여러분의 마음 씀씀이는 넉넉한가요?

자존감이 높다면 집착하지 않아요

#인맥부심   #인정중독   #과거의늪

자존감이 높다는 것은 자신에 대한 만족도가 높다는 것이죠. 그러니 결핍된 내면을 채우려 다른 사람에게 빨대를 꽂을 이유가 없어요. 특히 집착이 없죠.

- 첫째, 인맥 넓히는 일에 집착하지 않아요. 자존감이 낮으니까, 인맥으로 허세 부리고 싶은 마음에 인맥 넓히려고 안간힘을 쓰는 거죠.
- 둘째, 타인의 인정에 집착하지 않아요. 자존감이 높은 사람에게 우선순위는 나 자신의 만족이지, 타인에게 인정받는 게 아니에요.
- 셋째, 과거의 실수에 집착하지 않아요. 자존감이 높은 사람일수록 목표지향적, 미래지향적이죠. 자존감이 낮은 사람일수록 과거의 실수를 반복적으로 후회해요. 바꾸지도 못할 과거의 늪에 빠져 허우적거리고요.

혼자 있는 여유 시간에 주로 어느 시점의 일들을 많이 생각하나요? 그 시점의 일들을 떠올리는 게 여러분의 마음 건강에 어떤 도움을 주고 있나요?

_____

남의 말에 쉽게 휘둘리는 나

#주체성   #죽음   #후회

귀담아듣지 않으려고 애써 봐도 자꾸만 다른 사람의 말에 신경이 곤두선다고요? 그렇다면 이 세 가지 관점에서 생각해 보세요.

- 첫째, 죽음 앞에 아쉬워할 일인가요? 쉽게 말해, 죽음을 눈앞에 두고 지난 인생을 돌아보면서 '아, 사람들 눈치 더 보고, 그 사람들 입맛에 맞게 살아야 했었는데!' 그런 후회를 할까요?
- 둘째, 다른 사람의 의견이 내 인생이 되어야 할까요? 그 사람이 내 인생 살아 주는 게 아니잖아요. 대신 살아 줄 수도 없고요. 한 번뿐인 내 인생인데 설령 실패하더라도 내가 하고 싶은 걸 하다가 실패해야 후회가 적겠죠.
- 셋째, 그러니까 다른 사람의 혀 위에 내 인생을 올려놓지 마세요. 책임져 줄 사람, 아무도 없어요. 지금까지 "너, 사람 참 괜찮다. 앞으로 내가 너 끌어 줄게!", "너무 훌륭하세요. 앞으로, 형님으로 모시겠습니다." 하는 사람 치고 그 말 지키는 사람, 하나도 없더라니까요.

여러분이 다른 사람의 말에 의존적일 때가 있다면 언제인가요?

나는 왜 늘 제자리걸음일까요?

#시련 #인내 #살아내다

비바람이 억수로 몰아치는 그런 여름날, 해 질 무렵이었어요. 스타벅스 창가 자리에 앉아 안정감을 만끽하면서 폭풍우가 매섭게 훑고 가는 거리를 보고 있었는데요. 한 여자분이 비바람이 몰아치는 쪽으로 우산을 향하고 한 걸음도 더 떼지 못한 채 힘겹게 버티고 서 있는 거예요. 그 모습을 보고, 누가 저 여자분에게 "왜 앞으로 나가지 않고, 그 자리에 멈춰 서 있냐!"라고 말할 사람이 있을까 하는 생각이 드는 거예요. 그 여자분은 발걸음을 옮길 의지가 없는 것도 아니고, 무기력한 것도 아니었죠. 거센 비바람에 쓰러지지 않고 최선을 다해 견뎌 내고 있는 것이었잖아요.

그때 깨달은 게, 아무런 진보 없이 정체된 것같이 보이는 사람이라고 해서 모두 다 제자리걸음하고 있는 게 아니라는 거죠. 인생의 목적도 없이 무기력하게 서 있는 게 아니라는 거예요. 인생의 시련이라는 폭풍우를 만났으나 쓰러지지 않고, 견뎌 내고, 살아내고 있는 사람일 수 있다는 거죠. 여러분, 늘 제자리걸음만 하는 것 같아요? 절대 아니에요. 여러분은 오늘도 살아내고, 견뎌 내고 있는 거예요.

다음 문장을 적은 후 자신에게 읽어 줘 보세요. "언젠가 나는 포기하지 않은 오늘의 나에게 고마워할 것이다."

잠시라도 같이 있기 불편해요

#외모는노터치 #혀에브레이크없음 #하여튼지멋대로

1초라도 한 공간에 더는 같이 있고 싶지 않은 사람이 있어요. 어떤 사람일까요?

- 첫째, 다른 사람의 외모에 대해 집요하게 평가합니다. 가장 하지 말아야 할 게 다른 사람의 외모 평가죠.
- 둘째, 다른 사람의 얘기는 도무지 듣지 않고 자기 얘기만 줄기차게 떠듭니다. 경청할 줄 모르고 말만 많은 사람, 정말 비호감이죠.
- 셋째, 다른 사람의 기분은 배려하지 않으면서 다른 사람은 자기 기분에 따라 움직여 주길 바랍니다. 만약 자기 기분대로 따라주지 않으면 감정이 태도가 돼서 다른 사람이 불편할 때까지 거슬리게 행동합니다.

함께 있다는 자체만으로도 위로와 격려를 줄 수 있는 사람이라면 그는 이미 성공한 인생을 살고 있는 것이 아닐까요?

함께 있는 사람의 마음을 편하게 해 주는 여러분만의 비결이 있다면 무엇인가요?

379

증오하던 아버지를 닮아가는 아들

#미워해도닮는다   #증오의대상을닮아버림   #상처의대물림

우리가 받은 상처가 해결되지 않아 내면에 곪은 채로 있을 때 생기는 가장 무서운 일이 뭔지 아세요? 그것은 바로 나에게 상처 준 사람을 닮아버리게 된다는 거예요. 왜 닮아버리게 될까요? 상처를 받으면 우리는 그 사람을 미워하죠. 그냥 허공에 대고 미워하는 게 아니라 그 사람이 나에게 상처를 준 말과 행동을 반복해 떠올리면서 미워하죠. '어떻게 나에게 그럴 수 있어?' 하면서요. 그렇게 반복해 떠올리는 동안 우리 뇌는 나에게 상처 준 그 사람의 그 말과 행동을 반복해 학습하는 거죠. 그러니까 닮아버릴 수밖에 없는 거예요. 아버지로부터 받은 상처를 안고 사는 아들이 나이가 들어갈수록 증오하던 아버지의 모습을 닮아가는 건 우연이 아니에요.

자신이 그토록 증오하던 대상을 닮아가는 것처럼 슬프고 비참한 일도 없을 거예요. 그러한 비극의 굴레에서 벗어나는 가장 현명한 방법은 무엇일까요?

숱한 인생이 체득한 뼈아픈 지혜, 딸에게 말해 주세요

#머니머니해도　#돈이최고가아니라　#마음건강

몸이 아픈 사람하고 산다고 미치지는 않거든요. 그러나 마음이 병든 사람하고 살면 미칠 수 있어요. 또 전염성이 있는 병 아니면 옆에 있어도 안 옮잖아요? 전염성 있어도 조심하면 되니깐 방법이 없지 않죠. 그러나 마음이 병든 사람하고 살면 옮아요. 같이 병들어요. 방법 없어요. 그 사람하고의 관계에 중독돼 버리죠. 그러니까 마음이 병든 사람하고 결혼하잖아요? 그러면 여러분도 반드시 마음의 병이 생겨요. 그러다 더는 안 되겠다는 자각이 들면, 이혼하죠. 그 후 다른 사람 만나면 잘 살 수 있을 것 같나요? 이미 여러분의 마음은 전남편의 병든 마음에 중독되어 있어요. 그 병든 마음에 여러분의 마음이 길들어 버린 거죠. 그래서 마음이 건강한 사람하고 결혼해도, 또 이혼해요. 여러분의 마음이 건강한 사람하고는 이제 안 맞아요. 그 사람도 마음이 병든 여러분 때문에 못 살고요. 더 무서운 건 결혼은 둘째 치고, 여러분이 마음이 건강한 사람을 알아보지도 못해요. 그래서 재혼해도 또 마음이 병든 사람을 어떻게 그렇게 찾아내 가지고, 그 사람하고 결혼해요. 소설 아니에요. 실화에요. "Misery loves company."

부모가 자녀에게 남겨 줄 수 있는 최고의 유산은 삶의 지혜입니다. 여러분이 부모라면 자녀가 배우자를 고를 때 어떤 지혜의 말을 해 주고 싶은가요?

나의 실존, 그 힘을 믿으세요

#나는살아있다 #그자체가능력이다 #어떤순간에도나는남는다

인생을 살다 보면 아침에 눈이 떠지니 사는 거지 다 포기하고 싶은 마음만 가득할 때가 있죠. 인생의 무게가 짓누를 때 제가 꺼내 먹는 상비약 같은 문장들이 있는데요.

- 첫째, 의미치료의 창시자 빅터 프랭클이 말했어요. "거대한 폭풍 앞에서 작은 불은 꺼지고 말지만, 큰불은 오히려 더 크게 타오른다."
- 둘째, 영국 속담인데요. "잔잔한 파도는 노력한 사공을 만들지 못한다."
- 셋째, 듣지도, 말하지도, 보지도 못하는 삼중고를 이겨낸 헬렌 켈러의 말이에요. "세상은 고통으로 가득하지만, 그 고통을 극복한 사람들로도 가득하다."

힘내시라는 말이 아니에요. 여러분 안에는 이미 시련의 폭풍이 거칠수록 더 크게 타오르는 큰불과 어떤 어둠도 삼키질 못하는 밝은 빛이 있어요. 그건 바로 여러분의 실존이에요. 즉 오늘도 숨 쉬고 있는, 살아내고 있는 여러분 자신이에요. 나라는 존재의 힘을 믿으세요.

인생의 본질은 무엇일까요? 모진 시련을 만나 소유, 명예, 지위가 다 사라지고 심지어 가족마저 곁을 떠난대도 여러분에게 남은 것이 있다면 무엇일까요?

11월의 내 인생에 건네는 작별 인사

다음 글을 나지막한 목소리로 읽어 보세요. 여러분의 차분한 목소리가 귓가에 크게 울리고, 한 단어 한 단어가 겨울밤 첫눈처럼 여러분 마음에 소복이 내려 쌓이는 느낌이 들 때까지 여러 번 읽어 보세요.

"내 인생은 이 세상에 단 하나만 존재합니다.

내 인생에는 오직 나만이 성취할 수 있는 사명이 있습니다.

나는 그 사명을 성취함으로써 내 삶의 의미를 빛나게 할 것입니다."

1. 단 한 번뿐인, 다시없을 올해 11월의 인생에

– 미안한 점 한 가지를 적어 보세요.

– 고마운 점 한 가지를 적어 보세요.

---

2. 단 한 번뿐인, 다시없을 올해 11월의 인생에 찾아왔던 일들이 여러분에게 무엇을 원하였는지 한 문장에 담아 보세요.

---

3. 단 한 번뿐인, 다시없을 올해 12월의 인생이 여러분에게 무엇을 기대하는지 한 문장에 담아 보세요.

오늘은 선물,
인생은 축복이다

"폭풍 앞에서 작은 불은 꺼지지만,
큰불은 더욱 거세게 타오른다."

빅터 프랭클 Viktor Frankl

12월을 시작하는 긍정 확언

"나의 인생은 선물입니다."

나의 인생이라는 선물에는

오늘이 담겨 있습니다.

오늘은 나에게

내가 이제까지 경험해 본 적 없는 일들을

마주할 기회를 줍니다.

오늘은 나에게

내가 이제까지 사랑해 본 적 없는 사람들을

보살필 기회를 줍니다.

나는 오늘이 내게 준 기회를 놓치지 않고,

과감하게 도전하며 따뜻하게 사랑할 것입니다.

무엇이 인간의 행복을 결정할까?

#행복 #인간관계 #아들러

1938년, 하버드대에서 다양한 계층의 소년 724명을 뽑았어요. 이후 2013년까지 무려 75년 동안 2년마다 인터뷰하면서 그들의 삶을 추적하고 연구했어요. 목적은 '어떤 사람이 행복한 삶을 사는가?'를 알아보고자 한 것이었어요. 다시 말해 '인간의 행복을 결정하는 게 무엇인가?' 이걸 조사한 거죠. 결과는 어땠을까요? 돈? 성공? 성취? 명예? 아니요. 인간의 행복을 결정하는 것은 인간관계였어요. 즉 인간관계가 좋은 사람이 행복하더래요. 맞아요. 『미움받을 용기』에서 소개되어 우리에게 잘 알려진 알프레드 아들러는 인생 문제의 80%가 인간관계 문제라고 했어요. 인간관계가 원만하지 못하면 누구도 행복에 다가서기 어렵죠. 행복해지고 싶으세요? 사람, 잘 골라 만나세요. 그리고 인간관계에 스트레스받지 않고 인간관계를 건강하게 유지하는 자신만의 원칙을 세우세요.

여러분이 가장 행복감을 느끼는 순간이나 일은 무엇인가요?

인생 피로 해소제

#지혜 #통찰 #인생관

상담하면서 많은 분의 인생 이야기를 듣고, 제 인생도 돌아보면서 깨달은 인생관인데요.

- 첫째, 인생에 "꼭, 반드시, 무조건, 절대로, 어떻게!"라는 건 없더라고요. 어떤 일이든 일어날 수 있는 게 인생이더라고요.
- 둘째, 내가 애쓴 만큼 돌아오지 않는 관계도 있고, 내가 그다지 애쓰지 않았는데도 더 많은 것이 돌아오는 관계도 있더라고요. 모든 인연이 내 생각과 기대대로 되는 것은 아니었죠. 그러나 꼭 서운한 인연만 생기는 건 아니고, 고마운 인연도 찾아오더라고요.
- 셋째, 어제는 지나갔고, 내일은 아직 오지 않았어요. 어제는 바꿀 수 없고, 내일은 알 수 없죠. 모두 내 손에 없어요. 내 손에 있는 건 오직 오늘뿐입니다. 오늘 내가 될 수 있는 최선의 내가 되는 것이 내 인생에 가장 탁월하게 기여하는 일이에요.

여러분에게 현실과는 동떨어진 신념이 있다면 무엇일까요?

내가 나를 믿어 주는 힘

#자존감   #행복   #자기신뢰

자존감이란 내가 나를 좋아하는 정도에요. 즉 나 자신이 얼마나 마음에 드느냐의 정도죠. 만약 내가 싫고, 마음에 안 든다면 자존감이 낮은 거죠. 또한 자존감은 '자기 존중감'과 '자기 효능감'으로 구성돼요. 자기 존중감은 '자신의 가치에 대한 믿음'이고, 자기 효능감은 '자신의 능력에 대한 믿음'인데요. 특히 '행복'이라는 주제와 밀접한 관련이 있어요. "나는 행복할 만한 가치가 있는 사람이야!", "나는 노력하면 얼마든지 내가 원하는 행복을 얻을 수 있어!" 라고 믿는다면 자존감이 높은 거죠.

그러면 이 둘의 공통점이 뭔가요? 나에 대한 믿음이라는 거죠. 따라서 자존감을 높이는 방법은? 내가 나를 믿어 주는 거예요. 지금 내 스펙이나 외모 같은 걸로 자신을 깎아내리지 말고 나란 사람과 내 인생을 믿어 주고, 응원해 주는 거예요. 내 가능성을 믿어 주고, 내 노력을 믿어 주는 거예요. 그러니까 자존감은 남이나 스펙이 높여 주는 게 아니에요. 자존감은 오직 나 자신만이 올릴 수 있어요.

여러분은 자신에게 점수를 준다면 10점 만점에 몇 점 정도를 줄 수 있을까요?

389

내 인생의 주인이 되세요

#영향력범위에집중   #해석과반응에무게   #내인생을누가책임져?

내 삶의 주도권을 갖는 것이야말로 나를 나답게 하는 중요한 열쇠인데요. 내가 원하는 내가 되어 내 인생의 주인으로 살아가려면?

- 첫째, 타인의 시선이나 평가에 연연하지 마세요. 남들이 뭐라고 하든 내가 영향력을 발휘할 수 있는 일에 집중하세요.
- 둘째, 일어난 사건보다 그 사건에 대한 내 해석과 반응이 인생의 방향을 결정한다는 것을 잊지 않아야 하고요.
- 셋째, 자신의 선택에 따른 결과에 책임지는 일을 회피하려고 해서는 안 돼요. 내 인생인데 누구한테 책임지라고 하겠어요? 어떤 일이 있어도 "너 때문이야!"라는 말을 쉽게 하지 마세요. 그 말은 그 사람이 내 인생의 결정권자라는 뜻이에요.

현재 여러분의 삶이 구성되는 데 과거에 있었던 일 자체, 그리고 그 일에 대한 여러분의 해석과 반응 가운데 어느 것이 더 큰 영향을 끼쳤다고 생각하나요?

_____

마흔 즈음에…

#한번뿐인내인생 #나의가는길 #인생투자는어디에

제가 마흔이 됐을 때의 일인데요. 대체로 인생이 반환점을 도는 타이밍이라고 할 수 있잖아요? '앞으로 남은 인생을 어떻게 살아야 그래도 보람 있고, 가치 있는 삶이 될 수 있을까?' 고민이 됐어요. 그래서 그즈음에 책을 엄청 많이 읽었어요. 왜냐하면 별 인생 없거든요. 내가 고민하는 인생 문제는 누군가는 이미 고민한 적 있는 것들이에요. 그리고 그 고민을 잘 해결한 사람들은 보통 책을 쓰고요. 그때 읽었던 책 중에 있는 내용인데요.

'S전자'를 다니던 저자는 마흔이 됐을 때 저와 같은 고민을 하다가 이런 생각이 들었대요. '아니 우리 회장님은 돈이 필요 없을 정도로 큰 부자인데, 내가 왜 그분한테 돈을 벌어 주느라고 한 번뿐인 내 인생을 써야 하는 거지?' 그 후 저자는 'S전자'를 퇴사한 후 자신의 길을 찾아 떠났고, 그 길에서 성공을 이뤘죠. 제가 말하고 싶은 건, "그분의 인생 스토리가 정답이다.", 아니면 "틀에 박힌 직장 생활은 의미 없다." 이런 게 아니고요. 다만 자기 자신에게 한번 물어보자는 거죠. "나는 누구를 위해 내 한 번뿐인 인생을 쓰고 있는가?"

오늘까지 여러분의 인생 결산서를 써 볼까요? 여러분의 인생을 투자한 일들의 비율이 어떻게 되나요?

이십 대로 돌아간다면 절대로 시간을 소비하지 않을 일들

#미움 #걱정 #불안

만약 제가 이십 대로 돌아간다면 이 세 가지에는 절대로 시간을 쓰지 않을 건데요.

- 첫째, 미움
- 둘째, 걱정
- 셋째, 불안이에요.

이십 대 때는 한창 뜨거운 청춘이라 그랬는지, 사랑뿐만 아니라 미움도 뜨거웠던 것 같아요. 왜 그렇게 마음에 안 들고 미운 사람이 많았는지! 그런데 진짜 웃긴 게, 지금 돌아보면 그 사람들이 뭐 때문에 미웠는지도 기억이 안 나요. 지금 어디서 뭐 하는지도 모르고요. 영원히 같이 살 것도 아닌데 쓸데없이 마음고생만 한 거죠. 걱정과 불안도 마찬가지예요. 걱정하고 불안해했던 일들이 일어나서 문제가 됐냐? 아뇨! 오히려 그 걱정과 불안이 문제였죠. 그 걱정과 불안 때문에 위축되고, 자신감 떨어지고, 할 일 못하고! 미움, 걱정, 불안! 인생에 도움이 1도 안 돼요.

지금으로부터 20년 전 여러분이 가장 미워했던 사람, 걱정했던 일, 불안해했던 상황을 적어 보세요. 기억에 남아 있나요? 미움, 걱정, 불안이 여러분의 마음 건강에 도움이 되었었나요?

상담하며 깨달은 삶의 지혜

#행복 #이별 #죽음

많은 이들의 다양한 삶의 이야기를 듣다 보면 어떤 자세로 삶을 살아가야 할지에 대한 지혜를 얻게 되는데요.

- 첫째, 행복이 찾아오면 감사하며 마음껏 즐기되, 고통이 찾아오면 그 고통의 의미를 찾으세요. 다시 말해 피할 수 없는 고통이라면 그 고통을 의미 있는 것으로 만드세요.
- 둘째, 사랑하는 이를 만날 때는 절제가 필요하고, 헤어질 때는 존중이 필요해요.
- 셋째, 가치 있는 삶을 살기 위해서는 죽음을 생각하고, 가치 있는 죽음이 되기 위해서는 재산이 아니라 사랑을 남기세요.

만약 여러분의 삶이 단 5분 남았다면 사랑하는 사람에게 어떤 말을 남기고 싶은가요?

_____

인생이란?

#시한부 #본방사수 #유턴없는사랑

바쁘더라도 잠깐 우리 인생에 대해 생각해 볼까요?

- 첫째, 우리는 모두 시한부 인생을 삽니다. 시기와 방식을 모를 뿐, 한 명도 빠짐없이 사랑하는 사람들과 작별해야 할 때가 옵니다.
- 둘째, 리허설이나 재연하는 게 불가능하고, 대역 역시 쓸 수 없어요. 인생을 미리 살아 볼 수도 없고, 실수했다고 그때로 돌아갈 수도 없는 거죠. 누가 대신 살아 주지도 못하고요.
- 셋째, 단 한 번뿐입니다. 그러니까 사랑하세요. 한 번도 상처받지 않은 것처럼! 살아가세요. 오늘이 마지막 날인 것처럼!

오늘이 여러분 인생의 마지막 날이라면 꼭 하고 싶은 세 가지는 무엇인가요? 그리고 그 세 가지를 오늘 해 보세요.

내 소명일까요?

#직업 #소명 #행복

사람이 살면서 일생을 바쳐도 아깝지 않을 일을 찾아내는 것은 매우 중요한데요. 우리는 그것을 '소명(calling)'이라고 말하죠. 소명과 직업(job)의 차이는 무엇일까요? 보통 금전적인 보상이 따르지 않아도 그 일을 계속할 수 있다면 소명이고, 그렇지 않다면 직업이라고 할 수 있어요. 그러면 내가 지금 하는 일이 직업(job)인지 소명(calling)인지 어떻게 알 수 있을까요?

- 첫째, 내가 하는 일이 타인의 삶이 개선되는 데에 기여한다고 믿는다면, 소명입니다.
- 둘째, 나와 함께 일하는 사람들이 행복하다면, 소명입니다.
- 셋째, 내가 그 일을 함으로써 나도 행복하다면, 소명이 맞습니다.

여러분의 소명은 무엇이라고 생각하나요?

타인의 시선이 신경 쓰이는 이유

#인정욕구   #타인의평가   #자존감

사람은 타인의 시선에서 자유롭기가 어렵습니다. 그래서 실존주의 철학자 사르트르가 "타인은 지옥이다."라는 말을 했는지도 모릅니다. 이렇게 타인의 시선이 신경 쓰이는 이유는 뭘까요?

- 첫째, 인정욕구가 심하기 때문입니다. 타인에게 인정받는 게 나쁜 건 아니죠. 그러나 그게 목적이 되어서는 안 되겠죠.
- 둘째, 자기 삶의 만족도를 타인의 평가에 두기 때문입니다. 다른 사람들이 좋게 평가할 때 만족감을 얻기 때문에 타인의 시선이 중요한 것이죠.
- 셋째, 자존감이 낮기 때문입니다. 결국 낮은 자존감 때문에 타인에게 인정받으려고 하고, 타인의 평가에 좌지우지되는 것입니다.

다른 사람의 인정이나 평가와 상관없이, 여러분이 할 일을 충실히 해 나가려면 여러분에게 필요한 것이 무엇일까요?

_____

인생 꼬임 방지턱

#충동 #분노 #의심

인생이 꼬이는 걸 막고 싶다면 이 세 가지를 잘 통제해야 해요.

- 첫째, 충동입니다. 의식하지 않는, 즉 무의식적으로 내뱉어 버리는 충동적인 말과 행동이 인간관계에 회복 불가능한 타격을 입히고, 이미지를 나락 가게 만들죠.
- 둘째, 분노입니다. 분노는 내 마음의 에너지를 '쪽쪽' 빨아들이는 블랙홀이에요. 또 의욕을 불살라 재로 만들어 버리죠. 그래서 정작 내 인생을 위해 열정을 쏟아야 할 일에 전혀 힘을 쓰지 못하게 만듭니다.
- 셋째, 의심입니다. 자기 능력에 대한 의심, 타인에 대한 의심, 이런 의심들은 사람을 예민하고, 불안하게 만들죠. 의심이 들어오면 마음의 평화는 없는 거라고 봐야 하죠. 될 일도 안 되고요.

여러분이 통제하지 못하는 충동이 있다면 무엇인가요?

어디 가나 호감형인 사람의 특징

#유머 #탈권위주의 #긍정적피드백

어디 가나 환영받고 사람들에게 좋은 인상을 주는 사람에게는 특징이 있어요.

- 첫째, 유머가 있습니다. 삭막한 분위기, 긴장된 분위기를 해소하는 유머 한 마디를 적재적소에 던질 수 있는 사람, 어디서든 환영받죠.
- 둘째, 권위주의가 없습니다. 무슨 말만 하면 서열 찾고, 나이 찾고, 학번 찾는 사람을 누가 반기겠어요? 누구를 만나든 수평적으로 대하는 사람, 인상에 늘 남죠.
- 셋째, 작은 변화도 놓치지 않고 긍정적인 피드백을 해 줍니다. 타인에게 무관심한 사람, 호감을 얻을 수 있을까요? 작은 변화도 민감하게 포착해 긍정적으로 말해 주는 사람, 오래 만나고 싶은 사람이죠.

후배나 부하직원이 맞는 말을 하는데도 기분이 나쁘면 '라떼'가 됐다는 증거에요. 여러분은 어떤가요?

삶에 지치면 이런 생각이 들어요

#모든비극내인생에몰빵 #다소용없어 #세상에나만혼자

삶이라는 게 굴곡이 있죠. 늘 평지에, 꽃길만 걷는 사람은 없어요. 그런데 삶의 골짜기를 지날 때 내가 걷는 그 길이 험한 것 때문에도 물론 힘들지만, 그때 드는 생각들이 나를 더 힘들게 만들죠. 이런 생각들인데요.

- 첫째, 남의 인생은 다 쉬워 보여요.
- 둘째, 게다가 지난날 나의 모든 수고는 다 헛수고였던 것 같고요.
- 셋째, 가장 힘든 건, 아무도 나를 알아 주지 않는 것 같아 외롭고 서러운 거죠. 세상에 혼자 덩그러니 놓여 있는 것 같을 때만큼 힘든 순간도 없죠.

만약 요즘 이런 생각이 드는 분이 있다면, 바닷가의 파도를 생각하세요. 아무리 세차게 밀려와도 반드시 돌아가죠. 영원한 건 없어요. 다 지나가요.

유튜브에서 '아이언 렁 맨'(Iron Lung Man)을 검색해 관련 영상을 시청해 보세요. 그가 역경을 대했던 자세를 보고 어떤 마음이 드는지 적어 보세요.

없으면 불행!

#만족 #감사 #기여

능력 있고, 부자고, 인기가 많다고 해서 사람이 무조건 행복한 것이 아니겠죠? 그러나 이 세 가지가 없다면 사람은 반드시 불행하게 되어 있어요.

- 첫째, 만족이에요. 만족이 없으면 평생 결핍의 노예가 되죠.
- 둘째, 감사예요. 감사가 없으면 가진 것을 누릴 수 없어요.
- 셋째, 기여예요. 타인의 삶에 대한 기여가 없으면, 삶의 의미를 상실하게 되죠. 사람은 타인의 삶이 개선되는 데에 기여할 때 비로소 삶의 의미를 찾을 수 있기 때문이죠.

행복의 반대말은 불행이 아니라 불만이라는 말이 있죠. 여러분이 평소에 불만 섞인 말과 감사하는 말 가운데 어떤 말을 더 많이 하는지, 가깝게 지내는 세 명에게 물어보세요. 결과가 어떤가요?

_____

시련을 이겨낸 이들의 공통점

#긍정적   #감사   #강한책임감

상담하다 보면 말로 다 표현할 수 없는 인생의 시련을 잘 통과하신 분들을 만나요. 그런데 놀랍게도 그런 분들에게 공통점이 있음을 발견하게 되는데요. 무엇일까요?

- 첫째, 긍정적이에요. 사실 사람이 긍정적이라고 해서 다 되는 건 아니지만, 부정적이면 아무것도 안 되거든요.
- 둘째, 감사가 넘쳐요. 자신이 잃은 것을 두고 한탄하지 않고, 자신에게 남아 있는 것을 보며 감사하더라고요. 이런 감사의 원동력에는 신앙이 힘을 보태기도 하고, 지나친 욕심이 없다는 점도 기여한 것으로 보이고요.
- 셋째, 책임감이 강해요. 가족이 됐든, 사랑하는 사람이 됐든, 도움을 주고 이들이 됐든, 그들에 대한 책임감으로 삶의 시련을 꿋꿋이 견뎌 내고 통과한 것을 볼 수 있어요.

어떤 사람들은 긍정적으로 생각하는 건 비현실적이라고 말하곤 하죠. 그런데 부정적으로 생각하는 건 무조건 현실적인가요? 여러분의 내면에는 긍정의 힘이 있나요?

나만 '루저' 같아요

#시간은공평 #삶자체가희망 #페이스유지

자신이 한없이 못나 보일 때가 있죠. 할 말 제대로 못하고, 같은 실수를 반복하고, 남들보다 한참 뒤처진 것 같을 때 그렇죠. 그런데 나만 그런 게 아니에요. 누구나 그런 생각이 들 때가 있어요. 그러니까 한없이 작아진다 느껴질 때는?

• 첫째, 시간은 누구에게나 하루 24시간 공평하게 주어진다는 사실을 기억하세요.
• 둘째, 살아 있다는 것, 그 자체로 희망이 있다는 것임을 잊지 마시고요.
• 셋째, 남들보다 빨리 달려야 한다는 강박적 사고를 버리세요. 나에게 맞는 보폭으로 꾸준히, 포기하지 않고 걷는 게 가장 중요하고 현실적이에요.

여러분만의 페이스를 잃어버린 채 성급해지고, 조급해지고, 불안에 허우적거린 적이 있나요? 어떤 자극으로 인한 것이었나요?

자꾸 남 탓하게 될 때

#남탓 #변화의시작 #궁핍한마음

남 탓해서 바뀌는 것도 없고, 좋을 것도 없는데 자꾸만 남 탓하게 되는 때가 있죠. 별일도 아닌데 괜스레 다른 사람을 흠잡기도 하고요. 이렇게 자꾸만 남에게 시선이 가고 못마땅할 때 귀 기울여 볼만한 문장이 있어요.

"남의 집을 깨끗하게 하고 싶거들랑 내 집 앞마당부터 쓸어라." 내 집 문제도 해결 못하는데 누구더러 자기 집을 고치라고 하겠어요? 변화는 항상 나로부터 시작되는 법이죠.

"새가 날아오기를 기대한다면 먼저 앞마당에 나무부터 심어라." 내 삶에 좋은 인연이라는 파랑새가 찾아오기를 원하나요? 그러면 먼저 내 마음에 누군가 기대어 쉴 수 있는 나무 한 그루를 심어 보세요. 척박하고 황량한 마음, 궁핍한 마음은 누구도 찾지 않아요.

여러분의 마음을 숲이라고 생각한다면 몇 그루의 나무가 있을 것 같나요?

미래에 대한 불안 처리 기술

#감사 #수용 #명상

미래에 대한 염려와 걱정은 불안증을 불러올 수 있어요. 미래에 대한 불안, 어떻게 이겨낼 수 있을까요?

• 첫째, 감사입니다. 내게 없는 것, 내가 잃은 것에 집중하지 마세요. 지금 나에게 있는 것, 내가 지금까지 얻은 것에 감사해 보세요.
• 둘째, 수용입니다. 인생을 내 맘대로 다 통제할 수 있다면 얼마나 좋겠어요. 원치 않는 일들이 깜빡이도 켜지 않고 불쑥 삶에 끼어들죠. 너무 괴롭다만 하지 말고, 그 또한 내 삶의 일부로 받아들여 주세요.
• 셋째, 명상입니다. 현대인은 혼자만의 시간, 아무것도 하지 않는 정적의 시간을 못 견뎌 하는 경향이 있는데요. 명상은 우리 신체와 정신을 리셋하는 데에 도움이 됩니다. 편한 자세로 앉거나 누운 채로 호흡을 느끼며 행복했던 때를 떠올려 보세요.

여러분이 불안을 느낄 때 하는 행동은 어떤 것인가요?

_____

최고의 복수 방법

#행복   #축복   #용서

나에게 상처를 안겨 준 사람에게 선사할 최고의 복수 방법 세 가지 소개해 드릴게요.

- 첫째, 행복하세요. 나의 행복이 최고의 복수입니다.
- 둘째, 축복하세요. 나에게 고통을 준 사람을 축복하는 순간, 그는 나를 절대로 따라올 수 없습니다. 그 사람과는 전혀 다른 차원의 사람이 되는 것이니까요.
- 셋째, 용서하세요. 용서야말로 나에게 고통을 준 사람과 진정으로 작별할 수 있는 비결입니다.

여러분에게 상처 준 사람을 욕하고, 저주하고, 원한을 품는 것이 마음 건강과 삶의 질에 어떤 도움이 되고 있는지 적어 보세요.

___

후회만 잔뜩 남기는 인생 낭비

#전전긍긍   #지나친희생   #예기불안

상담하다 보면 많은 분이 인생 낭비였다며 후회하는 일들이 있는데요.

- 첫째, 인간관계에 지나치게 집착해 부정적인 영향을 받으면서도 그 관계를 빨리 끊어 버리지 못한 것.
- 둘째, 가족이나 친구라는 이유로 자신만 지나치게 희생하며 살아온 것.
- 셋째, 아직 일어나지 않은 일들을 염려하며 살아온 것.

원만한 인간관계도, 누군가를 위하는 일도 중요하죠. 그러나 나를 잃어버리거나 오늘을 살지 못하게 만드는 일이 있다면 소중한 인생을 낭비하게 만드는 것이죠.

아직 일어나지도 않은 일을 불안해하며 미리 걱정하는 때가 있죠. 여러분이 불안해하고, 앞서 걱정하는 일은 주로 무엇인가요?

너무 애써도 인생의 독?!

#닿을순없을까   #더인정받을순없을까   #지워버릴순없을까

애써도 안 되는 일이 있는 게 인생이죠. 원하는 바를 이루기 위해 힘을 쏟는 게 잘못된 것은 아니지만, 이런 일들로는 너무 애쓰지 마세요. 인생과 마음에 독이 되니깐요.

- 첫째, 닿지 않는 인연 붙잡으려 너무 애쓰지 마세요. 나의 진가를 알아봐 주는 사람은 얼마든지 있어요.
- 둘째, 남들에게 인정받으려 너무 애쓰지 마세요. 타인의 평가에 너무 집착 하다 보면 정작 나 자신을 잃어버리는 수가 있어요.
- 셋째, 슬프고 힘들었던 과거를 극복하려 너무 애쓰지 마세요. 오히려 그 과 거에 붙잡혀 살게 돼요. 오늘에 집중하세요. 오늘만이 내 삶이에요.

'떠난 인연에 대한 미련, 타인의 인정을 향한 목마름, 어두웠던 과거 극복에 대한 지 나친 고민'이 '지금', 여러분의 '삶의 자리'(here and now)에서 기쁨과 만족을 누리 며 사는 데 도움이 되는 점은 무엇인가요?

못 버리면 인생 나락

#내가피해자라고   #내가잘될턱이있나   #그냥남들하는대로

이 세 가지 의식은 철저히 멀리해야 소중한 인생을 망치지 않을 수 있어요.

- 첫째, 남들은 날 항상 힘들게 하고, 상처만 준다고 생각하는 '피해의식',
- 둘째, 나는 해 봤자 어차피 안 된다고 생각하는 '패배의식',
- 셋째, 남들 하는 대로 따라 사는 게 편하고, 윗사람이나 잘난 사람들이 말하는 대로 사는 게 이득이라고 생각하는 '굴종의식'입니다.

그런데 지난 상처에 얽매이지 않고, 주인의식을 가지고, 긍정적인 마음으로 도전한다고 해서 모든 일이 잘될까요? 물론 아니죠. 그러나 과거의 상처에 코 박고, 삶의 주도성을 갖지 못한 채, 부정적인 마음으로 안주하며 살면 아무것도 안 돼요.

아무것도 하지 않으면 아무 일도 일어나지 않아요. 새로운 무언가에 도전하는 일이 늘 망설여지고, 시작하기도 전에 부정적인 마음이 든다면 그 이유는 무엇인가요?

더 좋은 사람 되려다가 인생 암흑기

#장점의극대화가더효과적   #자기유능감높이는게더효과적   #수용에서출발하는게더효과적

더 좋은 사람 되어 보겠다는 지나친 노력은 되레 화를 불러요. 인성 개선의 노력은 미궁에 빠져 버리고, 원래 캐릭터가 어땠는지도 알 수 없는 지경이 되죠. 그러니까 이 세 가지에 너무 애쓰지 마세요.

- 첫째, 자신의 단점을 고치는 데에 지나치게 신경 쓰면 오히려 자신의 장점이 무엇인지를 잊어버려요.
- 둘째, 과거의 상처를 극복하는 데에 지나치게 신경 쓰면 오히려 그 시간에 멈춰 있게 돼요.
- 셋째, 남들이 자신을 어떻게 생각하는지에 지나치게 신경 쓰면 오히려 자신감만 떨어져요. 사람마다 보는 시각이 다 다르고, 모두가 나에 대해 좋게 말할 수도 없으니까요. 남 눈치 보지 말고, 자신에게만큼은 솔직하게 사는 게 최선이에요.

여러분 스스로 생각하는 장점 한 가지와 다른 사람들이 생각하는 여러분의 장점 한 가지를 적어 보세요.

신앙이 아닌 단지 종교에 심취한 사람의 특징

#내가기준이지   #세상에서는형편없음   #신인줄착각

깊은 신앙은 삶의 변화와 이타적 삶의 실천으로 나타납니다. 그러나 종교의 심취는 도그마에 갇힌 독단과 독선으로 드러나죠. 신앙이 아닌 단지 종교에 빠진 사람들의 특징은?

- 첫째, 자신은 항상 옳다고 생각합니다.
- 둘째, 종교 생활은 열심히 할지 모르지만, 가까운 사람에게는 소홀합니다. 특히 가족에게 소홀합니다.
- 셋째, 무례합니다. 고마워할 줄도 모르고 인사성도 없습니다.
- 넷째, 몰상식합니다. 자신이 특별하다고 생각하지만, 기본 상식에도 어긋나는 일을 합니다.
- 다섯째, 타 종교인을 악의 축으로 여깁니다. 마치 자신이 신이라도 된 듯 타 종교인을 비판하고 정죄합니다.

종교심이 심해지면 사람들 속에서 위화감을 조성하지만, 신앙심이 깊어지면 함께하는 사람들에게 감동을 줍니다.

여러분이 생각하는 신앙이란 어떤 모습인가요?

___

410

천국은 반드시 있고, 그곳에 갈 거라고 확신하나요?

#천국은어디에 #마음의천국 #마음씀씀이가증거

죽고 나면 천국에 갈 거라고 말하는 분들에게 꼭 당부하고 싶은 이야기가 있어요.

- 첫째, 이 땅에서 삶이 끝나면 천국행이 확실하다고 믿는다면? 그렇다면 이 세상에 살아 있는 동안에도 여러분의 마음은 천국이겠죠! 천국 갈 사람이 지옥 같은 마음 가지고 사는 건 뭔가 이치에 안 맞잖아요.
- 둘째, 천국 갈 사람이 지옥 같은 마음으로 다른 사람을 대하는 것도 말이 안 되죠? 용서하지 못하는 마음, 원통하고 분한 마음, 미워하는 마음, 나만 잘 먹고 잘살려는 이기적인 마음은 천국과 많이, 아주 많이 어울리지 않잖아요.
- 셋째, 만약 천국 간다고 믿는 여러분이 그런 지옥 같은 마음으로 주위 사람을 대하고 있다면, 누가 여러분이 간다는 천국을 아름다운 곳이라고 생각하겠어요? 그 천국이 믿어지기나 할까요? 사람들은 여러분의 마음 씀씀이를 통해 천국이 어떤 곳인지 확인하는 거예요.

여러분이 세상을 떠나는 그 순간, 여러분의 마음이 어떤 상태이기를 원하나요?

인생 낭비 삼대장

#미워도소용없어 #비교도부질없어 #뒷담도소득없어

하루하루 인생 타이머는 줄어들어요. 타이머의 시작점은 아는데 언제 '0'이 되는지는 아무도 모르죠. 그러니 낭비 중에 가장 어리석고 치명적인 악성 낭비는 인생 낭비라고 할 수 있죠. 그러니 남는 것도 없고, 인생에 1도 도움이 안 되는 이런 일들에 인생 낭비하지 마세요.

- 첫째, 남을 미워하느라 인생 낭비하지 마세요. 내가 미워한다고 그 사람이 달라지기라도 하겠어요? 내 마음만 괴롭죠.
- 둘째, 남과 비교하느라 인생 낭비하지 마세요. 비교해 봐야 결과는 시기 질투 아니면 의기소침이고, 설령 뭔가 동기부여가 돼도 잠깐뿐이죠.
- 셋째, 남 얘기하느라 인생 낭비하지 마세요. 누가 어떻다저떻다 그랬다저랬다 해 봐야 내 인생에 도움 되는 건 하나도 없어요.

여러분이 생각하는 인생 낭비에는 어떤 것이 있나요?

_____

남들 입방아에 신경 끌 충분한 이유

#깃털같이가벼운입방아 #책임감과는거리면 #어차피내인생은나의것

한국 사람들은 뭔가 결정할 때나, 어떤 일이 생기면 '남들이 어떻게 생각할까?'에 신경을 많이 써요. 그러나 그럴 이유가 전혀 없어요. 왜 그럴까요?

- 첫째, 사람들은 다른 사람 인생을 두고 수다 떠는 건 좋아해도 그렇게 진지하게 생각하진 않거든요. 자기 일이 아니면요.
- 둘째, 사람들이 나에 대해 수다 떤다고, 내 인생에 대한 책임감을 느낄까요? 전혀 아니거든요. 내가 힘든 일을 겪고 있다면 겉치레로 위로하는 인사 정도는 건넬 수야 있겠죠. 그러나 자기 일도 아닌데 금식기도를 하겠어요, 절에 가서 '오체투지'를 하며 빌겠어요?
- 셋째, 물론 사람이 더불어 사는 건 맞지만, 결국 내 인생은 오롯이 내 몫이에요. 우리가 다른 사람 만족시키려고 사는 것도 아니고, 우리가 죽을 때 '하, 남들이 술안주 삼아 떠드는 말을 마음 깊이 새기고 살았어야 했는데…', '그 말들이 내 인생의 금과옥조였는데….' 이런 후회를 할까요?

다른 사람이 여러분에 대해 하는 말 가운데 귀 기울여 들어야 할 말과 귀담아듣지 말아야 할 말을 분별하는 기준이 있나요?

___

무조건 지키세요

#나를잃어버리고 #삶의주도권을상실하면 #살아도사는게아니다

아무리 뭔가를 잘 잃어버리는 습관이 있고, 설령 전 재산을 도둑맞는다는 일이 있다고 해도 정말 잃어버려서는 안 되고, 절대로 도둑맞아서는 안 되는 것이 있어요. 뭐라고 생각하세요? 그건 바로 나 자신과 내 인생이에요.

무슨 일이 있어도 나를 잃어버리면 안 돼요. 한 번뿐인 내 인생인데 내가 나로 살지 못하면 그런 인생에서 어떤 의미를 찾을 수 있을까요? 우리가 왜 누군가의 입맛에 맞는 가짜 나라는 가면을 쓰고, 그 사람의 만족을 위해서 살아야 하죠?

생각해 보세요. 진짜 나로 내 삶을 살기 위한 용기를 내지 못해, 그저 다수의 사람이 하는 대로 그들의 삶을 모방하는 사는 삶을 산다면, 내 인생이 끝나는 순간, '휴 다행이다. 사람들 눈치 보며 살기를 너무 잘했어.' 이럴까요? 임종을 앞둔 분들이 가장 후회되는 일이 무엇이라고 말하는지 아세요? 그것은 바로, 삶의 갈림길에서 사람들의 무책임한 충고에 용기를 잃고, 편한 길을 찾아 안주해 버린 것이었어요.

어릴 적 여러분의 어떤 소년, 소녀였나요? 지금 여러분의 모습과 얼마나 같고, 또는 무엇이 다른가요?

내려놓으면 비로소 가벼워지는 것들

#취중X에게카톡 #섭섭이 #나의만족이중요

이 세 가지를 내려놓으면 인간관계 할 때 마음이 가볍고, 인간관계도 수월해져요.

- 첫째, 미련이에요. 미련은 깨끗이 잊지 못하고 여전히 뭔가 끌리는 게 남아 있는 마음이에요. 미련이 단순히 떠나간 연인에게만 느끼는 것은 아니죠. 손절한 인연이나 이미 끝난 일에 뭔가 아쉬운 마음이 남아 훌쩍이고 있다면 미련이겠죠.
- 둘째, 서운함이에요. 인간관계가 내 마음대로만 흘러가면 얼마나 좋겠어요? 나는 잘해 준다고 잘해 줬는데, 도리어 원망의 말을 듣는다면 섭섭한 마음이 들죠. 그러나 어떤 이유로든 서운한 마음이 자꾸 들면 내 심사가 꼬이죠. 말투도 까칠해지고요.
- 셋째, 인정욕구에요. 내가 인정받으려고 열심히 노력하고 애쓴 만큼 상대가 다 알아줄까요? 무엇을 하든 인정은 따라올 수도 있고, 그렇지 않을 수도 있죠. 타인에게 인정받는 걸 우선순위로 두지 마세요. 내가 볼 때 부끄럽지 않고, 내가 할 수 있는 최선을 다하는 게 우선이죠.

'미련, 서운함, 인정욕구' 가운데 여러분이 내려놓지 못한 것이 있다면 무엇인가요?

풍요로운 인생의 지름길

#스토리가재산 #기여하기 #죽음기억

단 한 번뿐인 인생, 지나가면 돌아오지 않는 순간들로 채워지죠. 이 귀한 인생을 풍요롭게 만들려면 어떻게 해야 할까요?

- 첫째, 돈이 생기면 물건만 사지 말고 경험을 사세요. 인생은 스토리가 있어야 풍요로워지죠. 그 스토리를 만드는 것은 새로운 경험들이고요.
- 둘째, 타인의 삶에 기여하세요. 나밖에 모르면 인생은 황폐해집니다. 남을 살리는 게 나를 살리는 것이고, 내 삶의 의미를 채워 주죠.
- 셋째, "메멘토 모리(Memento Mori!)", 죽음을 생각하세요. 어리석은 사람의 마음은 잔칫집에 있고, 지혜로운 사람의 마음은 초상집에 있다고 하죠. 인생에 끝이 있음을 기억하는 것이 충실한 오늘을 만들어 줍니다.

가장 풍요로운 이야깃거리가 있는 여행 경험은 무엇인가요?

_____

죽음에 관한 세 가지 지혜

#1원도못가져감   #관계의진정성   #이인용없음

하루하루 꽉 차게, 보람 있게, 의미 있게 살고 싶은가요? 비결이 있어요. 죽음을 생각하세요. 우린 죽어요. 영원히 사는 게 아니거든요. 삶에 대해 아무리 고민해도 삶의 밀도가 올라가지 않아요. 오히려 죽음이 하루하루 다가오고 있다는 사실을 직시할 때 우리 삶의 밀도가 올라가죠. 그렇다면 죽음의 어떤 점을 기억하면 좋을까요?

- 첫째, 영구차 뒤에는 이삿짐 차가 따라가지 않아요. 못 가져가요. 있을 때 누리며 사세요.
- 둘째, 정승 집 개가 죽으면 문상을 가도 정승이 죽으면 문상을 안 가요. 내가 걸친 옷이 아니라 나 자신을 바라봐 주는 사람을 소중히 여기고 가까이 하세요.
- 셋째, 모든 관은 1인용이에요. 인간관계, 너무 연연하지 마세요. 어차피 혼자 왔다 혼자 가는 게 인생이에요.

죽음이라는 유한성 때문에 인생이 헛되고 허무한 것일까요? 아니면 죽음이라는 유한성이 있기에 인생이 더욱 값어치 있는 것일까요?

12월의 내 인생에 건네는 작별 인사

다음 글을 나지막한 목소리로 읽어 보세요. 여러분의 차분한 목소리가 귓가에 크게 울리고, 한 단어 한 단어가 겨울밤 첫눈처럼 여러분 마음에 소복이 내려 쌓이는 느낌이 들 때까지 여러 번 읽어 보세요.

"가장 중요한 시간은 지금이고,
가장 중요한 일은 지금 내가 하는 일이며,
가장 중요한 사람은 지금 나와 함께하는 사람이다."

1. 단 한 번뿐인, 다시없을 올해 12월의 인생에

– 미안한 점 한 가지를 적어 보세요.

_____

– 고마운 점 한 가지를 적어 보세요.

_____

2. 단 한 번뿐인, 다시없을 올해 12월의 인생에 찾아왔던 일들이 여러분에게 무엇을 원하였는지 한 문장에 담아 보세요.

_____

3. 단 한 번뿐인, 다시없을 내년 1월의 인생이 여러분에게 무엇을 기대하는지 한 문장에 담아 보세요.

_____